中公新書 1635

岩根圀和著

物語 スペインの歴史

海洋帝国の黄金時代

中央公論新社刊

まえがき

スペインといえばとかく太陽と情熱の国と思われがちだが、はたしてそうだろうか。スペインの人々はみんな陽気で底抜けに明るいと耳にするが、これは誤解ではないだろうか。スペインにだってフラメンコの狂騒など蚊トンボの羽音ほどにも感じない人々は山ほどいる。また闘牛のごとき野蛮なものは見たくもないという人もごまんといる。たとえば世界の巡礼地サンティアゴ・デ・コンポステラの位置する北部のガリシア地方は、スペインの溲瓶《しびん》と揶揄《やゆ》されるほどに雨が多い。三か月もの間、雨に降り込められ、頻繁に洪水に襲われることも珍しくない。太陽の国でもなければ情熱の国でもない。人々は親切だが寡黙《かもく》で無愛想、そして働き者である。昔から人々は、緑したたる豊穣の大地を耕し、多様な家畜を飼育して生計《たつき》の煙を立ててきた。そしてすぐ前のカンタブリア海の荒波に命を奪われた漁師の数は知る術《すべ》もない。

その反面、なるほど確かに南部のセビーリャを中心とするアンダルシア地方の夏は、炎天下で摂氏四十五度あたりを上下する。海峡をひとつ越せばもうそこはアフリカ大陸である。

中央高原台地に位置するマドリッドでも午後の二時から五時あたりには軽く四十度を超す暑さとなる。体温より高い。サハラ砂漠から吹き寄せる熱風が気圧配置の関係でしばらく上空に停滞するからである。広場の噴水の水もぬるむこの刻限に炎天下を歩き回ったりすると数日にして日射病でぶっ倒れる。太陽の国などと悠長なことをいっている場合でない。

この酷暑の夏が果てて冬の訪れを迎えるとき、急激な冷え込みにともなう濃霧の襲来は、ヨーロッパ全域に見られる現象だがスペインだとてその例に洩《も》れない。ヨーロッパの端にひっかかっている国だ。十一月末から十二月の初旬、冬の到来とともにスペインのカスティーリャ高原台地を急激な冷え込みが襲う。この時期、首都マドリッドは濃密な霧に包まれるのだ。手を突き出すと指先が見えない。窓から顔を出すとまるでクリームシチューに頭から突っ込んだように一寸先が真っ白である。一九八三年十二月七日早朝、スペインのバラハス国際空港では霧のせいで進路を誤った旅客機が滑走路に迷い込んでいた。折しも離陸しようとしていた別の旅客機がこれに接触、二機ともが一瞬に火だるまとなって百人を超える犠牲者を出す大惨事となった。それからしばらくの間、バラハスは世界で最も危険な空港というありがたくないレッテルを貼られ、パイロットから離着陸をボイコットされた。

「ピレネー山脈を越えるとそこはアフリカ」と穿《うが》った言葉を吐いたのは誰であったか、とも

まえがき

あれスペインはその昔、太陽の没することなき大帝国であった。しかも中世の時代から濃密な霧は変わることなくスペインに立ちこめ、その厚い垂れ幕の向こうをさまざまな歴史絵巻が走馬灯のように流れていった。この書物では、まず八世紀にジブラルタル海峡を押し渡って雲霞《うんか》のごとくに押し寄せてスペインをたちまちにして支配下に収めたイスラム襲来の章から始まる。「スペイン・イスラムの誕生」である。その後八百年近くに及ぶ「国土回復運動」の章が続く。イスラムとの長き戦いである。十六世紀ともなれば、朝霧の晴れたレパントの海に熾烈《しれつ》な戦いを繰り広げるガレー船の大群が見える。その甲板《かんぱん》には火縄銃をぶっ放すセルバンテスの姿があった。「レパント海戦」の章である。もちろん不朽の名著『ドン・キホーテ』を世に出す以前の若き雄姿である。「捕虜となったセルバンテス」の章では、アルジェに捕らえられて奴隷の桎梏《しっこく》にあえぐ境遇に陥《おちい》ったセルバンテスの労苦を綴《つづ》る。そしてまたエリザベス女王の統治するイギリスを討伐すべく、ドーヴァー海峡を粛々と進む「スペイン無敵艦隊」の雄姿も語ることになる。その艦船の甲板には、青年ローペ・デ・ベガが火縄銃を担いで乗り組んでいた。イギリスでシェイクスピアが活躍していた時期、セルバンテスが「自然の怪物」と称して畏敬《いけい》することになるスペイン随一の劇作家である。そして二十世紀、「現代のスペイン」では国民どうしが敵味方に分かれて銃を取る内戦が勃発する。その混乱に紛《まぎ》れて詩人ガルシア・ロルカが銃殺されてしまった。存命であればノーベル文学賞の栄誉に輝いたであろうと評価される作家である。

いずれも太陽の没することなき大帝国スペインに去来した大事件ばかりである。かつてはヨーロッパに君臨し、遠く日本にまで支配権を伸ばそうとしたほどの国力を誇ったスペイン帝国であることを思えば、中世から黄金時代を経てやがて現代に至るまで数知れぬ歴史的事件が渦巻いたのはいうまでもない。この書物ではスペインの有為転変《ういてんぺん》を運命づけた数々の事件のうちから主要な幾つかを選んで切り取るつもりである。

目次

イラスト　岩根真弓

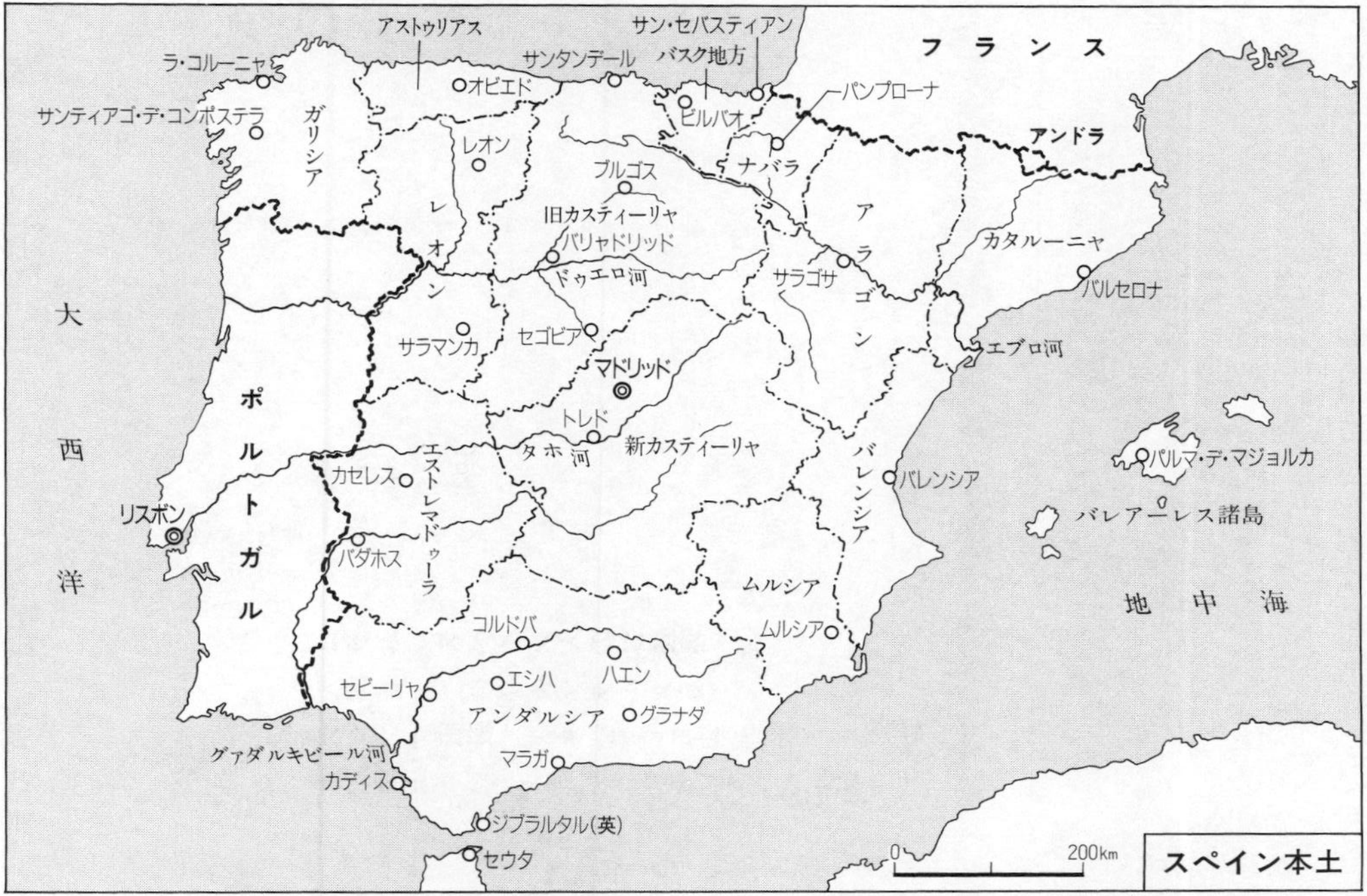
スペイン本土
フランス
アストゥリアス
サン・セバスティアン
ラ・コルーニャ
サンタンデール
バスク地方
オビエド
パンプローナ
ビルバオ
サンティアゴ・デ・コンポステラ
ガリシア
レオン
アンドラ
ナバラ
ブルゴス
レオン
旧カスティーリャ
アラゴン
バリャドリッド
カタルーニャ
ドゥエロ河
サラゴサ
バルセロナ
大西洋
サラマンカ
セゴビア
エブロ河
マドリッド
ポルトガル
トレド
新カスティーリャ
パルマ・デ・マジョルカ
タホ河
エストレマドゥーラ
カセレス
バレンシア
バレンシア
リスボン
バレアーレス諸島
バダホス
ムルシア
地中海
コルドバ
ムルシア
ハエン
セビーリャ
エシハ
アンダルシア
グラナダ
グァダルキビール河
マラガ
カディス
ジブラルタル(英)
セウタ
0
200km

第Ⅰ章　スペイン・イスラムの誕生

ジブラルタル上陸

厚く塗り込められていた闇を断り裂いて、払暁《ふつぎよう》の明るみが広がりはじめる。海面は絨毯《じゆうたん》を敷き詰めたように波ひとつなく静まり返り、ふとその上を歩いてみたくなるほどに硬質な灰色を見せはじめている。時折、身じろぎをする兵士が立てる金具の触れ合う音のほかは、舳《へ》先《さき》が水を斬るかすかな水音が響くばかりである。船団は霧を混じえた北西の微風に乗って進んでいるようだが、実際には強い潮流に運ばれて東へ流されている。うっすらと輪郭を見せはじめた尾根の稜線《りようせん》が、かなりの速さで後ろへ移ってゆくのがその証拠だ。出撃命令が下ったのは昨日の真夜中すぎだった。寝入りばなを叩き起こされ、眠い目をこすりつつ装備をつけて船に詰め込まれた。そのまま船底に座り込んでからそれほどの時は経っていない。吹き渡る夜明けの冷気がどっと体を襲ってくる。つぶやくような話し声が時折ぼそぼそと洩れてくるのを遠くに聞きながら、僚船の喫水《きつすい》を眺めるともなく眺めて物思いにふけっているのはベルベル人の若者、二十二歳の一兵卒である。

地名も定かでない北アフリカの山岳地帯でラクダの飼育を生業《なりわい》としていた。そこへ志願兵の徴募があった。命の保証はないかわりに衣食住の心配をしなくてもすむ。そのうえ給金も支給されるし、残された家族の面倒まで見てくれるという結構ずくめの条件だった。大家族の三男に生まれ、将来にさしたる希望もないまま、冷や飯を食いながらのラクダ飼育に飽き飽きしていた若者は、躊躇《ちゅうちょ》なく応募した。そしていま、同じような動機から家畜を追う杖《つえ》を槍《やり》に持ち替えた者たちを含め、総勢七千名を超える兵士が無数の小舟に分乗し、まるで絨毯の面にまき散らした黒ゴマのように、黙々と海峡を押し渡っているのである。

速い潮流に流されるのはもとより計算ずみだった。すぐ対岸のなだらかな陸地は、上陸するには楽だがそれだけに監視の目が厳しい。沖合への見通しもよくて、発見される危険が大きいのだ。したがって海流と風に乗ってなるべく沖合を東へ進み、岬の突端を過ぎた地点で進路を北へ回り込む。そこから一気呵成《いっきかせい》に湾内へ雪崩《なだ》れ込んで上陸する計画だった。やがて船団は海にせり出した小高い山を目標に捉え、コの字型の湾内へ吸い寄せられるがごとくに滑り込んでいった。

幅十五キロメートルの海峡を隔《へだ》てて対岸のイベリア半島へ遠征軍を派遣したのは、北アフリカ総督ムーサの戦略だった。末端の一兵士にすぎないベルベルの若者には知る由もなかったろうが、史実によれば西暦七一一年、季節は四月下旬、海上ではまだ肌寒さを感じる時期だった。指揮官はムーサの右腕と称されて勇名高いターリック・ブン・ジアード。上陸した山麓はジャバル・アル・ターリックと命名され、のちに「ターリックの岩」の通称で人口に膾炙《かいしゃ》するようになる。それが訛《なま》ってジブラルタルの地名となって不朽の名称を現代にとどめている。ともあれこの頃、すでに地中海のマジョルカ、メノルカはイスラム勢力のもとに併合され、いまや西エジプトからアフリカ大西洋沿岸にかけてムーサの総督領に属さないのは、イベリア半島の西ゴート王国を残すのみとなっていた。アフリカ沿岸に位置する西ゴート王国領のセウタだけが、四面楚歌の中で孤塁を守っていたのである。このセウタの要塞が充分に守りの任を果たしてさえいれば、いかにイスラム帝国といえどもそう簡単にスペインの地へ渡れるはずはなかった。ところが七千の兵士がやすやすと上陸し、二年足らずで一挙にスペインを支配下に収めることができたについてはひとつの逸話がある。

当時のセウタ総督フリアン伯には娘フロリンダがいた。礼儀作法と教育一般を身につけさせるべく父親は、フロリンダを西ゴート王国の都トレドへ送った。このときの国王はロドリーゴだったが、この王がある暑い日の夕暮れ方、涼風に吹かれて散策の途上、タホ河で水浴中のフロリンダの姿を垣間見た。歴史の常で美人だったというが、真偽のほどは定かでない。ただ妙齢の乙女であったのだけは間違いない。さっそくに人を遣わして女のことを探らせ、セウタ総督の娘と承知のうえでこれを側女《そばめ》にしてしまった。その仕打ちに激怒した総督フリアンは、復讐に燃えてイスラム側に寝返ったというのである。あたかもダヴィデがウリアの妻バテシバの沐浴《もくよく》を見かける旧約聖書の挿話を彷彿《ほうふつ》させて、いかにも作り話らしい印象を与える。フリアン伯がロドリーゴを裏切った理由の説明として好んで取り上げられる話であるが、別の説によれば状況は少し違う。この頃、スペイン諸侯の間では、子弟を国王の近侍としてトレドへ送って教育を受けさせる習慣があった。送られてきた子弟に対していっさいの責任を負い、保護育成するのが国王の務めである。ところがロドリーゴ王は育成するどころか、流れるような金髪のフロリンダを見初めて求婚した。この事情を書き送った娘の書状に父フリアンが激怒したという。真実がいずれであれ客観的に見ればただそれだけのことである。むしろ大切なのは、たとえフリアン伯の裏切りがなくとも、北アフリカの領土拡大の自然な成り行きとして、間近に迫るイスラム帝国のスペイン侵攻が、すでに時間の問題となっていたという事実である。

西ゴート王国

ひとつの国が滅ぼされるについては、他愛のない恋愛問題よりもはるかに複雑で深刻な事情があって然《しか》るべきだが、事実、西ゴートの場合は国内の政情不安が大きな要素となっていた。ヨーロッパの果てに位置する野蛮の土地イベリア半島は、エブロ河畔にできた町をイベリアと呼んだことに由来する。スペインの語源は「スパン」または「イスパン」にあった。ケルト語で「うさぎの国」あるいは「遠い国」の意味だと説明されてきたが、いまではこの説は退けられ、フェニキアかギリシャの言葉ではなかったかといわれている。この「イスパン」がローマ帝国の属州時代にラテン語化されて「ヒスパニア」ないしは「イスパニア」となった。英語ではスペインと称するが、スペイン語ではスペインのことを古くは「イスパニア」、現代では「エスパニャ」と呼ぶのはそのせいである。

このようにフェニキア人やケルト人も足跡を残すイベリア半島が、原住民の激しい抵抗を経てローマの支配下に入ったのは紀元前三世紀の頃だった。ローマ帝国という巨大な政治組織に組み込まれた結果、半島の至るところに橋や水道橋、半円劇場などの公共建築が数多く現在に残されることになった。またラテン語と土着言語が影響し合って現在のスペイン語の基礎ができたし、ローマ法が導入されて司法制度が整えられ、道路網の整備などによる交易の活発化もローマのもたらした恩恵である。

ところが四七六年に西ローマ帝国が滅亡する。空白となった統治権をめぐって闘争が生じ、イベリア半島にいる他のゲルマン諸族を抑えて政治権力を握ったのが、ガリシアに定着していた西ゴート族だった。この部族は早くからローマ社会に組み込まれ、蛮族のなかで最もローマ文化の影響を色濃く受けていた。首都をトレドに定め、統治の面でも豊かな政治手腕を発揮していた人々だが、八世紀に至ると王位継承権をめぐって貴族間の党派争いに終始する末期症状を呈しはじめる。お定まりの権力争いの余波を受けて、庶民は悲惨な生活に苦しみあえいでいたのである。

ひと握りの特権階級だけが租税を免除され、中産階級から下の市民ばかりが、公共の負担をかぶらねばならない。ましてや一般庶民の困窮のほどは推して知るべしで、鍛冶屋《かじ》のふいごは風を送らず桶屋の槌《つち》は鳴りをひそめ、石工の鑿《のみ》と槌は久しく投げ出されたまま埃《ほこり》をかぶっていた。新鮮な野菜は城門をくぐらず小麦を運ぶ荷車も途絶えがちとなって、商業活動はほとんど逼塞《ひっそく》状態に陥っていたのである。自分のものと称しうるものは藁《わら》しべ一本持たない貧しい人々は、赤貧洗うがごとき生活に呻吟《しんぎん》し、半島に定住していたユダヤ人は、国王や貴族ならびにキリスト教聖職者から目の仇《かたき》にされて迫害に苦しんでいた。重圧に耐えかねてユダヤ人が叛乱を起こしたこともあるが、稚拙《ちせつ》な計画はたちまち発覚し、運よく虐殺《ぎゃくさつ》を免《まぬが》れた者も財産は没収されて奴隷の身に落とされ、以前にも増して悲惨な結果を招くだけだった。

こうした状況のもとで、ユダヤ人を含めてスペイン庶民がこぞって救いの手を待ち望んでいた。あまりの暴政に耐えきれなくなってスペインを逃れ、別天地を求めてあえて対岸のイスラム領へ危険を承知で渡る人々も多数あった。とはいえ船は高価な財産である。おいそれと都合のつくものではない。人々は丸太を切り出し、木材を寄せ集めてにわか造りの筏《いかだ》を組み、板切れの櫂《かい》を頼りに潮の流れを計って乗り出してくる。筏にしがみついているのは若者とは限らない。女もいれば老人もいる。しかも大陸のどこかに辿《たど》り着ければまだしも幸運だった。海峡の強い潮流に運ばれ、いずこともなく押し流されるだけなら命だけは助かる望みがあった。しかるに大方は波に翻弄《ほんろう》され、冷たい海水に力尽きて水底《みなそこ》へ沈んでゆく。乳飲み子をしっかりと胸に抱いたまま砂浜に打ち上げられた母親の、半ば砂に埋もれた若い死体を見せられた総督フリアンは、じっとしていられない焦燥感に駆られた。ゆるく目を閉じて血の気の失せた顔、砂にまみれた唇から覗《のぞ》く歯並びの白さが、生きていれば健康な女性であったろうと思わせる。少し離れたところには、目を開いたままの顔を女の方へねじ曲げるようにして若者が冷たくなっている。その夫であろう。伸ばした片手がしっかりと砂を掴《つか》んでいた。

祖国を捨てた避難民が、イスラム領をめざして陸続と海に乗り出しては、このようにむざむざと溺《おぼ》れ死んでゆく。このままにはしておけない。ついに見かねた総督は、本来なら敵であるべき北アフリカ総督のムーサに窮状を訴え、西ゴートの桎梏からスペインを解放してくれるよう願って出た。それに応じたムーサの指令でターリックが七千の精鋭を連れ、状況偵察を兼ねて出撃する運びとなった。その志願兵のひとりにベルベル人のラクダ飼いの若者がいたのである。

ターリックの帰還

現在のジブラルタル近辺へ上陸したターリックの軍は、まず近くのアルヘシラスを攻略し、援軍を得て一万二千にまで増強された。これを迎え撃つロドリーゴの軍勢は、さすがに十万を優に超えていた。鼻下にたっぷりと髭をたくわえ、日に灼けた精悍な顔に眼光の鋭いターリックは、船が砂浜に乗り上げるのを待ちかね、痩軀《そうく》を身軽に躍らせて水辺に飛び降りた。皮膚に感じるスペインの水の冷たさに一抹の不安を覚える。事前に充分な調査をしてあるとはいえ、イスラム軍には初めての土地である。浜辺から緩やかに伸び上がる眼前の丘陵を右に迂回《うかい》して北へ向かう作戦が立てられた。しかし、相手のロドリーゴ軍は、すでにそれを読んで伏兵を置き、数を恃《たの》む万全の構えで待機しているに違いない。地の利を得て戦いは敵に有利に展開するはずである。覚悟しておかなければなるまい。ところが実際に戦闘が始まると、ロドリーゴ軍はターリックの凄《すさ》まじい攻撃を支えきれずに総崩れとなって瞬《また》く間に壊滅。その途中でロドリーゴはグァダレーテ河に溺れてあえなく命を落としてしまった。

攻略したアルヘシラスを拠点にターリックは、軍勢を四つに分けてコルドバ、マラガ、グラナダへと進撃させ、自らは長駆トレドを狙って攻略の指揮をとった。いまや西ゴート王国は、首領をなくしてほとんど戦闘意欲を失っている。強大なイスラム帝国と戦う意志を当初から持ち合わせていなかった諸侯は、ターリックの迅速な行動と峻烈な攻撃になす術を知らぬ状態だった。相次いで和睦《わぼく》を乞い、降伏に応じる者が続出してイスラム軍の向かうところに敵はなかった。困窮にあえいでいた人々は、そのほとんどがイスラムを救い主として歓迎したのである。

試みにターリックを派遣し、スペインの様子を探ってみるつもりだったのが、意外なほどの圧勝報告に大いに意を強くした総督ムーサは、一万八千の大軍を自ら率いてスペインへ乗り込み、ターリックと合流して作戦行動に打って出た。こうなると国王を失って混乱状態の西ゴートは、雲霞のごとくに攻め寄せるイスラム軍を迎えてただ呆然《ぼうぜん》と眺めるばかり、まともに弓を引く勇気も出ない。当たるを幸いに、蹴散らし打ち壊し、怒濤《どとう》のごとくに迫ってくる軍勢の進撃にサラゴサ、タラゴナ、バルセロナなどの諸都市は相次いで開城を余儀なくされた。峨々《がが》たるピレネー山脈に行く手を塞《ふさ》がれ、さすがの大軍も足踏みをするに至るまでに要した歳月はわずか二年だった。すでにスペインのほとんど全土がイスラム帝国の手中に落ち、この数年後にはポルトガルも征服されてしまう。

残るのは、アストゥリアスの山岳地帯に陣を構えて立て籠もったキリスト教徒が、散発的に続ける抵抗戦だけとなってしまった。しかし微弱な勢力とはいえこれを放置しておくことはできない。執拗《しつよう》な抵抗を続ける敵を全滅させるべくムーサは、まず周囲に点々と要塞を築いて包囲網を絞り込んでゆく。敵軍を岩山の隘路《あいろ》へ追い込む作戦である。次第に追い詰められていったキリスト教徒は、矢を射尽くし、兵糧《ひょうろう》は底をついて次々と岩陰から姿を現しては降伏に応じる。もはや残すところは、少数のキリスト教徒を率いた豪族ペラヨを討ち果たすのみとなった。それも時間の問題と思われていた矢先、ダマスカス（現在のシリア・アラブ共和国の首都）のカリフ、ワリード一世からムーサとターリックに帰還命令が届いた。ターリックは眼光鋭く天を仰いで歯ぎしりをしたが命令には従わざるをえない。召還の原因が何であったかいまだもって不明である。窮地に立たされていたペラヨにとっては、まさに天の助けだった。引き揚げの情報を知ったペラヨは、髭だらけの顔から覗く肉厚の赤い唇を裂けるほどに開き、馬のように大きな目をひん剝《む》いて、太鼓腹を揺すりあげて哄笑《こうしょう》した。

アル・アンダルス

優秀な将軍がふたりとも帰還してしまった後のイスラム軍にしてみれば、山中の要塞に立て籠もったひと握りのキリスト教徒の存在など、どれほどのこともなかった。無益な労力と犠牲を払って征服するまでもない。むしろ早く安全な兵営に引き揚げたいというのが本音であった。別の見方をすればイスラム軍は、己の強大さを過信するあまり山中の小さな要塞など歯牙《しが》にもかけなかった。この小さな埋《うず》み火がやがては、イスラム・スペインの全土を焼き尽くす劫火《ごうか》になることを知っていれば、すぐにも消し止めていたであろう。少なくとも総督ムーサは、それを予感して萌芽《ほうが》を完全に潰《つぶ》そうとしていた。もし帰還命令がなければ、やがてペラヨも降伏せざるをえなくなり、スペインは完全にイスラムの支配下に置かれていたはずである。

イスラムの支配体制は、寛容で穏やかなもので、これまで圧制に苦しんでいた庶民からは歓呼をもって迎えられた。まず特権階級の諸権利を一掃して中産階級の過重な負担を取り除いた。続いて最も不満の大きかった厳しい税制が廃止され、公明正大で理にかなった制度が敷かれた。兵士の略奪行為を厳重に禁止し、これを犯す者には死罪をもって厳しく取り締まった。また、誤り伝えられているように武力でもってイスラムへの改宗を迫ることはなく、ユダヤ教徒もキリスト教徒も同じ「啓典の民」として信仰の自由は保証されていた。つまりベルベル人のような偶像崇拝の徒にはイスラムへの改宗を迫ったが、ユダヤ人は自分の宗教を公然と奉ずることを許され、キリスト教徒も自己の宗教と法律を享受する権利を保持できたのである。さらには公職のどんな部門も、いかなる地位俸給の仕事もイスラム、ユダヤ、キリスト教徒へ平等に道が開かれていた。

イスラムは、征服したスペインをアル・アンダルスと総称した。これは西ゴートに追い出されたゲルマン・ヴァンダル族の土地を意味するヴァンダリシアが訛ったものである。西ゴートのもとで無生産状態にあったアル・アンダルスの荒れ地に鍬《くわ》が入って種が蒔《ま》かれ、移植されたアラブの見慣れぬ作物が根を下ろした。やがては縦横に引かれた灌漑《かんがい》水路から、豊かな水の供給を得て珍しい花が開き、したたるような赤や、手が染まりそうに黄色い果実がたわわに実るのである。荒廃していた都市には、広場ごとに噴水が鮮烈な水を噴き上げて旅人の喉《のど》を潤《うるお》し、道に沿った柑橘《かんきつ》類が枝葉を茂らせて木陰を落とす。季節になると家ごとの中庭にザクロの実がはじけるような赤い実を覗かせ、街角の棕櫚《しゅろ》の木は、紺碧《こんぺき》の空へ果て知れず伸びてゆく。セビーリャ、コルドバ、バレンシア、とりわけてグラナダなどには、青や緑の色鮮やかなタイルとアーチ模様をふんだんに取り入れたアラブ風の瀟洒《しょうしゃ》な家屋が建ち並び、キリスト教とは異種の高度な文化が導入されて華麗な都市へと変貌をとげるのである。商業、文化ともに殷賑《いんしん》をきわめるヨーロッパ随一の大都会へと成長してゆくのは間もなくのことである。

ウマイヤ朝の終焉

スペインから呼び戻されたターリックとムーサが亡くなり、ワリード一世の跡を襲ってスライマーンがカリフとなる。続いてオマール二世、ヤジード二世、ヒシャームとウマイヤ家のカリフが継承して、七四三年のワリード二世の統治時代にイスラム帝国は最大版図に達していた。東は中国の唐と境を接し、西はイベリア半島のほぼ全域を治めていたのだから恐るべき規模である。

ほぼ中心に位置するダマスカスに首都が置かれ、そこから全土に指令が発せられるのだが、イベリア半島まではさすがに遠い。そこでスペインの統治は、途中にあるカイラワーン（現

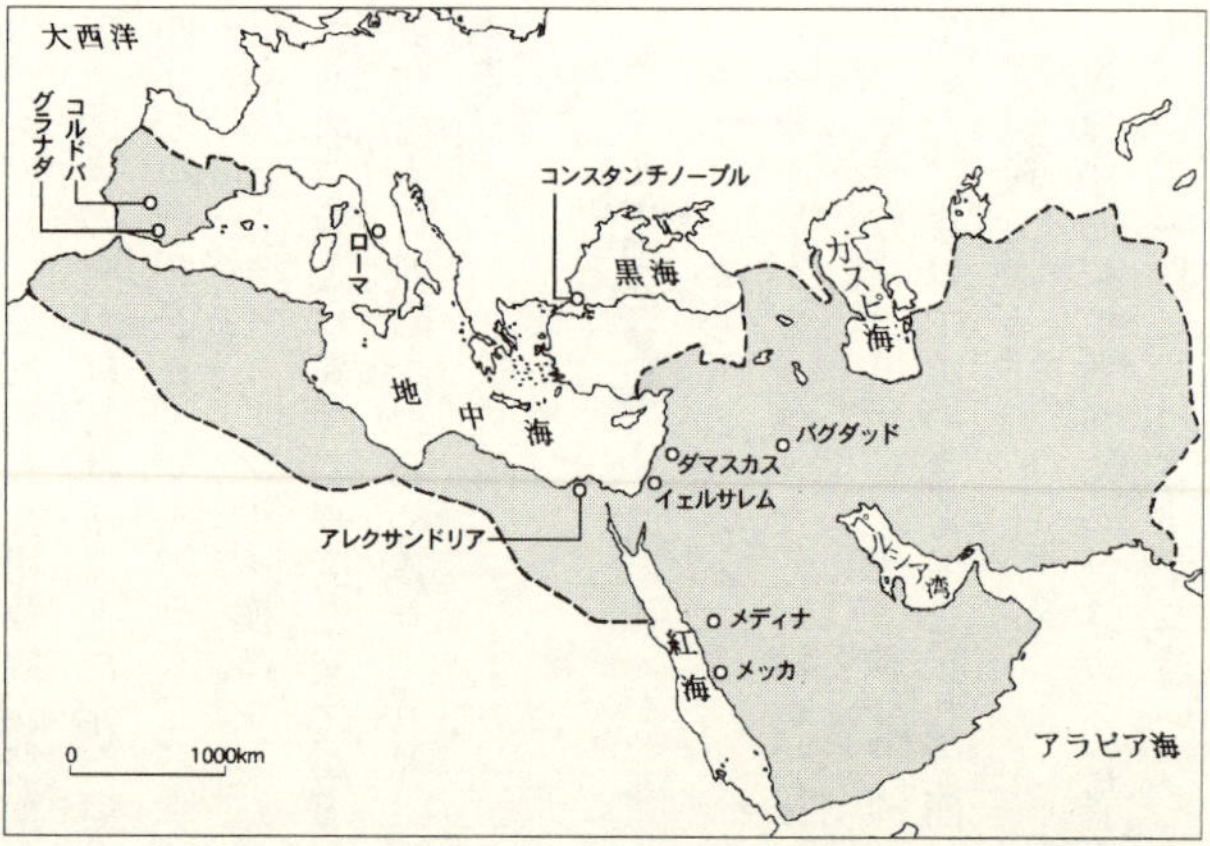

イスラム帝国の最大版図

チュニジア共和国中部）の総督か、あるいは北アフリカ総督の権限下に置かれていた。しかし予想どおりカイラワーンと北アフリカの総督の間で権力闘争の綱引きが起こり、行政組織に混乱が生じて政策が一貫しない。そればかりかスペインの支配権をめぐって両者の間にさまざまな武力衝突までが頻発する事態になっていた。だが首都のダマスカスではそれどころではなかった。宗祖モハメッドの家系に繋《つな》がるアッバス家は、長年にわたるウマイヤ家の隆盛に憎しみを募らせ、策謀を練ってその反抗を過激化させる兆候を見せはじめていたのである。そしてついに武装蜂起してウマイヤ家を滅ぼすに至った背景には、次のような事情があった。

　イスラム帝国は最大規模に達していたが、ワリード二世はその性格に規律を欠いて道徳に意を用いず、酒浸りの放縦懶惰《ほうじゅうらんだ》な生活ぶりだった。赤ら顔に目を血走らせ、太った体の全体からいつも酒気を発散させていたという。それを知った民衆の間からは、非難の囁《ささや》きが渦巻きはじめる。もちろん陰で煽動《せんどう》する者があった。しかし、なおもペルシャやエジプトに絶品の舞人ありと聞けば万策を講じて呼び寄せ、一方では優秀な馬の飼育に夢中であった。大使との接見よりも馬の毛並みが気になる始末である。国政を怠って顧みぬ王に国民の不満は高じるばかりで、完全に信頼を失っていた。民草の模範とはなりがたい身持ちの悪さと、責任感の欠如に側近さえもが愛想を尽かせ、最も忠実な支援者までが離反してゆく。ついにはウマイヤ家の親族までが背を向けてしまった。

折しもイラク総督であったカーリッドが、先のヒシャームの時代に罷免《ひめん》されてダマスカスで隠遁《いんとん》の生活を送っていた。ところが突如、仇敵《きゅうてき》ユスフに引き渡されて処刑され、息子ヤーヤも首を刎《は》ねられるという陰惨な事件が起きた。早い話が暗殺事件である。しかるにワリード二世はこれを黙認した。憤激して蜂起の先頭に立ったのは、ワリードの従弟にあたるヤジード三世だった。ウマイヤ家の身内から起きた叛乱は、不満を鬱積《うっせき》させていたダマスカス市民をも容易に叛徒へと巻き込み、やがてワリード二世を城塞《じょうさい》へ追い込んでこれを殺害してしまった。勝ち誇った民衆は、槍の穂先に斬り落としたワリード二世の首を掲げて市内を練り歩いたという。ここにイスラム社会の最高指導者であるカリフの栄光は、完全に地に落ちたのである。

ワリード二世の子供たちは牢獄に繋がれ、続いてヤジード三世の弟イブラーヒム一世が継承する。その後、七四五年にはワリード二世の息子たちを助けようとする動きが生じる。いち早く危険を察知したイブラーヒムは、幼い首をことごとくに打ち落とし、風を巻いて逃亡してしまった。ワリードの一門は天に叫び、地を呪っていっせいに決起、逃亡者の追撃にかかってダマスカスは無政府状態の修羅場《しゅらば》に陥るのである。ウマイヤ家がこのような血みどろの内部抗争を繰り広げてくれるのは、アッバス家にとってはもっけの幸いだった。混乱の間《かん》隙《げき》を突いて仇敵アッバス家が、急激に勢力を伸ばしていったのはいうまでもない。イブラーヒムを討ったマルワーン二世がカリフにつくが、神を恐れぬウマイヤ家の悪政ぶりを非難する声を抑える力はなく、しかもウマイヤ家排斥の先頭に立つアッバス家が、着実に勢力を拡大して間近に迫っていた。

最後にウマイヤ家を転落せしめたのは、アッバス家のアブー・ムスリムだった。専横独断のウマイヤ家に対して西暦七四七年に蜂起を宣言、ウマイヤ家の軍勢を方々に打ち破って勝利を収め、七五〇年三月にはダマスカスが陥落してマルワーン二世は逃亡先のエジプトで戦死。ここにウマイヤ朝が滅亡してアッバス朝が樹立されたのである。このようにウマイヤ家が没落してアッバス家が権力の座に登る政権交代劇が演じられたについては、あながち権力闘争ばかりが原因ではなかった。マルワーン家の一員で当時の重職にあった人物が述懐している。

公の職務に尽くすはずの時間を娯楽に費やしていた。重い負担のせいで国民は政府から離反。苛斂誅求《かれんちゅうきゅう》に苦しみ、改善される望みもない国民は、政府の頸木《くびき》から離れることを願っていた。未墾の土地が増え国庫はからとなった。忠臣に信頼を置いていたが、あの者たちは己の利得と野望を求めるあまり、ウマイヤ家の利益を犠牲にし、何らの相談もなく無断で政治を壟断《ろうだん》した。給金の支給が遅れがちだった軍隊は、危急存亡の折に敵に寝返り、同盟者は助力の必要なときに離れ去った。社会の出来事や、周りで起こっている事件に対する無知こそが、我が帝国没落の主要な原因のひとつに数えられなければならない。

これに加えて誇り高いアラブ人君主たちは、従属諸民族とまったく接触を持とうとせず、上下の間に感情の絆《きずな》となるものが何もなかったことも原因のひとつに考えられる。たとえば、イスラムに改宗したベルベル人などには距離を置いて近寄せず、むしろ一段下に見て軽視していた。スペインでは、数においてアラブ人よりも圧倒的優位にあるベルベル人が差別され、要職からことごとく排除されていた。そのような日常の不満も根強く鬱積していたのである。

スペイン・ウマイヤ朝の樹立

権力の座に登ったアッバス家は、さっそくウマイヤ家一族の抹殺を図った。ひとり残らず殺害したつもりだったが、幸運にもヒシャーム一世の孫アブドゥル・ラーマンだけが、執拗に追尾するアッバス家の囲みを破って行方を晦《くら》ませた。実際には砂漠の商人に身をやつし、灼熱《しゃくねつ》の砂漠をラクダの手綱を取って渡ってきたのだった。ある街角では刺客に不意を襲われた。最初の攻撃を辛くもかわしたが、短剣が横腹をかすり、腕を裂いた。急を知った仲間が駆けつけ、敵は市場の雑踏へ逃げ去った。危機一髪の難を逃れてベルベル人にかくまわれた。それからも熾烈な戦闘に死を覚悟しながら幾度となく危機をくぐり抜け、ついには長駆スペインへ逃げ込んで命を得たのである。七五〇年だった。首都ダマスカスを遠く離れたここスペインでは、アッバス朝の政権を快く思わぬ風潮が強く見られ、依然としてウマイヤ家を支持する者が根強く残っていた。したがって逃げ込んだウマイヤ家のアブドゥル・ラーマンにとっては、思いのままに活動できる格好の避難場所だった。

まずアッバス朝に臣従していた総督ユスフを、武力をもって降伏させた。それに不満を唱えるアラブ人貴族の叛乱を平定して敵を一掃し、ダマスカスのアッバス朝に劣らぬ王朝をス

コルドバのメスキータの壁面

ペインに樹立するのに五年とかからなかった。コルドバを首都に定めて、新しいウマイヤ朝がスペインに出現したのである。宗祖モハメッドの権力を継承するカリフを僭称《せんしょう》するのにはさすがに躊躇を感じたアブドゥル・ラーマンは、カリフから任命された太守《たいしゅ》を意味するアミールを名乗った。こうしてスペイン・ウマイヤ朝（後《こう》ウマイヤ朝）の初代アミールとなったラーマン一世は、長身痩軀、猛き鷲《わし》のごとき相貌の眼光は鋭く、その奥に深い学識を秘めていた。ダマスカス時代に蓄えた教養は、文学にも及んで詩歌を解し、管弦の技にも巧みであった。常に理性を忘れず人を見る眼力にも優れ、職務に熱心で寛大な心を忘れない人物であったといわれる。

グァダルキビールの河畔に広がる瀟洒な町コルドバは、現在でこそ白壁のユダヤ人街とメスキータ（イスラム寺院モスク）に花の小道を添えた観光地となってしまった感がある。しかし当時、メスキータの数は大小あわせて四千近くを数え、貴族の邸宅は六万、庶民の暮らす家屋は優に二十万以上、浴場は七百、店舗だけでも八万を超えるうえに、旅人の便宜に供する旅籠《はたご》の数も多数に上る大都会だった。人口はロンドンの五倍に迫り、全体に占めるイスラム教徒の割合は、最大時で七十五パーセントを示していた。殷賑をきわめる大都市コルドバを中心として、政権はまさに網の目のごとく緊密に張り巡らされ、周辺にはセビーリャ、バレンシア、サラゴサ、グラナダなどの各辺境区が置かれて強固な城塞が築かれていた。これらの砦《とりで》がキリスト教世界に睨《にら》みを利かせると同時に、異国との接点としても万全の機能を果たしていたのである。

コルドバの名声は、はるか遠くドイツの中央部にまで鳴り響き、ラーマン一世をはじめとして後に続く為政者たちは、壮大な建築物や庭園を設けて首都の整備に努めた。なかでもとりわけ精彩を放っているのは、林立する八百五十六本の馬蹄形アーチの大理石柱をいまに残すメスキータであろう。基本部分が建築されたのは八世紀のラーマン一世の時代だが、歴代のカリフは相次いで増築に努めた。内部の壁は繊細なアラベスク模様やモザイクで絢爛《けんらん》に仕上げられ、赤と白の煉瓦《れんが》を交互に組み合わせたアーチを支える無数の柱の列は、さながら棕櫚の林に迷い込んだ風情を醸《かも》し出す。宰相アルマンソールの時代になるとグァダルキビール河畔にぶつかり、増築したくともそれ以上の拡張はできなくなってしまった。カリフは涙を飲んで横幅だけを広げたと伝えられている。もし川がなければ、間違いなく世界最大の規模にまで拡大されていたに違いない。

いずれにしても繁栄をきわめたスペイン・ウマイヤ朝のおかげで、壮麗なメスキータがいま見られるかたちでスペインに出現したのである。中央部分が長方形に仕切られ、現在あるようにそこにキリスト教の聖堂が建造されたのは、十六世紀になってからだった。時の国王カルロス一世（神聖ローマ皇帝カール五世）は、事情をよく知らぬまま建築許可に署名をしてしまった。後年にコルドバを訪れて、メスキータの内部に出現したちぐはぐな聖堂を見たカルロス王は、「世界のどこにでもある寺院を建てるのに、世界のどこにもないものを壊してしまった」と憮然《ぶぜん》として立ち尽くしたと伝えられる。もちろん真偽のほどは定かでない。

国土回復戦争の進展

イスラム支配下のキリスト教徒は、迫害を受けることもなく信仰の自由を保証されて日常の生活に何らの煩《わずら》いもなかった。九一二年にアブドゥル・ラーマン三世が二十二歳の若さで第八代アミールに即位したが、この頃、遠くダマスカスのアッバス朝が衰退の兆しを見せはじめていた。いくぶん勢力が衰えたのを機にラーマン三世は、九二九年、アミールの称号を捨ててカリフを名乗り、ようやくここにスペイン・ウマイヤ朝初代カリフが誕生したのである。しかし衰退の兆しを見せはじめていたのはアッバス朝だけではなかった。強大堅固な基盤の上に繁栄をきわめているかに見えたスペイン・ウマイヤ朝にも内乱紛争が頻発していた。

ヒシャーム二世が第三代カリフに即位した九七六年あたりから、コルドバの内紛は激しさを増し、目まぐるしく演じられるカリフ交代劇を誰にも押しとどめることができなかった。とりわけて首都コルドバの混乱は、地方の貴族や長官に独立の好機を与えることになり、ついに一〇三一年、ヒシャーム三世を最後にコルドバのスペイン・ウマイヤ朝は名実ともに滅亡してしまった。それまではコルドバを中心に繋がっていた各都市が、これを機会にそれぞれが王国の名乗りを上げて独立を宣言する事態となった。こうして独立した小王国、すなわちセビーリャ、グラナダ、サラゴサ、トレドなどを指してタイファと呼ぶが、その数は三十もの都市に上った。

イスラム諸国が騒擾《そうじょう》内紛を起こして分裂すれば、それに乗じてキリスト教軍の攻撃が熾烈になってくるのは当然の勢いである。これまでにも領土回復をめざすキリスト教軍が、絶えず北から下って頻繁に戦闘を繰り返していた。したがってアル・アンダルスの分裂が、キリスト教君主にとって好都合であったのはいうまでもない。分裂していまや弱体化したイスラム諸王国は、いたずらに軋轢《あつれき》と反目を募《つの》らせ、まるで手を取り合うようにして滅亡への道を転がり落ちてゆくのである。

キリスト教徒側の歴史では、この戦いを「国土回復戦争」あるいは「再征服（レコンキスタ）」と呼び慣わしているが、当初はスペインの土着民族がイスラム支配に抵抗して自由を求めるゲリラ戦に近いものだった。イスラム側にしてみれば、国境周辺に起こる小競り合い程度の認識でしかなかった。土着の領主ペラヨを山中の要塞にまで追い詰め、殲滅《せんめつ》まであとひと息のところに迫っておきながら、取るに足らぬ烏合《うごう》の衆と侮《あなど》ってそのままに放置しておいたのはすでに述べた。いまではもう昔の語り草となった八世紀初頭の出来事だったが、あのとき完全に抵抗の芽を摘んでおけば歴史は変わっていたに違いない。たとえば、ペラヨが初めてイスラム軍を撃破した戦闘として七二二年のコバドンガの戦いが知られているが、その実はイスラムの守備隊を初めて撃退した程度の小競り合いにすぎなかった。しかしこの戦闘の逸話がいつしか神話のごとくに語り継がれ、キリスト教戦士の勇気を大いに鼓舞する結果となり、国土回復戦争に大きなはずみをもたらすのである。キリスト教国の領土を徐々に広げつつあったアルフォンソ六世が、やがてレオン、カスティーリャ、ガリシアの君主となり、一〇八五年には、あの小粒で端正な城壁の町トレドを陥落せしめて奪還した。それ以後、この町が二度とイスラムの手に落ちることはなかった。

セビーリャの降伏開城

統一した支配者を欠き、内紛のためお互いを援助するだけの余力もないグラナダ、セビーリャなどのイスラム諸王国は、追い詰められてゆく危機をひしひしと肌に感じ、すぐ対岸にあるアフリカのイスラム領へ救援を求めざるをえなかった。十一世紀初頭のアフリカ大陸には、地中海沿岸を中心にベルベル人のムラービト朝が興っていた。野心に燃えるユスフ総督は、さっそく二万の大軍を率いてスペインへ押し寄せたが、アルフォンソ六世は満を持して六万を擁する軍勢を配備するとバダホスの南方でこれを迎え撃った。折しも一〇八六年十月二十三日、まれにみる激戦となったのは予想どおりだが、予期に反してキリスト教徒の惨敗に終わり、わずか三百騎の手勢を連れたアルフォンソは、九死に一生を得て阿鼻叫喚《あびきょうかん》の戦場からかろうじて脱出することができた。後に残されたのは、目路《めじ》のかぎり、深手にのたうつ負傷者の群と累々たる屍《しかばね》。戦場に静寂が戻り、燃え残った幕舎が黒煙を上げる。

こうしてトレドを取り巻くタホ河を北限にスペインは、ムラービト朝ユスフの支配下に入った。ユスフが没したのちは勢力の衰えが著しく、エブロ河畔の緑豊かな都サラゴサがアラゴン王国に奪還されたのはその後間もない一一一八年であった。続くアルフォンソ七世がコルドバ、セビーリャに兵を進めたが、このときもイスラム側には独力でキリスト教徒を撃退する戦力はなく、ムラービト朝に援助を求めなければならなかった。

ムラービト朝の跡をムワッヒド朝が襲い、繁栄の頂点を迎えた一一八四年頃には、盛んにスペイン遠征を繰り返す。キリスト教徒もレオン王アルフォンソ九世の麾下《きか》に、大挙してアル・アンダルスへの侵攻を繰り返し、殺戮《さつりく》と略奪を働いて、あれほど豊かだった大地は、荒廃の度合いを募らせるばかりだった。やがては教皇インノケンティウス三世の要請に応じたキリスト教軍がイタリア、ドイツからピレネー山脈を越えて雪崩れ込み、カスティーリャ、アラゴン、レオンの諸王と共同してムワッヒド軍に襲いかかった。両軍はトレド南方のナバス・デ・トロサに遭遇して激戦を繰り広げた結果、イスラム軍は大敗を喫するのである。

こののちムワッヒド朝は、権力をめぐって暗殺と叛乱の交代劇を頻繁に演じ、一二六九年には崩壊してその歴史を閉じる。一方、こうしたイスラム帝国諸侯の分裂と内紛に乗じたキリスト教軍は、主要な都市を確実に奪還していった。一二三六年には念願のコルドバを落とし、一二三八年にはバレンシアを奪取、そして一二四八年にはついにセビーリャもキリスト教軍の前に降伏開城するのである。

キリスト教諸国の状況

ついにセビーリャを陥落させ、残すはグラナダのみとなった国土回復戦争の中心的役割を果たしてきたのは、常にレオン・カスティーリャの諸王だった。コバドンガの戦いの頃、滅亡した西ゴート王国を継承してアストゥリアス王国が生まれている。枯れ枝に芽吹く新芽のようにぽつんと生まれた小さな王国は、イスラム勢力の攻撃をよく耐え忍び、やがてアルフォンソ二世の代となって統治が行き渡ると国内に秩序と安定をもたらす。領土を次第にドゥエロ河まで拡大し、これがやがてレオン王国へと発展するのである。この国王の時代にガリシアで使徒聖ヤコブ(サンティアゴ)の骨と称される遺物が発見されている。それを護持して大聖堂が建造され、現在のサンティアゴ・デ・コンポステラ大聖堂の壮大なゴチック建築へと発展してゆくのである。ヨーロッパの西に位置するこの大聖堂は、中世以来、最果ての巡礼地としてヨーロッパの各地から峻厳なピレネー山脈を越えて陸続と巡礼者が訪れてきた。もとより死を覚悟の長旅である。川で溺れた者、山賊に命を奪われた者、病に倒れて荒野に屍をさらす者は数知れず、大聖堂の扉にすがって息絶えた巡礼者など、悲劇は尽きない。現在ではバス、飛行機、自転車に取って代わったが、なかには古風に徒歩で巡礼を敢行する敬《けい》虔《けん》な信者も跡を絶たない。ちなみに、聖ヤコブはスペインの守護聖人である。毎年、八月の祝日には国王がヤコブの前にひざまずいて国家の安寧を祈念する行事が行われる。

いまのブルゴスあたりから東部一帯にはやがてカスティーリャ王国が成立する。国王はフェルナンド一世だが、先ほどのレオン王国を併合するのが一〇三七年。そして、その息子アルフォンソ六世が一〇八五年に城塞の町トレドをイスラムから奪取する。この王の家臣に武将ロドリーゴ・ディアスがいた。原因は明らかになっていないが、王の怒りに触れて亡命し、イスラム諸王のもとでめざましい活躍を見せ、エル・シドと尊称された。武勲詩の主人公として十二世紀の文学に名をとどめ、中世の英雄として現在のスペインでも各地に銅像を残している騎士である。

トレドに入城したアルフォンソ六世は、三つの宗教の信者、つまりキリスト教徒、イスラム教徒、ユダヤ教徒の皇帝と名乗ったといわれる。信仰は違ってもこの三者がお互いに商取引を行い、文化の交流を深めながら平和に共存していたのである。西ゴート王国が首都に定めて以来、トレドは政治、文化の両面で変わることなく重要な土地だった。イスラムにとっても同じことがいえる。文化、学問の中心であったと同時に北限を守る重要な城塞都市でもあった。そのトレドが陥落したことによって、町を取り巻いて流れるタホ河流域を南限にして北方へドゥエロ河の河畔まで、目路のかぎりの広大なカスティーリャ平原がキリスト教王国の支配下に入ったのである。

エル・シドの騎馬像　在ブルゴス

イスラムが去った後の土地を荒れ地のままに放置して国家の繁栄は望めない。国王は入植者の生命と財産の安全を保証し、荒れ地の開墾と定住を奨励する政策をとった。その結果、遠国、近隣から移ってきた多数のキリスト教徒が、盛んに土地を耕しては穀物を実らせ、果樹を豊かに根づかせていった。こうして現在のサラマンカ、セゴビア、アビラなどの都市が相次いで誕生してくるのである。

ピレネーの山岳地帯では、十一世紀にサンチョ三世のもとでナバラ王国が主導権を握るのだが、国土回復戦争に積極的に関わるのはむしろアラゴンとカタルーニャだった。アラゴンはラミロ一世の統治のもとで新しく王国となったばかりで、ピレネー山中のハカを首都とする小国にすぎなかった。夏は快適だが、冬は雪の底に埋もれる寒村にすぎない現在のハカには、この頃の城塞がそのままに保存され、貴重な記念碑として大切に保存管理されている。

時代が変わって十二世紀、アルフォンソ一世の御代《みよ》になると小国にすぎなかったアラゴン王国が領土の拡大に踏み出し、ピレネー山麓を一気に駆け下り、はずみをつけるとたちまちにエブロ河を押し渡ってサラゴサに迫る勢いだった。ついにはイスラム勢力を駆逐し、エブロ河流域の緑したたる温暖の地を領地に収めたのはアルフォンソ一世の功績だった。そして現在のサラゴサを支配下に収めてここを首都に定めたことが、のちのアラゴン王国の発展拡大に大きな影響を与えるのである。これと並行してカタルーニャでは、全体の支配権を掌握していたバルセロナ伯ラモン・ベレンゲール四世が動きを活発化させていた。折しもアラゴン王国に王位継承をめぐる問題が生じ、ベレンゲール四世はアラゴンの王女ペトロニーラと婚姻を結んでここに連合王国が成立する。そして曾孫ハイメ一世のもとで連合王国は国土回復戦争にめざましい躍進をとげるのである。しかし、次のペドロ三世の時代になるとすでにイスラムは駆逐されており、アラゴンとカタルーニャは地中海へと新しい活路を求めてゆく。やがて一四七九年になるとアラゴン、カタルーニャ、バレンシアを含むアラゴン連合王国では、フアン二世が亡くなって若きフェルナンド二世が王位に登る。マキャヴェリの『君主論』にも模範的な君主の例として言及されている人物である。

ナスル朝

ムワッヒド朝の崩壊でイスラム世界が内乱と紛争の渦巻く騒擾の巷《ちまた》と化して国土回復戦争に大きなはずみがついた。コルドバ落城の後を追うようにしてバレンシアも開城し、最大の都市セビーリャも抵抗むなしく包囲に耐えきれず、ついに降伏せざるをえなくなった。その間にナスル家のイブン・ウル・アーマルがヘレス、ハエン、グラナダ、マラガを攻略して自己の権力を固め、一二三〇年にグラナダを首都に定めてナスル朝（グラナダ王国）を樹立してスルタン（モハメッド一世）となるのである。このグラナダ王国を残して、すでに周囲はすべてキリスト教徒の領土となり、これを境にイベリア半島のイスラムは、以後二百数十年の間、グラナダ王国だけを唯一の砦としてキリスト教勢力に対抗しなければならなくなった。まさにこの時代にイスラム建築の精華として世界的に有名なアルハンブラ宮殿の基礎が築か

アルハンブラ宮殿の全景　背後にシエラ・ネバダ山脈を望む

れている。

イブン・ウル・アーマルの没後をアブ・アブダラ・モハメッドが継承。キリスト教世界から二度ほど攻撃を受けるが、グラナダ王国はよくこれを凌《しの》いで撃退するうちにモハメッド二世が崩御。こののち、戦争あり和平あり、文化の栄える年もあれば利害関係を求めて集合離散、果ては内乱を誘発したりとグラナダ王国に栄枯盛衰の歴史が刻まれてゆく。もちろんキリスト教諸国と友好関係を結んでお互いに交流を図る平和な時期も見られた。しかし、それはむしろ例外的な徒花《あだばな》であったといえるだろう。権利継承をめぐって頻発する支配者階級の内乱で、スルタンが目まぐるしく入れ替わり、カスティーリャ軍は内紛の隙《すき》を窺《うかが》って絶えずグラナダ攻略を画策していたのである。

継承争いの果てに一四五四年、イスマイールがスルタン位につくと、カスティーリャ王エンリケ四世がグラナダへ侵攻を開始する。略奪戦がいつ果てるともなく繰り返され、人心は麻のように乱れて領土の荒廃を招いた。これを憂えたイスマイールは、エンリケ四世に黄金一万二千枚を貢いで停戦条約を結んだ。しかし一四六六年にイスマイールの跡を長子アリが継承してアブール・ハッサンと名乗った頃、停戦状態は続いていたが、党派に分かれて四分五裂しているグラナダ国内を統一するのはもはや絶望的と見えた。弱小国グラナダの命運はすでに風前の灯《ともし》火《び》であった。

イサベルとフェルナンドの婚姻

こうしてグラナダ王国が末期的症状ともいうべき紛争状態に落ち込んでいるとき、イスラムにとって致命的となる事態がキリスト教世界に起きつつあった。カスティーリャ王国の王女イサベルとアラゴン連合王国の王子フェルナンドとの結婚である。エンリケ二世がカスティーリャ王国にトラスタマラ朝を樹立したのが一三六九年。そして一四五一年には、カスティーリャ王国に王女イサベルが誕生している。しかも十八歳を迎えて嫁ぎ先を決めなければならない時期にさしかかっていた。

すっかりと弱くなった晩秋の日射しが土埃をかぶった樹々の葉裏を白く光らせている。なだらかな丘陵の裾《すそ》を騎馬の一団が駆け抜けてゆく。自分が立てる茶色の土煙に身を隠すかのように密《ひそ》やかな走りである。まばらな木立《こだち》の間を縫ってバリャドリッドにいるカスティーリャ王女イサベルのもとへ駆けつけるフェルナンド王子の一行だった。イサベルの異母兄エンリケ四世は、妹を二十歳も年上のポルトガル王アフォンソ五世へ無理やり嫁がせようと交渉を推し進めている。ポルトガルにとってもカスティーリャを包括して勢力の拡大を図る絶好の機会である。ところが王女イサベルは、兄の言いつけに従ってポルトガルに嫁ぎ、世継ぎを産んでそのまま一生を終えるおとなしい女ではなかった。イサベルにはアラゴン王国の若い王子フェルナンドの方が好もしい。もっとも、王室間の婚姻には、政治が最優先にあって恋愛感情など入る余地のない時代だから、イサベルがおもに考えたのはカスティーリャ王国の将来と国益である。片方はカスティーリャへの勢力拡大を狙うポルトガル、もう一方はカタルーニャを併合して地中海へ乗り出してゆくアラゴン連合王国。もちろん後者の将来性を買ったのである。

兄王エンリケは、ポルトガル王との結婚を迫り、これを拒否するとイサベルの身柄を拘束しようと画策する。その武力に対抗して圧力を跳ね返すには武力しかない。そこでイサベルは、密かに王子フェルナンドに急使を送って事情を伝え、アラゴン王国の武力援助を仰いだのである。しかし時期が悪い。アラゴン王国もカタルーニャの内乱で手勢が出払っている。しかも王国を一歩出れば周囲は敵だらけである。何日にもわたる衆議の結果、フェルナンドひとりがわずかの供を連れてアラゴンを抜け出すことに決まった。

朝霧にかすむ払暁に城門を滑り出して間もなく領土を抜け、その後は危惧《きぐ》された敵にも遭遇せず、夜を徹し、朝駆けに馬を責めて走ってきた。ここまで来ればめざすバリャドリッドは目と鼻の先、一同に安堵《あんど》の色が浮かぶ。バリャドリッドを流れるピスエルガ河の支流であろうか、ひと筋の川へ出たところで馬を降り、水を飲ませて自分たちも休養を取った。黒い髪の毛を豊かに波打たせたフェルナンドは、まだ十七歳の若者である。血色のいい肉厚の頬を日暮れの冷気にこわばらせた顔には、精悍な活気がみなぎっている。落ちかかる夕日に細めた双眸《そうぼう》は燃え立つような朱に染まっていた。革胴着に包んだ肩幅の広い体は、これからまだひとまわり大きく成長する余地を残している。

カトリック両王　イサベル（右）とフェルナンド．グラナダ大聖堂蔵

それから四日後、バリャドリッドの教会でトレド大司教のもとに内輪の式が挙行された。やがて内乱の予感を孕《はら》んだままエンリケ四世が亡くなると王位

がイサベルにくる。一四七四年、カスティーリャ女王イサベル一世の誕生である。一方、その五年後、アラゴンでもファン二世が崩御して王位が息子のフェルナンドに移った。一四七九年、アラゴン王フェルナンド二世の誕生である。かくしてカスティーリャ王国とアラゴン連合王国が合わさってイベリア半島随一の強国となり、半島の先端にひっかかるように残っているグラナダ王国にとってこれまでにない脅威となるのである。ちなみに、このときイベリア半島で最も広範な版図を持ったカスティーリャ王国の言葉が、アラゴン王国を抑えておのずと主流となった。現在のスペイン語をカスティーリャ語と称するのはその名残《なごり》である。

イサベルの次女、狂女ファナ

カスティーリャ女王イサベル一世の母親もイサベルという名だった。子が親の名を継ぐのが珍しくないのでとかく混乱するが、ポルトガル王女イサベルである。この王妃には狂気の質《たち》があった。あるとき、侍女の行方が知れなくなった。もはや探すべき場所はほかにないとなって、王妃の部屋の大きな櫃《ひつ》を開いてみると、中から餓死寸前の侍女が転がり出た。夫ファン二世の寵愛《ちょうあい》を受けたこの侍女に嫉妬した王妃が、櫃へ閉じ込めて錠を下ろしたまま放置していたのだった。この仕打ちを知って人々は、なんと恐ろしい冷酷なお人だろう、と噂し合った。それだけなら嫉妬深く気性の激しい王妃で終わったのだが、そのうち誰の目にも異常と映る行動が目立ちはじめる。刺繡《ししゅう》をするのに手元明かりの持ってきようが遅いと目を吊り上げて侍女を叱りつけ、蒼白になってひれ伏す侍女の前で刺繡台を床に叩きつけてバリバリと踏みにじった。あるいは侍女の用意したリボンが気に入らないとむしり取り、せっかく着付けた服を胸元から両手で引き裂いたこともあった。かたわらに控えて編み物をしていた侍女がふと気がつくと、書物から上げた虚《うつ》ろな目を宙に据え、何事かをつぶやいている。度重なる尋常でない行動に周囲は不気味なものを感じはじめていた。放心をともなった精神の錯乱はますますひどくなるばかりで、ついには我が子の顔も見分けがつかなくなるときがあった。

幸いこの兆候は、イサベル女王の精神には伝わらなかった。あるいは伝わってはいたが芽を出さなかったという方が正確かもしれない。その証拠にイサベルの次女フアナに狂気が芽生えた。十七歳でハプスブルク家のブルゴーニュ公フィリップ（フェリペ）との婚儀が成立した。神聖ローマ皇帝マクシミリアン一世とマリー・ド・ブルゴーニュの息子である。額《ひたい》がほとんど隠れるほどに豊かな黒髪をゆったりと波打たせた、頰がふくよかで快活な青年は、まだ十八歳とはいえ、のちに美男王と綽名《あだな》されるほどに端正な美質の少年だった。ところが、スペインを船出してはるばるブルゴーニュへお輿《こし》入れとなったフアナとの生活に慣れてくるにつれ、フェリペは何不自由ないわがままな育ちの弊害を露骨に表し、魅力的な容姿の裏に隠された傲慢《ごうまん》さをファナに直接ぶつけてくるようになる。フランドル（オランダ、ベルギー、フランス北部を含む低地諸国）の文化の高さを鼻にかけてスペインを野蛮扱いするだけならまだしも、とかく女性問題が多く、ファナはいつしか精神を蝕《むしば》まれはじめていた。当初は、感情の起伏に時折激しい変化を見せつけて周囲をはらはらさせる程度に収まっていた。それが徐々に高じて頻繁に険しい顔つきを見せるようになり、ついには家臣の前をはばからず執拗に夫の不実を攻撃し、神経質な声を張り上げて問い詰めるようになった。やがては尋常でない怒りの発作が、実はそのまま狂気の発作だったと誰にもわかるのである。

老齢にさしかかったイサベル女王は、フランドルにいるファナをカスティーリャの王位継承者に認証した。スペイン嫌いのフェリペは、カスティーリャの王位を狙う気持ちもあってか、ファナについてしぶしぶとスペインへやって来る。ファナにとって六年ぶりの里帰りだった。フランドルのこぢんまりと整った都市に生まれ育ち、きれいな商家や洒落《しゃれ》た民家の櫛《しっ》比《び》する緑の豊富な町並みを見慣れたフェリペには、荒涼たる大地ばかりが果てしなく広がるスペインの無骨さには嫌悪さえ覚える。「ピレネーを越えるともうアフリカ」と聞かされたとおり、いまにも崩れそうな藁屋根の農家、太陽は大地を焦がし、草木一本生えていない赤土の大地が目路の果てまで続く。カスティーリャ宮廷が用意した馬車の窓からひと目眺めて、予想を超えた荒涼ぶりにうんざりとする。フランドル独特の瀟洒で繊細な装飾品で身を飾ることに習熟しているフェリペには、悪路に耐えるよう頑丈に組み立てられた実用一点張りの馬車はもとより、それを引くずんぐりと脚太の馬の尻までが癇《かん》にさわる。やはりスペインなどへ来なければよかったと後悔の念が先に立ち、妻に対してもおのずと無愛想になる理屈である。それかあらぬか、ファナのカスティーリャ王位継承の認証式が終わると、フェリペは妻をひとり残してさっさとフランドルへ引き揚げてしまう。露骨なまでのスペイン嫌いである。もしや自分を置いて女のもとへ急いだのか、と疑心を抱いたファナが狂気を募らせる原因にもなった。

正常心を失っているファナに政治は任せられない。後顧《こうこ》を憂える母のイサベル女王は、フランドルにいる孫のカルロスが成人に達するまでは、アラゴン王である夫フェルナンド二世に摂政《せっしょう》としてファナを助けるようにと遺言を書き直した。しかし、一五〇四年にイサベルが隠れると、ファナとともに再度カスティーリャを訪れたフェリペがカスティーリャ王となった。フェリペ一世である。その年、北国育ちの身には耐えがたいまでの酷暑の夏をやっと凌ぎ、朝夕に涼風の立ちはじめる九月、名残の猛暑の一日、存分に馬を駆ってしたたかに汗を流した国王フェリペ一世は、側近の差し出す水壺を空に掲げると心ゆくまで喉を潤した。突如、その夜に悪寒を覚えて激しく嘔吐《おうと》を繰り返した王は、やがて高熱を発してあっけなく帰らぬ人となってしまった。宮廷のあったブルゴス周辺では、折からペストが猖獗《しょうけつ》をきわめる

狂女フアナの彷徨

予兆があった。いち早くペストに罹患《りかん》したのか、あるいは毒殺であったとの噂も囁かれたが不明である。

夫の死を認めようとしないフアナは、フェリペ一世の遺体を豪奢《ごうしゃ》な柩《ひつぎ》に収め、昼間は明るさを嫌って部屋に閉じ籠もり、夜ともなれば村から村、修道院から修道院へと柩を運ばせてカスティーリャの荒野をさまよい歩いたとの逸話が残されている。狂気の例証としては格好の話であるが、その実はペストを避けて移動したのだともいわれる。

狂気の癒《い》えるはずもなく、アラゴン王フェルナンドは娘フアナをバリャドリッド近郊のトルデシーリャスへ幽閉せざるをえなくなる。そこで七十六歳の高齢で没するまでの四十六年間を、襤褸《ぼろ》と異臭に包まれ、精神の闇にうずくまったまま生き続けるのである。フランドルからやって来た息子

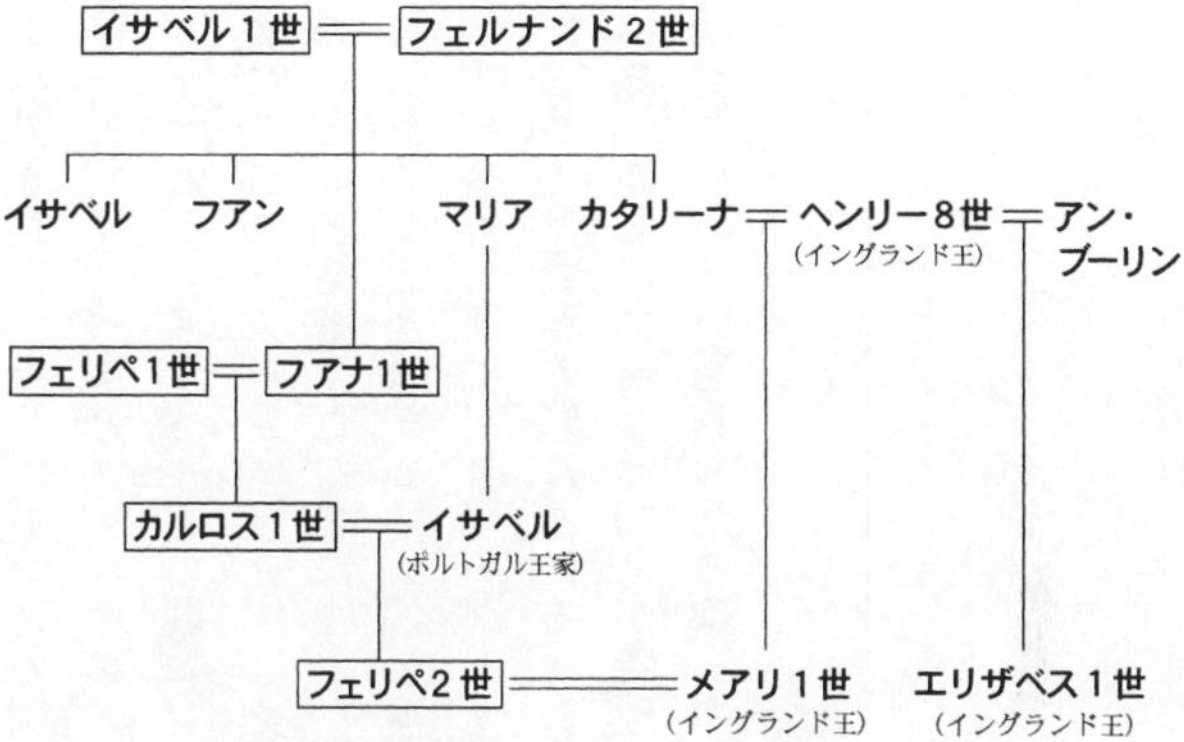

スペイン王家の系図①

のカルロスが、バリャドリッドへ向かう途中に挨拶に寄ったときも顔の見分けがつかず、自分はカスティーリャ女王であると主張してどうしてもカルロスへの譲位に同意しなかった。したがって、ファナと共同統治のかたちをとって実質上の職務を遂行していたカルロスが、正式にスペイン王として即位できるのは母親が亡くなった一五五五年だった。

ついでながら、イサベル女王の末娘にあたる四女カタリーナ（キャサリン）は、十五歳でイギリスのアーサー皇太子に嫁ぐが、翌年には寡婦となってしまった。そのままイギリスにとどめられ、七年後に望まれてヘンリー八世の妃となる。男児ふたりは育たず、流産は三度、なんとか無事に育ったのがメアリ・チューダー（のちのメアリ一世）である。ところが周知のとおりヘンリー八世は、アン・ブーリンに心を動かして結婚二十四年目のカタリーナとの結婚無効を宣言。そしてアンとの間に生まれた子供がのちにエリザベス一世となるのである。

一方、イサベルとフェルナンドの次女ファナの長男であるスペイン王カルロス一世が、ポルトガル王女イサベルとの間にフェリペ二世をもうける。このフェリペ二世が成長するに及んで先述のメアリ・チューダーと結婚する。メアリは父カルロスの叔母さんの娘だから父親のいとこと結婚したことになる。フェリペ二世は結婚後、一年ばかりイギリスに滞在していたが子供のできぬままフランドルへ去る。メアリ・チューダーの病没に続いて王位についたエリザベス一世は、アン・ブーリンの子だからメアリとは腹違いの妹、そしてフェリペ二世にとっては義理の妹にあたる。このようにイギリス王室とスペイン王室とは緊密に繋がっている。のちにフェリペ二世が義理の妹とはなるべく戦いたくないと、イギリスへの無敵艦隊派遣にためらいを見せたのはそのせいである。

トレドの奇跡

トレドの町並みは、細い通路が複雑に入り組んで迷路のごとき様相を呈している。アラブ支配の名残であるが、現在では風光明媚な観光地となって通路の両側に金銀細工店がずらりと並ぶ。その昔、この街の悩みは飲料水の確保だった。マドリッドが首都に定まったひとつの要因に豊かな水源の確保が挙げられる。それほどに新鮮な飲料水の安定した供給は切実である。トレドの場合、問題は街が高い岩場にあることだ。皮肉なことにスペイン四大河川のひとつ、タホ河の豊かな水流がこの街の周辺を取り巻いている。しかし水面から王宮アルカサル前の広場まで九十メートルある。当時の技術ではこの高低差で水を汲み上げる装置は不可能だった。豊かな水流を足下に眺めながら、トレド市民は雨水を溜めたりタホ河から水を汲んでロバの背に運ばせるより方法がなかったのである。セルバンテスの小説にもその描写が見られるほどにトレドの水運びは名物になっていた。

ところが十六世紀にイタリアの時計技師で機械技師のジョバンニなる者がスペインへ招聘《しょうへい》されてカルロス一世に仕えた。その没後はフェリペ二世にも仕えたこの技師が、タホ河の水を汲み上げる装置の開発をトレド市から奨金つきで依頼された。スペイン名をファネロというこの人物は、巨大な水車と真鍮《しんちゅう》の水桶を組み合わせた塔を二十四基、トレドの斜面に沿って組み上げてこれを見事に稼働させた。図面が伝わっていないのでこのときの水揚げ機の構造に関する詳細は不明である。しかし壮大な石組みの名残はいまでも残っている。

水車を動力としたこの装置によってタホ河の水は、九十メートルの斜面を楽々と登り、一日に一万七千リットルの水が宮廷内部の貯水槽に満々と蓄えられたのである。この成功はたちまちスペイン中の評判となり、多数の見物人が詰めかけた。そのなかにはフェリペ二世の異母弟ドン・ファン・デ・アウストゥリアもいた。この装置を評して人々は「トレドの奇跡」と褒め讃《たた》え、セルバンテスやローペ・デ・ベガなどの当時の文学者もこれに言及している。「コロンブスの卵」を古くスペインでは「ファネロの卵」というのもこれに由来するのである。

第II章　国土回復運動

愚鈍な王ボアブディル

キリスト教王国が着実に勢力を拡大してゆく一方、グラナダではモハメッド十一世、ボアブディルが即位したが、これが愚鈍な人物だったといわれている。カスティーリャ王国は、イスマイールと結んだ停戦条約の期限が切れるのを待ちかねるようにして、グラナダ南西部のアルアマ地方へ侵攻を開始した。田畑を徹底的に踏みにじり、寺院を毀《こぼ》ち家屋を破壊して略奪の限りを尽くす。殺戮の巷と化した村々は、まるで巨大な墓場のごとき廃墟となった。救援を求める切実な声に応じた父王アブール・ハッサンが、領土奪回の遠征に出かけた留守に、あろうことか王子ボアブディルが父に背《そむ》いて叛乱を起こした。驚いたハッサン王は、急遽《きゅうきょ》包囲を解いてグラナダへ戻らなければならなかった。意表を突いたボアブディルの謀反《むほん》の真意は次のようであった。

王アブール・ハッサンには、妻アーエシャのほかにもうひとりの妻イサベル・デ・ソリスがあった。コーランの定めによって複数の妻帯が許されているのだが、名前からも容易に知られるように後者は、スペインのキリスト教徒婦人だった。異教徒間の婚姻が普通に結ばれていた事実はともかくとして、ハッサンはイサベルとその子供たちを溺愛していた。そうなればイサベルのもとにおのずと権力が集中するようになる。それに嫉妬心を抱いたアーエシャが、実子ボアブディルをそそのかして父王に背かせるように仕向けたのである。しかも、それと呼応してアーエシャに買収された兵士や一部の市民たちがボアブディルを王に奉じて叛乱を起こした。そのためハッサンは、急遽グラナダへ駆け戻らなければならなかった。かくしてグラナダ市内は、骨肉相食《あいは》む戦乱の修羅場と化したのである。

やがて父子の間に休戦が結ばれ、老王ハッサンはキリスト教徒に包囲されている町の救援へと再び出向いた。ところが卑怯《ひきょう》にもボアブディルは、その虚を突いてアルハンブラ宮殿を攻め落とし、事実上グラナダ全土を手中に収めてしまった。行き場を失ったハッサンは、しかたなくマラガへ落ち延びねばならなかった。そうこうするうち、イサベルとフェルナンドのカトリック両王が、マラガ地方へ強力な軍隊を派遣した。田畑に火をかけて穀物を焼き払いオリーブや葡萄《ぶどう》を切り倒し、教会を壊し家畜を盗んで略奪を働く。無抵抗の人々を殺戮することが勝利といえるなら、この部隊はまたとない大勝利を収めたのだった。

幸いボアブディルの叔父にあたるアズ・ザガールが、果敢に反撃に打って出て見事に敵を撃退して急場を凌ぎ、大いに勇名を馳せることになった。この例に倣《なら》おうとでも考えたのかボアブディルは、愚かにもカスティーリャ軍の攻撃に打って出たがあっけなく敗れ、まんまと捕虜になって縄目の恥辱を味わう羽目となってしまった。ボアブディルはカトリック両王にとって格好の獲物だった。優柔不断にして小胆なボアブディルなどは、老獪《ろうかい》なフェルナンドの手にかかればひとたまりもない。まるで飴《あめ》細工のように簡単にひねられ、たちまちにしてフェルナンドの忠実な家臣となることを誓ってグラナダへ鄭重《ていちょう》に送り返されたのである。

すでにハッサンの跡を継いでいた叔父アズ・ザガールは、共同してキリスト教徒の撃退を図ろうと説得にかかるのだが、無能な甥は一切の作戦行動を拒否して動こうとしない。敵はザガールとボアブディルの反目に乗じてロンダなどの重要都市を相次いで陥落させてゆき、地中海沿岸の都市マラガも一四八七年に落ちた。存亡の危機にあったマラガ救援に出撃しようとしたザガールを引き留めたのは、ほかでもないボアブディル自身であった。実は、己の力でアズ・ザガール王から奪取する領土は、すべてボアブディルに与えるというアラゴン王フェルナンドとの密約があった。一方、ボアブディル自身は、フェルナンドの後ろ盾を得ておかなければ、叔父ザガールにいつグラナダから追放されるかわからない。我が身の安泰のためには、フェルナンドとの密約を全面的に信頼する方が賢明と考えた。マラガが陥落したとき敵に祝辞を送ったほど柔弱にして卑劣なボアブディルだが、フェルナンド王にしてみれば、懐柔策をもってボアブディルを封じ込めておいたので、全勢力をマラガ陥落に振り向けることができたのである。ザガールは善戦むなしくついに降伏のやむなきに至り、市民は略奪のままに家を奪われ、住むところを追われ、ザガールは北アフリカのベルベル人王国ワッタース朝の首都フェズへ流された。

いまやイベリア半島でイスラムの手中に残っているのは、首都グラナダとその直属の領土以外に何もなくなってしまった。しかもフェルナンド王は、ザガールを排除するとただちに手のひらを返してグラナダの開城をボアブディルに迫った。これが拒絶されるとカスティーリャ軍は、グラナダの沃野《よくや》を寥々《りょうりょう》たる荒れ野に変えてコルドバへ引き揚げていった。もはや戦うしか道は残されていなかった。

グラナダ開城

酷暑の夏が果て、小麦が穂を垂れ、厳冬の雪が解けるとフェルナンド王は、四万の歩兵に騎馬一万の大軍を率いてグラナダの平野に雪崩れ込んできた。穀物を焼いて樹木を引き倒し、溝を埋めて壁を砕いては包囲網を縮めてゆく。人々は首都の城内へ逃げ込み、それから一進一退の戦いを繰り広げつつ、十年の間グラナダは立派に持ちこたえた。やがて業を煮やしたイサベルとフェルナンドは、包囲戦を兵糧攻めに転じ飢餓をもって敵を降伏させる戦術に出た。蟻一匹這《は》い出る隙もない籠城軍には、ひと粒の穀物も届かなくなった。困窮のどん底にあって意地も外聞も失い、思慮も分別も尽き果てた籠城軍は、名誉を捨ててついに開城の決意をせざるをえなかった。

カトリック両王側が断然優位に立って長期間にわたる交渉が重ねられた結果、今後二か月の間にイスラム軍が、水陸のいずれからにもせよ救援を得られない場合、グラナダはキリスト教徒の手に引き渡され、住民は王から市民に至るまですべからくカスティーリャの君主に臣従の誓いを取るべしとの合意がなった。それに続いて次のような取り決めがなされた。

一　イスラム教徒は、身分を問わず完全に身柄を保証され、その自由を保つとともに財産、武器および乗馬の所有権を保持する。
二　宗教の自由、寺院や宗教施設はそのまま存続させる。
三　風俗、言語、習慣、服装はそのままなるべきこと。
四　法律は同人種の長官によって執行されるべきこと。
五　キリスト教徒とイスラム教徒の間の争いは合議制によって決すべきこと。
六　従来納めている以上の租税は課さない。
七　キリスト教徒はむやみにイスラム教徒の家に闖入《ちんにゅう》あるいはイスラム教徒を侮辱する行為をしてはならない。
八　イスラムの捕虜はすべて釈放されること。アフリカへ渡るものは一定期限内に出発することを許される。
九　イスラムに改宗したキリスト教徒は復宗を強要されない。

きわめて寛大な結構ずくめの降伏条項である。グラナダ王国は、エジプトや周辺のスルタンに援軍を求める使者を矢継ぎ早に送ったが、返事のないまま猶予の二か月が過ぎて一四九二年一月二日、グラナダは陥落した。かつてはイベリア半島に隆盛をきわめたイスラム教徒の国が、ここに完全に消滅したのである。アルハンブラ宮殿を追われたボアブディルは、一族とともに自分の居と定められたグラナダの東の山地アルプハーラスへの道を急いだ。パドゥール連山に辿り着いたとき、寒気の張り詰めるグラナダの平野を眺めやって深々とため息を洩らし、蒼穹《そうきゅう》を抜いて林立するモスクの尖塔《せんとう》を見つめて滂沱《ぼうだ》と涙を流した。その様子を見ていた母親アーエシャが、「女々しく泣くがいい。男らしく守れなかったのだから」と言ったと伝えられている。しかし、もとはといえばこの母親がボアブディルを使嗾《しそう》して父親に弓を引かせたところからグラナダの統治に亀裂が入ったのだった。ボアブディルをスペインにとどめておくのは危険と見たフェルナンド王は、後年、アズ・ザガールと同じく北アフリカのベルベル人王国へ追放した。そしてワッタース朝のフェズで一五三八年に薨《こう》じている。

コロンブスのインディアス到着

この年の八月に第一回航海に乗り出したコロンブスが、十月にバハマ諸島に到達していることを忘れてはならない。スペインの歴史を大きく変える契機となったいまひとつの大きな事件である。

十五世紀ともなると地球が丸いことは誰もが知っていた。大海原の果てに滝があり、そこへ船が飲み込まれると信じる船乗りはもういなかった。しかも大西洋に面している地理的好条件から、イベリア半島では沿岸の住民がすでに古くから海に乗り出してフランドルやアフリカと通商の輪を広げていた。カスティーリャが国を挙げてイスラムとの国土回復戦争に専念している間にポルトガルは、マデイラ諸島やアゾレス諸島を版図に収め、アフリカ沿岸に船足を伸ばしていた。そればかりか、エンリケ王子などが率先してより正確な海図の作成を奨励し、航海術の研究を推し進めたのである。それを記念して親しく航海王子と称され、リスボンのテジョ河口に船の舳先をかたどった記念碑がそびえているが、その先頭に立つ勇姿で知られている。そしてポルトガルの船乗りたちが相次いでアフリカ西岸を南下することになるが、喜望峰を回ってカリカットへ到着したヴァスコ・ダ・ガマもポルトガルの船乗りだった。このように航海術の上ではポルトガルがカスティーリャに一歩を先んじ、海洋での勢力圏を着実に拡大していたのである。

カスティーリャ王国にしても、懸案のイスラムを駆逐してスペインの統一がなれば、海外との商業取引を活発に展開して経済力を高め、遅れを取り戻していずれはポルトガルと対決しなければならない。イサベル女王がそのように考えていた矢先、大西洋を西へ進んで東洋へ達する航海計画を進言する人物がカトリック両王の前に現れたのである。身なりの貧しい、素性もはっきりしないこの男がコロンブス（スペイン語でクリストバル・コロン）、一四八六年だった。渋皮色に灼けた額に労苦の縦皺《たてじわ》を刻み、小粒な顔に眼光だけは鋭いこの男が熱心に説くとおり、もし大西洋を横断してインドへ到達すれば、ポルトガルの航海領域と抵触せずに独自の航路で東洋貿易が開ける。フェルナンドよりもイサベル女王の方がこの構想に興味を示した。そして大詰めにかかっているグラナダとの戦いが終わるまで決定を待つようコロンブスに伝えたのである。それから六年間コロンブスは待たなければならなかった。

グラナダが一月に開城するとイサベルは、さっそくコロンブスと再交渉に入り、三か月にわたる慎重な会合の末に四月、やっとグラナダ近郊のサンタ・フェで協約書の調印がなされた。それから四か月の準備を経て一四九二年八月三日、コロンブスは、サンタ・マリア、ピンタ、ニーニャの三艘を率いてパロス・デ・ラ・フロンテーラを出航した。コロンブスの『航海日誌』に記されているさまざまな労苦を経て、十月十二日に到達した小島をサン・サルバドールと名づけ、そこをアジアの地インドの一部と信じてスペインへ帰還している。航行距離と海図に照らし合わせてインドに到着したとコロンブスは判断したのだが、当時の最新の世界地理の知識と熟練した航海技術をもってしても起こりうる錯覚だった。スペイン語で新大陸をインディアスと呼び、その住民をインディオと称するのはその名残である。

その後、おもにカスティーリャ王国から渡っていったスペイン人が、インカ帝国を滅ぼしてペルーを築き、アステカを征服して現在のメキシコが生まれた。その過程において多数の暴虐と悲劇を生んだのは数多《あまた》の記録にとどめられているとおりである。また、インディオに対する統治法が、スペイン本国の知識人のみならずヨーロッパ諸国から非難の的となったことも山なす書物に記されている。その一方で、莫大な金銀財宝が船倉に山積みされてスペインへ運ばれた。それを狙ったフランシス・ドレイクがカリブ海で盛んに海賊行為を働き、その獲物の一部がエリザベス女王の国庫を潤したのは周知の事実である。その後もポトシ銀山などから銀がふんだんに採掘され、宗教戦争を支える国王カルロス一世の戦費としてヨーロッパへ流れてゆくのである。

新大陸との交流によってヨーロッパにもたらされた品物は、誰もが承知のココアをはじめとして枚挙に暇《いとま》がない。とりわけ知られているのはじゃがいも。これは飢饉《ききん》のヨーロッパを餓死から救ったといわれる。トマトはいまではスペイン料理はもとよりイタリア料理には欠かせない食材となっている。とうもろこしも南米から入っている。そして現在では社会的に風当たりのきついタバコ。これは十八世紀の紳士にはおしゃれの必需品だった。おまけにコロンブスの船は、梅毒というありがたくない病気まで運んできた。

スペインからは小麦をはじめとする穀類、柑橘類、サトウキビが移植され家畜類が運ばれていった。なかでもサトウキビはもともとスペインのバレンシア沿岸やグラナダなどの暖かい地方で育っていたのだが、これがまずアフリカ西岸のカナリア諸島に移植されて砂糖の生産が飛躍的に伸びた。このサトウキビをコロンブスが第二回目の航海のとき、カナリア諸島から苗木を積んで試みにラ・エスパニョーラ島へ伝えた。すると予想どおり、南米の肥沃な大地と豊富な降雨量に恵まれて良質のサトウキビが大量に成長したのである。とりわけキューバにサトウキビの移植が盛んに行われ、砂糖が大量に生産されるようになる。やがてカナリア諸島の生産量を追い抜き、ついには良質の砂糖がスペインへ逆輸入されるようになる。それまでは庶民に手の届かなかった砂糖が安くなり、ヨーロッパの人々がコーヒーやココアに砂糖を入れて楽しめるようになったのはひとえにコロンブスのおかげである。

改宗モーロ人の追放

七一一年にターリックがイベリア半島へ上陸してから、コロンブスが航海へ乗り出す一四九二年までの八世紀の間、スペインでは常にキリスト教徒と並んでイスラム教徒が生計を営んでいた。支配者がどれほど目まぐるしく変わろうとも、イスラムはイスラム、キリスト教徒はキリスト教徒、そして鍛冶屋は鍛冶屋、粉屋は粉屋でありつづけたのである。カスティーリャの田舎の寒村で、キリスト教徒の農夫ロレンソが、壊れた車輪の修理をイスラム教徒の鍛冶屋ムタジッドに頼み、ついでに折れた鍬の歯を鍛えなおしてもらうことがありえた。イスラム教徒のベルベル人やアラブ人を総称してモーロ人と呼ぶのだが、早い話があのドン・キホーテの住むラ・マンチャ村でも、根っからのキリスト教徒である農夫サンチョ・パンサの隣にモーロ人リコーテが雑貨屋のような店を営んでいた。しかもこのふたりは大の仲良しだったという。たとえグラナダが陥落してイサベルとフェルナンドがスペインを統合しようとも、麦の実りに変化があるわけでもない。水車は粉を挽《ひ》きつづけ、家畜は草を食んで花々は咲き乱れる。トマトは毎年赤い実をつけてサンチョ・パンサの太鼓腹はますますせり出す。その一方でドン・キホーテは、相変わらず錆《さ》びた甲冑《かっちゅう》に磨きをかけているだろう。イスラム教徒の鍛冶屋にしても、たとえ支配者がキリスト教徒に替わろうとも、アッラーの名のもとに鎌や鋤《すき》、鍬の農具を打ち出し、壊れた車軸の修理に精を出していたのである。支配者の宗教が変わったからといって、いまさら先祖代々の職業を放棄して土地を離れても行き場のないのが現実である。

イスラムの信仰を守ったままキリスト教徒支配下に居住する人々をムデハルと称する。だからもしこの鍛冶屋が多少とも芸術の才に恵まれた人物で、たとえば従来の窓格子《まどごうし》に工夫を凝らし、洒落た装飾模様のひとつでも窓枠に取り付けようものなら、これがいわゆるムデハル様式として美術史に残ったかもしれない。幸いなことにカスティーリャ王国から出された降伏条件がきわめて緩やかなもので、イスラムの信仰から法律、習慣に至るまで幅広く自由が認められた。気がかりな税金も寛大な範囲のものであったのはすでに見たとおりである。ところがこの寛大さは見せかけばかりで長くは続かなかった。経済的に裕福な者が多かったムデハルに対する不満が鬱積しはじめ、やがてはあからさまな反イスラムの偏見が横行するようになるのである。イスラムとの間に結ばれた先述の条項もいつの間にか効力を失い、モーロ人はあらゆる屈辱と被害にさらされはじめていた。保証されていたはずの宗教と法律の自由は反古《ほご》同然となり果て、多くの者が強制的にキリスト教の洗礼を受けさせられたりもしたのである。

あるとき、市場の雑踏を肩を触れるようにしてすれ違った年配のモーロ人ふたりを、キリスト教徒の若者たちが取り囲んで小突き回す不祥事が起きた。ふたりは灯火油などの日用品を買い求めに出たのだが、つい話に激して声高になっていた。すれ違った狂信的な若者たちには、そのアラビア語の響きが癇に触れたらしい。難癖などつけようと思えばどこにでもつけられる。ふたりは着ていたアラブ衣装に裂け目を作って逃げ戻らねばならなかった。同様の被害に遭《あ》ったある老夫婦などは、命の危険すら感じて逃げ帰り、扉を閉ざしてもなお震えが止まらなかったという。アラビア語の使用は許されているはずではなかったのか。アラブ風の服装をすることに何らの不都合もないはずである。しかるにムデハルを敵視する不穏な事件が方々で頻発するようになっていた。

理性ある穏健な人々は、もともとイスラム教徒を急激にキリスト教化する政策には否定的だった。ターリックのジブラルタル上陸に始まって、いまとは逆にイスラムがキリスト教徒を支配していたとき、イスラムの為政者は、決して改宗を強制することはなく、モーゼのユダヤ教徒、イエスのキリスト教徒のそれぞれの信仰を寛大に認める政策をとった。もともとイスラムは、モーゼのユダヤ教やイエスのキリスト教をさかのぼって本源的なアブラハムの絶対的一神教へ戻ることをめざした宗教だった。したがって根本的には同一の宗教である。だからコーランには偶像崇拝の異教徒は別としてキリスト教、ユダヤ教などの同じ「啓典の民」とは平和に共存するように教え、ただ相手が攻撃してくる場合に限って勇敢に反撃せよと記してある。かつてイベリア半島でイスラム教徒の数が七十五パーセントを超えたのは決して強制改宗の成果ではなく、世代を重ねるうちにイスラムの文化と風習・慣習に共感を覚えるスペイン人が、おのずとイスラムの信仰へ移行していった結果だった。時を経て緩やかにイスラムがスペインへ浸透していったればこそ、やがては首都コルドバが高度の文化と商業繁栄で世界に名を轟《とどろ》かせるまでに成長できたと考えられるのである。

これに反して、グラナダ王国が消滅すればそのままキリスト教世界が実現するような幻想を抱いた一部の狂信的キリスト教徒の目には、地道な説教とたゆまぬ教化の努力によってキリスト教徒に変えようとする政策などは、実に手ぬるい非能率的な方法としか映らなかった。このような連中の耳にアラビア語は不愉快な雑音を響かせ、自分たちとは異質の服装が目障りとなって、先述のような暴力沙汰を引き起こして社会不安を助長する。なお悪いことに、狂信的なトレド大司教ヒメネス・デ・シスネロスが、一四九九年にグラナダを訪れ、それまで穏健な教化政策を維持していた大司教エルナンド・デ・タラベラを排斥して全国的なイスラム迫害に乗り出した。キリスト教への改宗を強行し、数千に及ぶイスラム教徒に一挙に洗礼を施《ほどこ》すという暴挙に出て、モーロ人の不満に拍車をかけることになったのである。

アルプハーラスの叛乱

グラナダ降伏時の和平条項を尊重していれば、こうした不満を国内に鬱積させる危険はなかったであろうが、期待に反してアラゴン王フェルナンドは、モーロ人に対してますます苛酷な要求を強めてゆく傾向にあった。このようなカスティーリャの背信行為は、当然イスラム教徒の憤激を爆発させ、過激な若者のなかには武器をとって叛徒となる者もあった。しかし危惧されたとおりその結果は、キリスト教徒側の暴政をさらに激しくするに格好の口実を与えるだけに終わったのである。

叛徒はアルプハーラス山中へ逃れて抵抗したが、圧倒的な軍事力のもとに叛乱はあえなく鎮圧され、一五〇二年には、枢機卿《すうきけい》シスネロスの進言を入れた国王フェルナンドが勅令を発し、カスティーリャとグラナダ、のちにはアラゴン在住のモーロ人も含めてキリスト教に改宗するか、あるいは追放を選ぶかの二者択一を容赦なく迫ったのである。キリスト教に改宗したモーロ人をモリスコと称するが、無理やり改宗させられたモリスコたちはうわべだけキリスト教徒を装っているが、心の奥を覗けば決してそうではない。従来どおりの定まった時間にイスラムの祈禱《きとう》や沐浴を行っていた。いわば隠れイスラム教徒である。

キリスト教に改宗した以上は、生まれた子供に洗礼を授けなければならない。しかし教会から戻れば井戸水で洗い流しておけばいい。しかたなくキリスト教会で結婚式を挙げた場合でも、家に帰ってイスラムの儀式に従って式をやりなおせば気持ちは安らぐ。だが、こうした表面だけキリスト教徒を装った隠れイスラム教徒への監視の目は厳しく強化され、イスラムの信仰へ逆戻りする者はもとより、少しでも信仰に疑義のある者は、のちに述べる異端審問所から嫌疑をかけられ、最悪の場合は炎に焼かれる危険があった。

こうしてモリスコの問題を抱えたまま、ほぼ半世紀以上の歳月がスペインに流れ、フェリペ二世の時代、モリスコの生活はついに耐え切れなくなった。記録を見てみよう。

異教徒はその奇妙な服装を捨ててキリスト教徒の帽子とズボンを用いることを命じられ、

沐浴の習慣を廃し、言語と習慣と儀式はもとより、姓名もスペイン風に改め、言葉はスペイン語を用いるように要求された。

言い換えればスペイン人と同じになれという命令である。アラブ人の言語や風俗習慣、イスラムのあらゆる慣例を捨てさせるこの命令は、アルマンソール家やアベンセラヘ家など名誉ある旧イスラム貴族の耐え忍ぶところではなかった。懸念されたとおりアルプハーラスに二度目の叛乱が起きた。そして少数非力のままに孤立したモーロ人たちは、周辺のイスラム教国、とりわけオスマン・トルコに救援を求めて血路を開こうと画策したのである。トルコはスペインにとって不倶戴天《ふぐたいてん》の敵である。由々しき事態に危機感を募らせたフェリペ二世は、この動きを封じ一刻も早く叛乱を鎮めるべく異母弟ドン・フアン・デ・アウストゥリアを指揮官に送って叛乱軍の圧殺を図った。叛徒は暴虐のうちに粉砕され、アルプハーラスの山野は屍山血河《しざんけつが》の様相を呈し、洞窟に逃げ込んだ者は火をかけて蒸し焼きにされたという。

父王の遺志を継いだフェリペ三世は、一六〇九年、国内の火種を潰してトルコ帝国の威嚇《いかく》を一掃する意図もあって、ついにスペイン全土からモリスコをすべて追放する法令を発布した。これによって五十万を超えるモリスコが強制的にアフリカへ送られ、二十万がフランスへ追われた。アラブ人史家にいわせると、数世紀にわたって文化と学問の祖国となり、ヨーロッパのいかなる国も及ばぬほどの美術、科学そして学術の洗練された文化の揺籃《ようらん》の地であった麗《うるわ》しのアンダルシアは、こうして不毛の土地と化してしまった。満天に皓々《こうこう》と輝いていた月にやがて雲がかかって闇夜が訪れ、二度と再び輝きを放つときはなかったのである。

このときのモリスコ追放の具体的な状況を窺い知る術はないが、虚構の世界ながらも文学作品に興味深い一節が見られる。セルバンテスの『ドン・キホーテ』である。その前篇は一六〇四年の作なので追放令はまだ発布されていなかった。後篇は一六一五年の出版であるから、執筆中に追放令の発効があったことは確かである。それが第五十四章にさっそく取り上げられている。前にも少し触れたがその概略は次のとおりである。

バラタリア島太守の職を逃げ出し、ドン・キホーテの行方を追ってロバを急がせるサンチョが外国人巡礼の一行と出くわす。布施を求めて近づいてきた連中のひとりは、隣に住んでいたモーロ人のリコーテだった。ドイツ人巡礼のなかに紛れ込んでフランス風の格好をしているのでそれと見分けがつかなかったのである。七十万ものモリスコがスペインを追われたのだから、セルバンテスの創作というよりも、むしろこのような話が実際に方々で聞かれたのではないかと推測できる。

涼しげな木陰で楽な姿勢にくつろいだ巡礼の一行が、背負い袋の食べ物をしこたま胃袋に詰め込み、葡萄酒の革袋をからにして昼寝のまどろみに落ちる頃、訛りのないきれいなカスティーリャ語をしゃべるモーロ人リコーテが身の上話をサンチョに語って聞かせる。

なあ、お隣の仲良しのサンチョ・パンサ！　国王陛下がわしの同族の者たちへお命じなされた告知がどれほどの驚きと恐怖をもたらしたか知ってるだろ。少なくともわしには、スペインを出る猶予期間の切れる前から、もう我が身と子供たちに厳罰が下されたように思えるほどだった。そこで考えたのはまず頭を働かせ、その時が来ればいまの家を取り上げられるとわかっているのだから、移り住むところを用意しておくことだ。つまりほかの奴らのように慌《あわ》ただしく出ていかなくてもすむように、安心して家族を連れていける場所を探しにひとりで村を抜け出たんだ。

頭のいいリコーテには、追放令がただの脅しではなく猶予期間が過ぎれば必ず実行される正真正銘の法律に相違ないとの直感があった。モーロ人がすべて隠れイスラムではない。同族の者にはしっかりとした根っからのキリスト教徒もいるのは承知している。ただしそれが少数であることも確かだ。だとすれば懐に毒蛇を飼っておくようなもので、モーロ人の追放を決断された国王陛下の判断は正しいのだという。だがスペインが生まれ故郷であることに変わりはない。

どこへ行こうとみんなはスペインを思って泣いている。なんといってもここで生まれ、ここが生まれ故郷なんだ。どこへ行っても不幸を癒してくれる扱いを受けたことがなかった。親切に受け入れてもてなしてくれると期待したベルベリアやアフリカのどの土地にしても、ほかのどこよりわしたちをいじめて虐待するんだ。失ってみるまで幸せがわからなかった。ほとんどみんながスペインへ戻りたいと願っているので、わしみたいに言葉のわかる者は、けっこう多くいるんだがそのほとんどが戻ってきている。

いうまでもなく庶民の間では、キリスト教徒とイスラム教徒が共存していたのである。だから典型的な田舎の農夫であるサンチョの隣に、モーロ人のリコーテが居を構えて立派に商いをしていた。しかもサンチョとは大の仲良しであったらしく、昔のよしみを信用して、追放前に埋めておいたお金を取り出して女房子供に届けるのを手伝ってくれないかと持ちかける。しかしサンチョはそれを断って物語は別の方向へと展開してゆくのである。セルバンテスの作り話だといってしまえばそれまでだが、スペインの津々浦々にまで浸透していたモリスコ追放の法令が、ドン・キホーテやサンチョが平和に暮らしているラ・マンチャのさる村までも容赦なく襲った様子をどんな記録よりも如実に伝えているといえるだろう。

いまひとつ、セルバンテスの『ドン・キホーテ』後篇よりも一年前の一六一四年に出版されたアベリャネーダ作の『ドン・キホーテ』後篇がある。現代風の感覚でいえば贋作《がんさく》だが、その書き出しが「アラゴンからイスラム教徒が追放された頃」となっていて、やはりこの追放令に触れているのもただの偶然ではあるまい。おそらくはかなり衝撃的な事件であったに違いない。

ユダヤ人の追放

話はさかのぼるが、西ゴートの支配下で迫害を受けていたユダヤ人は、ターリックの率いるイスラム軍を解放者と受け止めてその侵攻に協力的であった。そして寛容なイスラム支配下でユダヤ人は、むしろ優遇されて安穏な暮らしを送ることができた。しかしやがてキリスト教徒が攻勢に出てイスラムが駆逐されるに及んで、再び迫害の波にさらされはじめるのである。こうして国土回復戦争が飛躍的な進展を見せていた頃、一三九一年の六月六日にセビーリャでついに大事件が起きた。

この日の早朝、ユダヤ人街区に雪崩れ込んだセビーリャ市民が、放火、略奪をほしいままに暴虐の限りを尽くし、多数のユダヤ人が故なき虐殺の犠牲となった。しかもこの虐殺・暴動はセビーリャだけにとどまらず、たちまちにして近隣のコルドバ、そして遠くトレドにまで飛び、やがてはバレンシア、バルセロナへとスペイン全土を包む猛火となって広がってゆくのである。すでに火種は昔からくすぶりつづけていた。これが燃え上がるのは時間の問題だった。

ユダヤ人といえば裕福な金貸しのイメージが先行しがちだが、そのすべてが金融業を営んでいたわけではない。貧乏な靴屋もいれば貧しい仕立屋もいた。経営不振の雑貨屋もあったろうし、冷たい水に手を腫《は》らしている洗濯女だっていた。しかし煽動する者は、そのような種々雑多の職業に専念する貧しいユダヤ人からは目をそらし、王室の懐に食い込んで巨利を得ているユダヤ人、あるいは庶民の身近にいる裕福な金貸し業者、ないしは徴税請負人を悪鬼のごとくに仕立て上げ、キリスト教徒が貧しいのはユダヤ人のせいであるかのように説き立てたのである。説教壇からヒステリックに叫ばれる「キリストを裏切ったユダの子孫を撲滅せよ」などという議論は、庶民にとってどうでもいいことで、むしろ日頃の不満を爆発させる標的にすぎなかったかもしれない。古い昔から常に庶民の間にくすぶっていた生活困窮への不満。どうしてあいつらばかりがぬくぬくと暮らしているのかという鬱積した不満の埋み火を、狂信的な聖職者が息を吹きかけてうまく燃え上がらせたというべきだろう。ユダヤ教徒の撲滅を叫びながら、その実はユダヤ人の財産を狙って略奪をほしいままにする反ユダヤ人主義感情噴出の渦中に引きずり込まれ、略奪と虐殺の恐怖にさらされたユダヤ人は、暴徒の前になす術もなかった。狂乱の犠牲となった者の数知れず、セビーリャの外へつてを求めて脱出できた者の数は少数にとどまった。かろうじて殺戮を免れた、行き場のない大多数のユダヤ人が生き延びるには、キリスト教徒となって攻撃の矛先をかわすしかなかった。

こうしてキリスト教に改宗したユダヤ人をコンベルソという。憎しみの対象であったユダヤ人の居住区は襲撃によって消滅したが、そのかわり従来からの旧キリスト教徒に対して新キリスト教徒とも呼ばれるコンベルソが大量に発生したのである。ユダヤ教徒を撲滅し、追放しても、そののち庶民が生活を続けるには、たとえば雑貨屋がなくては困るし、鍛冶屋も仕立屋も欠かせない。洗濯女はもとより場合によっては高利貸しも必要である。その役割を果たすのは結局コンベルソである。したがってユダヤ教徒がセビーリャから追放されたにしても、改宗したユダヤ人は依然としてセビーリャに残っているので、社会の役割分担にそれほどの変化はなかった。のみならず今度はキリスト教に改宗したユダヤ人の存在が問題をより複雑にする。従来ならばユダヤ人を公然と区別できたのだが、コンベルソはあくまでもキリスト教徒である。つまりキリスト教徒としての正当な権利を堂々と主張できる。便宜上キリスト教に改宗したユダヤ人であっても、今度は大手を振ってまかり通ることができる。そうなれば以前にも増して権力の懐へ入り込んで出世をとげる者が出てくるのも道理である。はたして心からキリスト教に帰依しているのか、あるいは改宗は表面だけの見せかけで、裏では相変わらず先祖代々のユダヤ教を信奉しているのか。改宗ユダヤ人のカトリック信仰に疑義が生じ、いわゆる隠れユダヤ教徒への監視の目が厳しくなってくる。イスラムからの改宗者モリスコの場合と同じで、のちに述べる異端審問所の活動がこれに関わってくるのである。

改宗して新しくキリスト教徒となったコンベルソは、こうして絶えず世間から疑いの目を向けられる存在となった。そのため、自分がいかにも熱心なキリスト教徒であることを誇示すべく欠かさずミサに出たり、宗教行事に積極的に参加して篤信ぶりを周囲に披瀝《ひれき》して社会へ溶け込もうと努力する者もあった。それを揶揄してこんな対話がある。

「君はミサに行かないのかね?」

「そう、あまり頻繁にミサに行くと新キリスト教徒だと思われるからね」

異端審問所の悪名高い長官トルケマダが、残虐なまでに隠れユダヤ教徒を狩り出して火刑台へ送ったのも、自分がコンベルソの出自であることを隠したい一念が暴走したのではないかといわれる。ただいずれにしても、改宗したユダヤ人と改宗しないユダヤ人とがひとつ社会に共存しているのは不都合である。両者がともにいれば誘惑に負けてコンベルソがもとの信仰に戻って隠れユダヤ教徒となる機会が増えるに違いない。それを防ぐにはまずユダヤ人をできるだけキリスト教に改宗させ、それと同時に、コンベルソの信仰に障碍《しょうがい》をもたらすユダヤ教徒は、すべからくスペイン王国から追放しなければならない。ユダヤ教徒をキリスト教徒から完全に引き離し、それによってコンベルソの信仰を確固不動のものとすべきである。

そのように考えたカトリック両王イサベルとフェルナンドは、異端審問所の要請も受けて一四九二年三月三十一日、コンベルソ以外のユダヤ人に向けて国外追放令を発布した。キリスト教に改宗するか、さもなくば国外へ退去すべし。これに背くユダヤ人は、死刑と全財産の没収をもって罰せられる。したがってスペインで生き残る道は、キリスト教徒になることしかない。まさにグラナダ王国が崩壊した年、そしてコロンブスが航海に乗り出した年、ユダヤ教徒は早々とスペインから一掃されてしまった。一方、イスラム教徒には信仰の自由が保証され、モリスコが最終的に追放されるのは、それから百年以上ものちの一六〇九年だった。

なぜユダヤ教徒を追放しなければならなかったのかについては明確になっていない。ユダヤ人よりも数においてはるかに勝るイスラムの信仰を保証したのだから、カスティーリャ王国をキリスト教ひとつに統合するのが目的だったとはいえない。また王室が財政を潤すためにユダヤ人の財産没収を狙ったとする説もあるが、それにしては貧しいユダヤ人の方が大量に追放される意味がわからない。ともかくおよそ二十万のユダヤ人が七月三十一日を期限にスペインを離れてゆかねばならなかったが、それで問題が片付いたわけではない。隠れユダヤ教徒と異端審問所との熾烈な戦いがこれに続くのである。

異端審問所

ユダヤ人に改宗を促して、貴重な労働力と財力をキリスト教社会に取り込もうとしたカスティーリャ王国は、隠れユダヤ教徒という厄介な問題を抱え込むことになった。キリスト教徒に改宗しておきながら、異なる教義を信奉するのは立派な異端である。十七世紀初頭には、これに隠れイスラム教徒も加わり、さらにはルター派異端の流入もあってスペインのカトリックは深刻な異端問題と直面しなくてはならなくなる。この難問を一手に引き受けていたのが宗教裁判所、すなわち異端審問所である。

改宗しておきながら実際にはユダヤ教を信奉しているコンベルソの異端問題が、セビーリャでは跡を絶たない。その現状を訴える声が相次ぎ、ぜひともこれを取り締まる機関を設置すべきであるとの強力な要請が、カトリック両王のもとに寄せられたのである。さっそく宗教裁判所設立の許可を求める使者が、ローマ教皇シクストゥス四世のもとへ送られ、スペインにはびこる異端の弊害を除去する手段を講ずべしとの教皇勅書を得て設立されたのが異端審問所だった。一四八〇年に反ユダヤ機関としてセビーリャで活動を開始している。

イスラム教徒は共存を許されており、ルター派の異端はまだ存在せず、魔女裁判もない時代のことであるから、その活動の標的となったのはほとんどが改宗ユダヤ人であった。国王から任命された複数の審問官が、ユダヤの信仰と生活習慣に逆戻りする恐れのあるコンベルソに目を光らせ、教会と国家によって異端と定められたものを根絶するのが、直接の目的だった。やがて異端審問所は、次第に組織の拡大を見てスペイン各地に設置され、全体を統括するために設置されたのが最高会議である。その初代総審問官に選ばれたのが後世に悪名と令名の相半ばする評判を残したトマス・デ・トルケマダだった。イサベル女王の聴罪師であったこのドミニコ会士は、在任十四年間に六千人以上を火炙《ひあぶ》りにしたといわれる。あるとき、下水道工事のためにマドリッドの石畳を剝《は》がして掘り進むと、頭蓋骨がごろごろと出てきた。これはきっとトルケマダの犠牲になった人々の髑髏《しゃれこうべ》であろう、とまことしやかに囁かれた。多少は誇張まじりの数字であるとしても、その追及の厳しさの一端を推し量ることはできるだろう。

異端審問所は判決は下すが手は汚さない。カトリック教会への復帰を最後まで拒《こば》む者は火刑となり、しかも異端を誓絶してひとたび教会の懐に帰っておきながら、再び異端の罪へ戻った再犯者にはとりわけ厳しかった。この者は審議なく火刑台へ送られる。ただし、最後に悔い改めれば、神の慈悲をもって絞殺のうえ火刑となるのだが、実際の処刑は世俗の腕に引き渡すと称してすべて司直の権限に委《ゆだ》ねられるのである。したがって有罪判決の下った罪人を広場へ運んで火刑柱へ縛《しば》りつけ、生きたままかあるいは絞殺しておいてから、積み上げた薪《まき》に火を放つのは、世俗の執行人の職務である。異端審問所の与《あずか》り知らないところであった。異端審問所の責務は、処刑執行の遂行を見届け、それを最高会議へ報告すればよかったのである。

異端審問所の絶大な権力と仮借《かしゃく》なき審問の厳しさは定評のあるところだった。庶民はいうもおろか、たとえ相手がトレドの大司教であっても異端の嫌疑ありとなれば容赦なく起訴できる。世俗の権力者である国王ごときの介入は許さない。なにしろ異端の嫌疑を受けてひとたび異端審問所の門をくぐれば、生きて帰るのは至難の業《わざ》といわれ、悪くすると財産は没収のうえ身は火刑台送り、たとえ運よく火炙りは免れても焦げ目だけは付いて出てくる。つまり社会へ復帰できても、異端審問所へ呼ばれた前歴だけで白い目で見られるのである。コンベルソは、立派にキリスト教徒である理屈だから、従来ならユダヤ教徒には無縁であった教会の役職や公務にも正式に登用され、当然のことながらスペイン人をさしおいて出世するユダヤ人も現れる。それがまた目障りに映って妬《ねた》みを呼び、人の憎しみを買って異端審問所へ密告が殺到する。一通の密告文だけで、異端審問所はコンベルソの追及に腕を伸ばしてくるのだから恐ろしい。しかも密告された者には、密告者の顔も密告の内容も知らされない。日常生活に監視の目を張り巡らせて異端を敏感に嗅ぎ出す異端審問所は、宗教の番犬とも呼ばれて畏怖され、コンベルソやモリスコにとってまことに恐ろしい存在だったのである。

旅人の見た異端裁判

イタリアやフランスなどのヨーロッパ諸国にも異端審問所はあった。むしろスペインのそれより歴史が古く、十三世紀に盛んに異端の摘発を行ったが、十四世紀後半になると存続はしていても活動はほとんど停止状態だった。イギリスのように最初から異端審問所の根づかなかったところもある。ところがスペインではコンベルソ、モリスコの存在が問題を複雑にし、そこへルター派新教徒の異端も加わって十七世紀になっても盛んに火刑の煙が立ち登ったのである。したがってヨーロッパからスペインを訪れた旅人が、異端裁判の火刑に遭遇して度肝を抜かれるのはままあることだった。

この時代に外国へ旅をするのだから多少は身分のある人物が多く、したがって文章を綴るだけの才覚もあった。そのおかげで、音に聞くスペイン異端裁判の火刑を目《ま》の当たりにした旅人が、若干の誤解や伝聞による誤りも交えて、醒めやらぬ興奮を克明に日記に書き残している。異端審問所を構成する審問官や役人の数、ならびにその報酬などは当時の正確な記録から明らかだが、実際に異端裁判の様子を目撃した旅人の記述には、見物する側からの視点で眺めた裁判の様子が如実に窺え、公式記録とは違った臨場感をもって迫ってくる。

マドリッドの北西に位置する首都バリャドリッドを訪れたある旅人が、アングスティア教会を裏手へ少し入った一隅に旅装を解いた。市街でもとりわけて古い地区である。南の窓を開くと、もの寂《さ》びた家並みが肩を寄せ合う間から、教会の少しねじれた赤い尖塔屋根が覗いて見える。遠い縁者の営む旅籠であるから幸い宿を取れた。それでなければ野宿でもしなくてはならない。というのもいまやバリャドリッドは、異端裁判の話題で持ちきりだからである。国王の臨席もあると聞いて噂が噂を呼び、見物に訪れる人で街は溢《あふ》れ返っている。おかげで治安も悪くなり、ローマ橋の下に野宿していた家族が夜盗に襲われる事件があったばかりだし、郊外では道端に寝ていたよそ者が野犬の群に襲われたとも聞く。

外国人である旅人に異端審問所の知識は少ない。聞くところによると、スペイン国民には異端者の告発が奨励され、報酬がもらえるらしい。また警吏や密偵を方々に放って庶民のなかへ紛れ込ませ、情報を探らせては罪人を召し捕るとも聞く。逃亡者に対しては人相風体、年齢から髪の色、肌の色に至るまで詳細に記した手配書が全国に配られ、敏腕の警吏が追跡にあたるそうだ。フランドルであれ、イタリアであれどこへ逃げようとも二、三年はおろか五年、六年と追跡の手を緩めず、どこまでもあきらめず影のように後を追って必ず捕縛する。まことに不気味で恐ろしく禍々《まがまが》しい組織である。

また街の物知りからの情報では、満足できる証言が得られないと、いとも簡単に拷問にか

さまざまな拷問　ピカート作，1722年

けられるともいう。獄舎を引き出された罪人は、暗く湿った秘密の地下道をいずこともなく歩かされ、冷え冷えとした大きな部屋へ連れていかれる。まず目につくのは見慣れない縦長の台、天井には滑車がひとつ、床に散らばった革紐《かわひも》がロウソクの光に照らされて不気味な色を見せている。大きな火鋏《ひばさみ》が無造作に転がっているのも恐ろしい。暖炉《だんろ》の火は消えている。壁には鎖やら手《て》枷《かせ》、足枷、そのほか得体の知れない鉄の道具が吊るされて仄明《ほのあ》かりに揺らめく。黒い衣にすっぽりと身を包んで目だけを出した執行吏が、異様な光景に足をすくませている罪人を両脇から軽々と持ち上げ、あっという間に宙を運んで例の縦長の台の上へ大の字に手早く縛りつけてしまう。牢暮らしに痩《や》せ衰えた体力では、屈強の大男に逆らう術もない。

しっかりと結わえられた革紐が手足に食い込む。その先端はそれぞれ回転軸に巻き取られるようになっていて、いまは緩くたるんでいる。審問官の問いに正直に答えないと、執行吏が棒を両手に摑んで車を回し、革紐をぎりぎりと巻き上げてゆくのである。やがて革紐がいっぱいに伸びきると、手首にちぎれるほどの激痛が走る。肩の関節がぎしぎしと不気味に音を立てはじめ、足の付け根はすでに感覚を失っているのか何も感じない。遠のく意識の向こうで、審問官は同じ質問を執拗に繰り返す。それでも思わしい返答が得られないと、なおも容赦なく車を回す。あまりの苦痛に気を失えばむしろ幸せである。さもなければますます四方に引っぱられ、ついに肩の関節が抜ける。ふっと痛みが消えて楽になったかと思うと、一瞬、目の前に赤い光線が走って頭が空白となる。同時に痛みを通り越した凄まじい衝撃に叩き潰されるのだという。

また別の拷問では、罪人を裸にして後ろ手に縛り上げ、滑車で天井から吊るし上げる。充分に高くまで引っぱり上げてぱっと綱を放す。もちろん罪人は急激に落下するが、地面に足が届く寸前の長さに綱を調節してある。綱の伸びきったところで加速のついた体が大きく跳ね上がり、同時に自分の重みで肩の関節は一気に脱臼、その苦痛は想像を絶する。気絶しなければ自白するまでこれを繰り返す。まさか自分が拷問に遭ったわけでもないだろうに、物知り男がなおも語るところによると、鼻に濡れた布をかぶせて水を無理やり飲ませる拷問や、真っ赤に焼いた火鋏で耳を摑んだり、鼻をねじったり、あるいは指の爪を剝がしたりする拷問があるのだという。

異端裁判の当日、旅人はアングスティア教会の鐘の音に眠りを醒まされた。すべての教会で早朝ミサが行われるのである。身支度もそこそこに大通りへ出てみると、まだ朝焼けの色が東の空に残っている。そのとき、音色の揃わないラッパが、怪鳥の鳴き声のように虚ろな音を立てて人々の注意を促し、白地に黒の十字架を縫い取った幟《のぼり》が、すでに群衆の頭上に見え隠れしている。これに続いて黒い衣にすっぽりと身を包んだ修道士たちが、やはり十字架とキリスト像、あるいは黄色いロウソクを掲げて歩く。その後には修道会のおもだった者たち、そしてこの悲劇の主役、つまり罪人たちが異端審問所の役人ふたりに挟まれてやって来る。

地下牢暮らしに視力も衰え、寝不足に充血した目には朝日が痛いほどにまぶしい。眠れぬ夜をすごした罪人には、その朝、特別の朝食が支給される。熱いスープとパン、バターも添えられている。卵を見るのは何日ぶりだろうか。もとより喉を通るはずもなく、緊張で乾ききった口を水で湿らせるのがやっとである。それが終わると、それぞれ悔罪服《かいざいふく》（サン・ベニート）を着せられ、頭にはとんがり帽子、裸足《はだし》、手には灯《とも》したロウソクを持たされて表に連れ出される。異端裁判はあくまでも宗教儀式のひとつであって、判決はその前にすでに確定している。だから罪人は牢獄を出されるとき、それぞれの罪状に応じた悔罪服を着せられるのである。バリャドリッドの異端裁判の囚人は、六十名を超す数であったから、町の仕立屋は悔罪服の注文数を揃えるのに大忙しとなった。そのかわり収入もよかったという。ともあれこの悔罪服のおかげで罪人どうしが、お互いの服の模様を認めて罪の確認ができるし、見物に詰めかける観衆も、どの罪人が火刑台へ送られるのかひと目でわかる仕組みとなっていた。しかも死罪の者は、屈辱の印に頸に縛り首を暗示する綱を巻きつけられるのだからなおさらである。

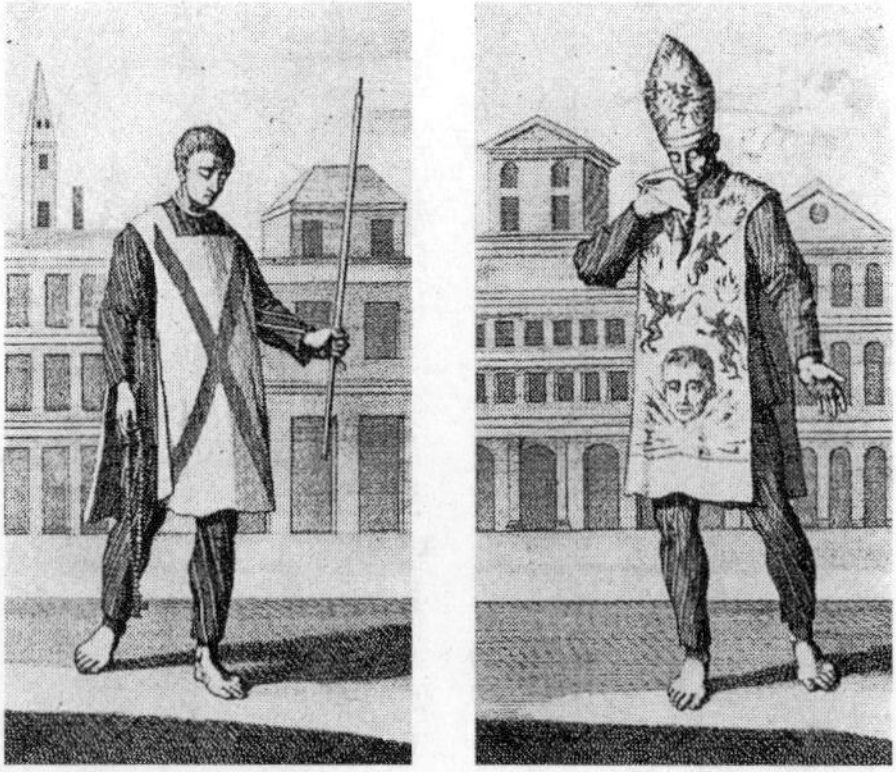

悔罪服

　悔罪服とは耳慣れない言葉だが、これはすでに中世から存在していて、時代によって多少姿が変わる。初期のトルケマダの時代には黒一色だった。十七世紀頃には、重罪犯や再犯者など火刑と決まっている罪人には、黄色地にローマの双面神ヤヌスと悪魔を描いて炎を配した悔罪服が着せられた。また許しを与えられる者の服には、X型をした聖アンデレの襷《たすき》十字が描かれている。苦行を科せられる罪人の服には、天地を逆にした炎が幾つも配され、手にはロザリオとロウソクを持たされる。

バリャドリッド遷都

ところで、スペインの首都はマドリッドではないかと思われるかもしれない。ところがスペインには当初、定まった首都がなかった。かの有名なコロンブスに新大陸進出の援助を約束したイサベル女王とその夫君フェルナンドの時代でも、スペインは移動宮廷のかたちをとっていた。カトリック両王の滞在する都がすなわちそのまま首都となったわけで、トレド、ブルゴス、レオン、セビーリャ、バリャドリッド等、必要に応じて転々と移動してゆくのである。そしてこの両王夫妻が華燭《かしょく》の典を挙げたのが、バリャドリッドだった。その後、フランドルから迎えられた国王カルロス一世がここに宮廷を定め、やがてフェリペ三世の世継ぎフェリペ四世が呱々《ここ》の声を上げ、その館が現在も保存されている。

名君と評価の高いフェリペ二世が、絶え間ない宮廷移動の煩を厭《いと》い、治世上の不都合を悟ってスペインのほぼ中央に位置するマドリッドを恒久の首都に定めた。一五六一年のことである。それから何事もなく歳月が流れて、といいたいところだが実際には無敵艦隊が脆《もろ》くも惨敗を喫してエリザベス女王に膝《ひざ》を屈する大事件などを経てやがてフェリペ三世が即位する。

政治的資質にあまり恵まれていなかったこの王様は、「慎重王」と綽名された父フェリペ

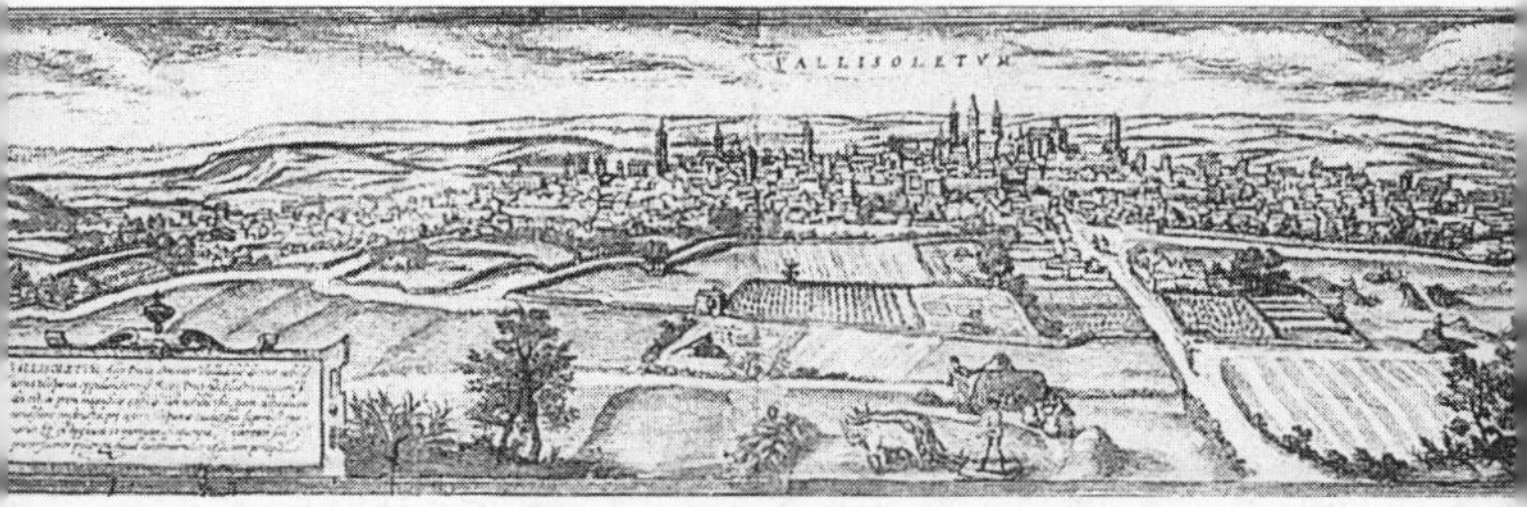

16世紀末のバリャドリッド　ヨーリス・フーフナーゲル作，1601年

二世の峻厳さと陰鬱さを嫌って、首都をマドリッドからバリャドリッドへ移すのである。もとよりこの遷都に反対する貴族や聖職者は多かった。しかしフェリペ三世は、父王の暗澹《あんたん》とした残滓《ざんし》の取り巻くマドリッドから逃げ出し、雰囲気を変えて心機一転を図りたかったのか、寵臣レルマ公爵の助言を入れて一六〇一年にバリャドリッドへ遷都を断行した。

バリャドリッドは、悠久のめぐりを湛《たた》えるドゥエロ河の沃野に位置を占め、その支流ピスエルガの左岸に広がる古都である。豊かな穀物を産出して農業、商業ともに殷賑をきわめ、多数の建造物や芸術作品をいまに残して歴史の重さを誇るスペイン随一の都市である。一三四六年にはバリャドリッド大学が設立され、神学のサラマンカ大学（一二三〇年創立）と並んでユダヤ学の分野では他の追随を許さなかった。そして現在ではスペインで最も純粋なカスティーリャ語が保たれているのがバリャドリッドだといわれている。

フェリペ三世がさしたる明確な理由もなく、むしろある歴史家の言葉によれば、ただの気まぐれから首都をバリャドリッドに移してはみたものの、実際の政治はレルマ公爵を中心とした寵臣どもの手に握られていた。利益は彼らのむさぼり放題、新大陸の銀はスペインからドイツの銀行へと素通りしてゆく。宮廷の移動にともなって王子、大公をはじめとする貴族階級はもとより審議会、評議会、各国大使、ならびに夥《おびただ》しい数の御用商人やあらゆる職人たちも居を移さねばならない。加えてスペインの各地から遊び人、ならず者の類《たぐ》いが大挙して押し寄せてくる。かくしてかつての首都マドリッドはたちまちにしてもぬけの殻となり、その逆に当時すでに三万五千の人口を擁していたバリャドリッドに、必然的に膨大な人口が流れ込む結果となった。

あらゆる悪徳と虚栄の巷と化した市街には病人が溢れ、乞食が横行し、行き倒れの死人はその数を知らず、司祭、修道女の数はうなぎ登りに増えていった。庶民の困窮を尻目に王侯貴族は贅《ぜい》を尽くした祝祭や婚礼、洗礼式に明け暮れる始末。盗み、強盗、夜盗、押し込みの類いは跡を絶たず、巷には昼間から辻斬り、夜鷹《よたか》の目白押し。瀟洒だった街が惨憺《さんたん》たるありさまとなってしまったのである。城内で銃声の鳴り響くことすら珍しくなかったという。結局、バリャドリッドが首都だったのはわずか六年間だけで、一六〇六年には再びマドリッドへ移されている。

マドリッドの異端裁判

公開で行われる異端裁判は、最高会議の規定に沿って厳《おごそ》かに挙行される重大な儀式であるから、それがマドリッドであろうとバリャドリッドであろうとその様子に大差はない。ただし、一六三二年にマドリッドで行われた異端裁判は、フェリペ四世の婚礼に合わせて盛大に挙行されたので、その規模が少し大がかりだった。行列だけでもその総勢は千人を超えた。湿り気を含んだ風も夜半過ぎには収まり、当日はからりと晴れ上がって雲ひとつない好天だった。市庁舎の尖塔を朱に染めて陽が登りはじめる。薄闇にうずくまる巨大な塊が、少しずつその偉容を露《あら》わにしてくる。二百人を超す職人が、一週間がかりで組み上げた幅百四十メートルの桟敷《さじき》席である。真新しい木が夜露に濡れてしっとりと香りを放ち、地面に長い朝日の影を黒々と落としている。

儀式はまずサンタ・マリア教会を出発する行列から始まった。火刑用の薪を運ぶ百人ばかりが先に立ち、鎧《よろい》の端から赤い胴着を覗かせた槍兵の甲《かぶと》が陽光を照り返す。正装に身を固めたマスケット銃の武装兵が、肩に跳ね上げたマントの朱い裏地に銃身を乗せ、帽子の羽根飾りを揺らめかせて先頭を行く。指揮官とおぼしき騎士が、堂々たる白馬にまたがって赤い手綱を引き絞る。続いてドミニコ会士が十字架を押し立ててゆく。異端審問所の幟を捧持《ほうじ》するのはメディナセリの公爵。赤いダマスコ織りの中央には丸太を組んだような枝の十字架、そ

異端裁判の行列

の左にオリーブの木、右に抜き身の剣があしらってある。これが異端審問所の印である。続いて緑の十字架。これには黒い布がかけられている。その後から異端審問所の要職者たちが、白黒の十字架を赤糸で縫いつけたマントに包まれて行進してくる。この順序で行列は、宮廷の前の広い通りを粛然と通過して広場へ向かうのである。それぞれに悔罪服を着せられた罪人たちの陰鬱な一団の後からは、獄死した罪人の柩を担ぐ者たちが続く。拷問のせいか、あるいは病気にせよ獄死した罪人にも判決に容赦はない。等身大の似姿を作ってそれに悔罪服を着せ、柱に高々と掲げて行進する。掘り起こした遺体を柩に入れて役人が担ぎ、似姿とともに火刑の火にくべるのである。死後に告訴されて有罪と決まった罪人にも火刑の手は伸びる。葬られた墓を暴《あば》いて死体を担ぎ出して焼く。住んでいた家は壊され、更地にして清められるという念の入れようだった。

朝の冷気に咳《せ》き込む者、時折洩れるくぐもった話し声、見物の人垣に知人を見かけて声高に挨拶を送る者、ただ黙って笑みを交わすだけの者。大勢の足音が衣擦《きぬず》れの音を交えてひたひたと遠ざかってゆく。行列の殿《しんがり》に控える矛槍兵が、鎧や武器の硬質な金属音をひとしきり響かせて通り過ぎる。喧噪《けんそう》と人いきれのなかを旅人は、群衆に押し流されるように運ばれて広場へ着いた。そこには見上げるように巨大な桟敷席が、木の香も新しく組み上げられている。昨夜、遅くまで釘《くぎ》を打つ音が響いて眠りを妨げたのはこれだったのだ。

すでに幟と緑十字が祭壇に据えられ、罪人たちは中央の最高段に座っている。最も高い位置にいるのは首に綱を巻きつけた者たちだ。少し低まったところには、ガレー船送りの罪人、それから鞭打《むちう》ち刑、ならびに苦行の罪人が座らされている。朱と錦糸を縫い取った豪華な天蓋《てんがい》席には、異端審問官や司教が着席する。その前の机には聖書、教会の鍵を象徴する大きな鍵、そしてキリスト磔刑《たっけい》像が置かれている。隣の桟敷には聖堂参事会員たちと聖職者たち、向こう隣の桟敷には世俗の裁判官たちが臨席している。

見るからに農夫とわかる無骨な男が、今日ばかりは野良仕事を休んで久しぶりに町へやって来た様子だ。いつもより早く起きて夜道を歩いてきたのか、前歯の抜けた口を開いて大きな伸びをしている。裏町の商人は店を閉じたまま戸締まりもそこそこに家族総出で繰り出してきた。鍛冶屋は今朝は炉に火を入れず、革の前掛けを釘からはずしもしなかった。石屋が

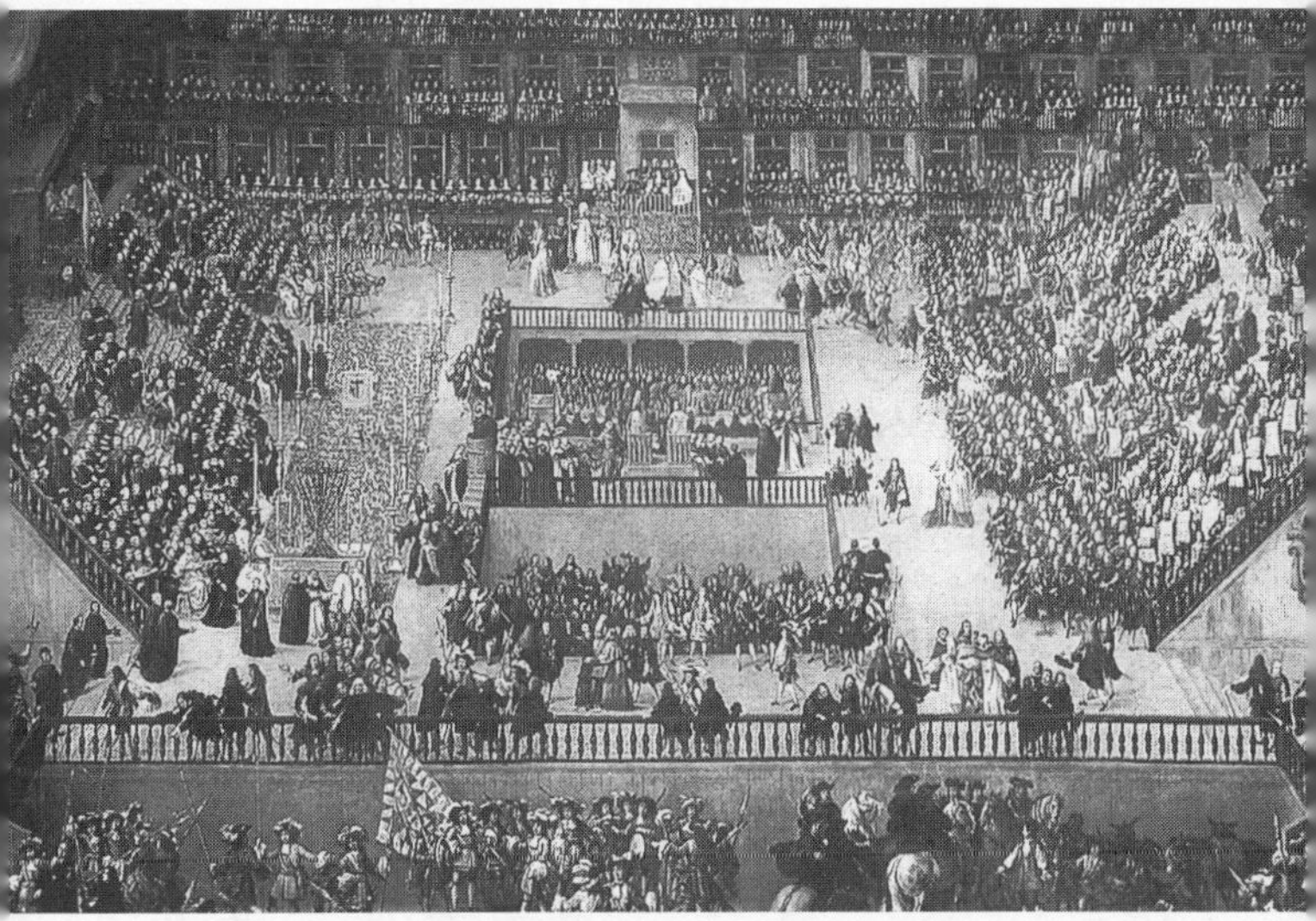

マドリッド，マヨール広場の異端裁判　プラド美術館蔵

彫りかけていた墓石のキリスト像は、あばら骨の最初に鑿《のみ》を入れられた昨夜のままになっている。紳士はロウで固めた髭を跳ね上げ、淑女は空模様を仰いで衣装を選んだ。色鮮やかな異国風の姿もあちこちに見受けられる。しかし、無数の民衆は普段のお祭りの日とは違い、厳粛な雰囲気に飲まれておのずと足音を忍ばせ、ひそひそと言葉を交わして成り行きを見守っている。

国王、王妃、母后《ぼこう》、それに貴婦人たちは、朝の六時からバルコニー席に姿を現してお待ちかねである。悔罪服にとんがり帽子でひと目でそれとわかる罪人席には、長い棒につけられた等身大の似姿がひときわ目立つ。中央の階段席の前には二メートルを超す大きなロウソクがずらりと並び、金の燭台を光らせている。そこには異端審問所審議官と王室審議会員が着座し、ひときわ高い天蓋の席を見上げると異端審問所長官が控えている。その表情までは見えないが、御座所をはるかに越えて高く、畏《おそ》れ多くも国王を見下ろす格好となる。御座所には国王の右に王妃、その隣に母后。女王お付きの貴婦人方は、国王夫妻の両側に居流れている。広場を取り囲む三階建ての住居の窓辺は、そのまま絶好の桟敷席へと早変わりする理屈だが、各国大使と宮廷の貴顕紳士のためにはバルコニーが特等席として用意されていた。中央階段席の対面には同じ規模の桟敷席が築かれ、ここに罪人が据えられている。広場の真ん中に一段高くしつらえられた桟敷席には壇が設けられ、この場で判決文を読み上げ、お説教がなされる。その前にはごく小さな席があり、名前を呼ばれた罪人は、階段席から運ばれてそこに立たされ、判決を聞き終わるともとの席へ戻されてゆくのである。

やがて頃合いを見計らって鐘がひとつ鳴ると、白い修道衣に黒いマントを羽織ったドミニコ会の司祭がゆっくりと壇上に登り、周囲をまず睥睨《へいげい》して観衆のざわめきを静める。それから、おもむろに口を開くと、低いがよく通る声で異端の罪の恐ろしさを説き、これを手本として善き行いに励み、罪人は神のもとに戻り罪を悔い改めよと説く。説教を終え、落ち窪《くぼ》んだ頬をいくぶん紅潮させた司祭が、白い衣の裾を揺らめかせて階段を踏みしめるように降りてゆくと、入れ違いに書記が足早に壇上に駆け登り、息を整えると罪人をひとりずつ呼び出す。そして、定めに従って罪状を読み上げるのである。その間、罪人は中央の壇上へ立たされ、灯ったロウソクを手に持って判決を聞かねばならない。こうして全員に判決が下されると罪人は、その場でロバの背に押し上げられ、世俗の腕に渡されて刑場へと引かれてゆく。

　行列を見物するのは庶民にも自由だが、広場の法廷には関係者以外の立ち入りは禁止されている。随所に警備兵が立ち並んで厳重に目を光らせているので、隙を見て入り込むのはまず難しい。建物の窓辺は貴顕紳士、お金持ちの貸し切りですでに満席。遠巻きに眺めるしかない人々は、少しでも高い位置を争い、あらゆる隙間を見つけては潜り込もうとする。人の肩越しに垣間見るのに飽き、爪先立ちに疲れて柵にしがみついてみても、いずれは力尽きて落ちてしまう。どこからどう潜り込んだものか、まさに警備兵の足下、階段席の暗い板敷きの合間からぎょろりと覗くふたつの目がある。警備兵は見て見ぬふり。金を握らせたか、それとも身内の者か？

ルター派の火刑

　世に最も恐ろしい裁きだと評判の異端裁判にカサージャ博士の事件がある。バリャドリッドで発覚した異端事件である。ルター派の書物を最初にスペインへ持ち込んでバリャドリッド周辺に異端思想を広めたのは、イタリア人のドン・カルロス・デ・セソだった。やがてファン・サンチェス、ドミニコ会士ドミンゴ・デ・ロハスなどが感化を受けて信者が集まり、全体で六十人程度の集団をなしていたが、組織としてはまだ未熟だった。そのなかでも際立っていたのがアグスティン・カサージャ博士である。カルロス一世のお気に入り聴罪師でもあったが、その弟でバリャドリッド近郊の教区司祭ペドロ・カサージャをはじめとする弟妹たちも異端に染まっていた。そして信徒たちは、カサージャ博士の母親ドニャ・レオノール・デ・ビベーロ宅で秘密集会を開いていたのである。

組織がまだ未成熟なせいもあって仲間のうちには、浅薄な発言をする者や軽率な行動に走る者があり、充分に統制のとれないうちに存在が洩れて異端審問所の知るところとなった。追及の危険を察知していちはやく国外へ逃亡を図ったセソとロハスは、昼間は身を隠し、夜間に馬を飛ばし、苦労に苦労を重ねてピレネー山脈まで辿り着いた。スペイン脱出成功を目の前にして油断をしたものか、国境を越える間際の旅籠にくつろいだところを逮捕されてしまった。無事逃げおおせたサンチェスも翌年にはフランスで逮捕されている。異端審問所の機敏にして執拗な捕縛体制と緻密にして的確な情報網の広さには驚くべきものがある。

一五五九年五月二十一日、時期はずれに暑い真夏のごとき一日だった。この日、バリャドリッドの異端裁判で、最後まで信念を捨てず毅然として炎に焼かれていった者は二十八名に達した。異端思想の拠り所であり信徒団の中心人物として尊崇を集めていたアグスティン・カサージャ博士は、すっかり面窶《おもやつ》れがして別人のようだった。長い牢獄暮らしに頬の肉はそげ落ちて目は落ち窪み、剃り残したまばらな顎髭《あごひげ》とやや広めの額ばかりが目立つ容貌は、血の気が失せてまるで死人のごとき様相である。しかも信者の熱烈な信頼を裏切って異端を捨てる宣言をしたのだった。そのおかげで生きながらに焼かれるのだけは免れたが、裁判の当日、絞殺のうえ火刑の判決を言い渡されたときは、弱々しく泣き崩れた。物言いたげに主席段を見上げたが、役人に阻止されて果たせなかった。

処刑場へ運ばれるロバの上でがっくりと肩を落として背を丸めた姿には、往時の潑剌《はつらつ》とした勢いはどこにも見られなかった。すでに死亡していた母親ドニャ・レオノールの遺体は掘り起こされて火に焼かれ、定法《じょうほう》どおりに家は取り壊されて跡地は清められた。

残り二十数人の異端者は、ほぼ半年後に行われた十月八日の裁判にかけられた。この日、バリャドリッド生まれの国王フェリペ二世の臨席を得たこともあって、観衆は二十万を超える数に膨《ふく》れ上がった。遠く外国からわざわざ見物に来た貴顕紳士は別として、近在近郊の町や村から見物に押し寄せた群衆は、一夜の宿りを求めて街に溢れた。宿に入れない人々は郊外の農家に部屋を求め、道端に野宿する者も多数あったといわれる。

ドミニコ会士ドミンゴ・デ・ロハスは僧位剝奪《はくだつ》のうえ火刑。教区司祭ペドロ・カサージャも僧位剝奪と財産没収のうえ火刑台に送られたが、柱に縛りつけられた時点で悔い改めたので神の慈悲をもって焼かれる前に絞殺された。カサージャ博士の妹ベアトリスとコンスタンサはともに財産没収、絞殺のうえ火刑。そして博士の末の弟で俗人だったファン・カサージャは財産没収、悔罪服を終身着用のうえ入牢。異端の張本人ドン・カルロス・デ・セソは拷問のせいで足に損傷を受け、ほとんど立っていられない状態だった。役人に両脇を支えられて宙を運ばれるようにして壇に立たされ、火刑の判決を恬淡《てんたん》とした態度で聞いていた。財産没収と火刑の宣告が終わると恭《うやうや》しくお辞儀をして受諾の意を示し、やはり役人に付き添われて痛む足を引きずりながらもとの位置へ戻った。その途中、国王の御座所の前に足を止め、わずかに会釈《えしやく》を送ると皮肉を込めた視線を国王フェリペに注いでこう口を開いた。

「陛下、家臣に対するかかる扱いを許しておかれますのか?」

フェリペ二世は面長の顔に軽く眉をしかめると即座に言葉を返した。

「貴様のごとき邪悪の徒ならば、たとえそれが我が子であろうともこの手で火刑の薪を積んでやる」

いかにもありそうな逸話であるが真実のほどはわからない。ともかくセソはさすがに最後まで信念を曲げずに生きながらに焼かれていったのである。

こうして何時間もかけてひとりひとりに判決が言い渡されると、続いてカサージャ博士をはじめとする五名に僧位剝奪の手続きがとられる。黒ビロードの上祭服を着せられた罪人は、それぞれミサをあげるときの聖体と聖体皿を両手に持って陛下の御座所の前に膝をついて待っている。そこへ司教冠を頭に戴き、司教マントに頸垂帯《ストラ》の司教が現れて罪人五名に近づく。そしてひとりひとりの手から持ち物を取り上げ、上祭服を脱がせて炎と悪魔の悔罪服を着せかけて申し渡すのである。

「汝が異端の咎《とが》をもって汚したる聖職者の身分を聖なる教会の権威をもってここに剝奪する」

それから湿った布で口、指、手のひらをこすり、床屋が剃り上げた頭へとんがり帽子を乗せて儀式が終わる。それが終了したのはすでに午後の四時頃だった。異端裁判の終結が宣言されると入牢の判決を受けた罪人は、そのまま監獄へ列をなして連行される。処刑と定まった罪人はその場からロバの背に押し上げられ、群衆の犇《ひし》めき合うなかを矛槍兵が作る狭い間隙を縫うようにして広場からサンティアゴ街へ入り、そのまままっすぐにカンポ門をくぐって城外の火刑台へと運ばれてゆく。現在のバリャドリッドでいうならば、セルバンテス博物館のあるあたりがちょうど城門を出はずれたところで、そこから眼前に広大な平野が開けていた。現在は立派な公園となっている。そこに十二メートルばかりの間隔で火刑柱が立ち並び、罪人を繫ぎ止める金輪が午後の光を鈍く反射していた。

すでに群衆は周囲を埋め尽くし、場所取りをめぐって小競り合いがそこここに起きている。喧噪に混じって水を売る呼び声。人出をあてこんで果物を売る男もいれば、揚げ菓子を売る屋台からは油の匂いが漂《ただよ》ってくる。子供相手に土人形やちょっとしたおもちゃを売る店まで出ているのには驚く。馬車を停める場所を空けさせようと御者が口汚く罵《ののし》るが、聞く者はない。黒塗りの窓からは着飾った貴婦人たちの帽子だけが見える。凜々《りり》しく正装に身を包んだ貴族が騎馬で乗り入れようとする。その傍若無人さに人々の間から非難の声が上がり、さすがに引き下がらざるをえない。酒に酔った男どもが、早くやれとわめき、卑猥《ひわい》な冗談を言い合っては下卑た笑い声を立てていた。

火刑柱の足下にはすでに松の香も新しい薪の山が積まれ、脇には階段が作られて最後の準備に執行人がせわしなく立ち働いている。矛槍兵が厚い群衆の壁を突き破るようにして進む後ろから、やっと罪人の一行が到着した。すると何の儀式も手続きもなく、執行人は無造作にそのままてきぱきと処刑をこなしてゆく。柱に繋がれたペドロ・カサージャの首に処刑人が鉄の輪をはめたと思うと一気に締め上げ、罪人の頭ががっくりと前に落ちかかる。そのときにはもう煙が揺らめき立っていた。それを見終わった群衆がいっせいに隣の柱へ移動する。と見るや待つ間もなくドン・カルロス・デ・セソの火刑台の薪に執行吏が松明《たいまつ》を突っ込む。煙を噴いて燃え上がった炎が、暮色に沈みはじめている群衆の顔を黄色く照らし、やがて唸《うな》

リスボンにおける火刑

りを生じて這い登る火焔が罪人を飲み込んだとき、目をきらめかせてのけぞった見物人から歓呼の声が上がった。

順次同じ手順が繰り返されて処刑は終わった。火刑の火もすっかり消え、わずかに薄煙を漂わせるだけとなった頃、最後の人群が名残惜しげに広場を離れて家路を辿りはじめる。すでに日はとっぷりと暮れて空にはいつしか星がまたたいている。寒気がどっと身を包んでくる。月は登ったばかりだ。気味が悪いほどに赤い月だった。異端裁判の禍々しい光景を目の当たりにしてきた旅人は、せわしなく十字を切り、焦げた松脂《まつやに》の香りに混じってかすかに肉の焼ける匂いが漂うなか、興奮に火照《ほて》る頬を冷たい夜風に吹かれて宿へ向かった。

未組織であったバリャドリッドの新教徒集

団はこうして完全に壊滅し、いまひとつの拠点であったセビーリャの新教徒も同様の運命を辿って一五六五年には一掃された。かくして異端審問所の働きによってスペインの異教徒は実質上の壊滅状態に陥ったのである。

ミサに行かないスペイン人

アルハンブラ宮殿から最後のイスラム王朝を追放した功績に免じ、イサベルとフェルナンドは教皇から「カトリック両王」の呼び名を賜った。フェリペ二世の時代には、雌雄を決するレパント海戦にトルコ艦隊を敗北せしめ、まさに世界に冠たるカトリックの一大牙城となった。この時点でスペイン帝国にはユダヤ教もイスラム教も存在しなくなったのである。しかるに現代のスペインではどうか?

統計によるとスペイン人の大多数にあたる八割がカトリックである。その象徴のように中世以来の教会や大聖堂が各地に見られる。アラブ風の佇《たたず》まいを残したセビーリャ大聖堂、貴婦人のごとき優美さを思わせるサラマンカ大聖堂、スペイン随一のゴチック様式を誇るブルゴス大聖堂、ステンドグラスの見事なレオン大聖堂、ほかにもトレド、セゴビア、バリャドリッドと枚挙に暇がない。これに加うるに街角ごとにある教会の数は天文学的数字に上るだろう。しかるに日曜日ごとのミサや祝日のミサへ出かける国民の数は、カトリック信者の四人にひとりでしかない。三十七パーセントの人々がほとんどミサには行かないと認めている。しかも年間を通じて数回は宗教行事に参加する人は十八パーセント、そして十四パーセントが月に何回かだという。この数字からスペイン人の信仰心は薄いと早計に断定してはなるまい。教区の教会へ毎日のミサにやって来る市民の数はかなりの数に上るように思う。老人に混じって若者の姿もけっこう見かける。また国の守護聖人サンティアゴの祝日には無慮数万の群衆が粛々と参詣の列を作り、あるいは自分の町の守護聖人の祝日には、大聖堂のミサに入りきらないほどの市民が溢れ返る。それを思えばカトリックの伝統はスペインの大地に根強く息づいているといえるだろう。

第Ⅲ章　レパント海戦

一五七一年十月七日、午前二時、抜錨《ばつびょう》、西風。イタリア人指揮官フランシスコ・ピエトロの出撃命令が野太い声で星明かりに響いた。もう二時間もすれば昨日と変わりない朝の光が立ち働く水夫の輪郭を浮かび上がらせ、犇めく船の帆柱をすり抜けてくる日射しが船体を斑《まだら》に染めるだろう。レパント湾（ギリシャ西岸）を望む海域はもう間近である。左右から雪崩れ込むように迫る島影をかすめて艦隊は整然と進む。まだ速力を上げないガレー船「マルケサ」の櫂は前後にゆっくりと動いている。火縄銃の銃尾を床に据えたミゲル・デ・セルバンテスは、銃身を肩に抱えて狭い板場にうずくまっている。すぐ後ろにはおぶさるようなかたちで伝令用の小舟がしっかりと固定され、船底のタールがきつく匂う。航行時の持ち場はこの伝令舟の前と定められている。穏やかな船の揺れに身を任せているセルバンテスは気分がすぐれなかった。夕べから微熱を発しているのを体のだるさに感じている。水にでも当たったか。停泊中でも絶えず揺れているような感覚に襲われるのは、体の芯に船酔いが巣食っている証拠でもあるらしい。

あさっての九日になるとセルバンテスは二十四歳の誕生日を迎える。仕えていたアクアビーバ枢機卿のもとを辞し、ミラノでディエゴ・デ・ウルビーナの歩兵部隊へ入隊してから一年になる。入隊以来、剣の吊るし方から始まって槍の握り方、短剣の構え方、火縄銃の操作に至るまで敵のさまざまな殺し方を教わった。つまり優秀な兵士として生き残る術を習得してきたのである。こうして未熟ながらも一介の兵士としての体裁が整った頃、セルバンテスの与り知らないところで地中海の制覇をめぐって世界は大きく動いていた。

スペインのグラナダで改宗モーロ人（モリスコ）の大規模な叛乱が起きた。生活条件の急激な悪化に絹産業を中心にした経済基盤の問題が加わって、モリスコの世界に不満が鬱積していた。そしてモリスコ人口の最も多いグラナダで、ついに叛乱が勃発するに至る。いわゆるアルプハーラスの叛乱である。無数の叛徒が北アフリカのベルベル人の王国に応援を求めて、スペインを憂慮させたまではなんとか事態の収めようもあった。しかし、執拗に抵抗をやめない叛徒が、さらに遠くの強国オスマン・トルコにまで救援の使者を送るとなれば、その襲来の危機感を募らせて事態は深刻の度合いを増してゆく。スペイン襲撃の機会を窺っているトルコ皇帝セリム二世には渡りに舟の好機であるが、スペインにとっては国家の存亡に関わる重大事である。トルコにとって垂涎《すいぜん》の的であるスペインでモリスコの叛乱が頻発し、加えてオランダには独立戦争、フランスは宗教戦争の混乱状態にある。トルコが突然にキプロス島（地中海東部、現在のキプロス共和国。当時はヴェネツィアが領有）を襲撃してこれを占領したのは、このようなヨーロッパ情勢を睨んで我に利ありと判断したからである。

しかしこれは地中海を中心に商業活動を行っているイタリア諸国、とりわけてヴェネツィアにしてみれば死活に関わる脅威であった。もちろんカトリックの一大牙城を自任するスペインにとっても由々しき事態である。この訴えを受けて教皇ピウス五世が重い腰を上げてなったのが神聖同盟である。スペイン、ヴェネツィア、そして教皇庁の間に同盟が締結されたのが一五七〇年十月七日であるから、ちょうどセルバンテスが火縄銃の扱いを覚えるのに奮闘していた頃であろう。ただし正式に署名がなされて発効するのは翌年の五月二十日である。

共通の敵トルコの殲滅を目的に共同戦線を張るとはいえ、利害を異にする諸国が集合するのだから、会議を主宰する教皇ピウス五世の調停は難儀をきわめ、その苦労は想像を絶するものだった。侃々諤々《かんかんがくがく》の議論の末にやっと艦隊の陣容が決められた。ガレー船二百、船舶百、兵員五万、馬四千五百、大砲五百。費用は六十万エスクード強。しかしその分担をめぐって再び議論百出。結局、ヴェネツィアが二十四万を負担、スペインは大国だけあって三十六万エスクードを負担せざるをえない。残りを教皇庁が負担することで決着をみた。六十万エスクードといわれても想像がつかないが当時の通常貨幣単位のマラベディに概算するとざっと二億二千五百万マラベディに相当する。バケット型のパンが千四百万本以上、卵なら二億二千万個以上買える金額である。

さて長い審議の末に神聖同盟の内容は次のような文言で書き留められた。

トルコならびにその朝貢国アルジェ、チュニス、トリポリに対抗して未来永劫の同盟を結ぶものである。軍備はガレー船二百、船舶百、兵員五万、馬四千五百頭、火器と弾薬とからなる。総司令官は三月末から四月にかけて全艦隊を率いてレパント海域（地中海東部）に集結のこと。いずれかの同盟国がトルコの襲撃を受けたとき、同盟は充分なる艦数あるいは必要とあれば全艦隊をもって救援にあたることとする。同盟国は、秋にローマへ大使を派遣し、翌年春の作戦行動について討議を行う。教皇庁は兵員三千、馬二百七十頭ならびにガレー船十二艘を供出。カトリック王（フェリペ二世）は残りの五分の三、ヴェネツィアは五分の二を負担する。……なお、いかなる国も、他の同盟国の了承なしにトルコと和平を結んではならない。

ガレー船の詳細についてはのちに触れることになるが、ひとことでいえば地中海で使用された戦闘用の船で、平常時は櫂と帆で走る小型船である。戦闘時には櫂を使って敏速に動くが、櫂を漕《こ》いでいるのは国内で犯罪を犯した囚人であった。『ドン・キホーテ』にも、鎖に繋がれて船に送られる漕刑囚《そうけいしゅう》を力ずくで解放する冒険が語られる。狭いガレー船の中で漕刑囚と鼻を突き合わせて生死をともにした体験を持ち、重労働と劣悪な生活ぶりを目の当たりにしてきたセルバンテスには、これらの囚人に寄せるおのずからなる同情があったのではないかと推察される。なおトルコ艦隊には囚人を漕ぎ手の労役につかせる風習はなく、キリスト教徒を捕らえては奴隷として船を漕がせていた。このレパントの海戦だけでも一万人のキリスト教徒奴隷が解放されたといわれる。

ガレー船のほかに船舶が百艘計上されているのは、おもに哨戒用または連絡用の小型船、ならびに忘れてならない食糧補給船の類いである。馬が積み込んであるのはすなわち陸上戦への備えである。常に沿岸を航行するガレー船だから、いつどこで敵地に上陸して戦闘を交えるか予測がつかない。海戦とはいえ陸上戦が船の上に移っただけのことで、戦術は基本的に陸上戦と何ら変わるところがない。レパント海戦を描いた図に、騎士が船上で甲冑に身を固め、槍を構え剣を振りかざしている姿が見えるのはそのためである。

総軍備の問題が決着を見たところで、残るのは総司令官の人選である。キリスト教世界が雌雄をかけてイスラム勢力の覇者トルコ帝国と一戦を交えるのであるから、なまじっかな人物に任せるわけにいかないのは誰の目にも明らかである。沈着冷静、知性を備えて武勇にも優れ、人望はもちろんそれなりの身分も必要である。いわゆる沈毅《ちんき》英邁《えいまい》の名士でなければならない。この人選は各国の分担金の決定よりも難航した。さまざまな人物の名前が挙がっては消えていったなかに、ひとり残ったのがフェリペ二世の異母弟ドン・フアン・デ・アウストゥリアだった。この弱冠二十四歳の若者を推挙したのは、教皇ピウス五世にほかならなかった。まだ若すぎるとの反対もあったが賛成する者もあり、最終的には「神が遣わされた人物、それがドン・フアンだ」との教皇の決断で総司令官に決まった。そして五月十四日には、教皇大使がマドリッドを訪れてフェリペ二世と会見、二十日には神聖同盟に署名がなされた。続いてドン・フアン・デ・アウストゥリアから総司令官の任務受諾が正式に表明され、それを受けてフェリペ二世は、関係部署に艦隊の準備を命じる運びとなったのである。かくしてレパント海戦へのお膳立てはすべて整い、あとは艦隊集結の手筈《てはず》が着実に進められるのを待つだけとなった。

スペイン王カルロス一世

歴史に残る海戦を取り仕切る要《かなめ》として、ここに突如浮上してきた感のあるドン・フアン・デ・アウストゥリアとはいかなる人物だったのか。教皇がこの若者をしきりに推挽《すいばん》したについてはそれなりの理由があった。あのアルプハーラスのモリスコ叛乱を鎮圧した功労者である。スペインが身震いをすればキリスト教世界全体が震撼《しんかん》するのだから、ローマ教皇の覚えがめでたいのも肯《うなず》ける。モリスコの執拗な抵抗に手を焼いたフェリペ二世が、父カルロス一世の私生児で異母弟にあたるドン・フアンの手腕を信頼して全権を委ねた。二十二歳のドン・フアンにとって初めての大任であったが、よく兄フェリペとキリスト教世界の期待に応えて翌年には叛乱を収めたのである。

夫フェリペ一世の急死によってカスティーリャの王位継承者が狂女フアナとなったのはすでに述べた。しかし常軌を逸した行動が近頃とみに目立つようになったフアナに政治は任せられない。そこでフランドルに残されている長男カルロスに継承権が移った。カルロスには初めてのスペインである。不安と期待をいっぱいに詰め込んだ船は、サンタンデールへ着くべきところを強風に流され、一行はラ・コルーニャ近郊の名も知らぬ浜辺へ漂着に近い格好で上陸した。赤ん坊の頭ほどもある石が一面に転がる辺鄙《へんぴ》な浜辺へ降り立ったカルロスは、見たこともない異国風の人々の出現で恐怖と驚愕《きょうがく》にうろたえる漁師を駆り立て、バリャドリッドへの行列を仕立てるのである。途中のトルデシーリャスで幽閉されている母親フアナを訪ねて親しく久闊《きゅうかつ》を叙するのだが、母親は我が子への認識はなく、他人を扱う以上の無関心ぶりだった。予想を超えた母親の変わり様に顔を曇らせ、足取りも重くバリャドリッドへ入ったのは一五一七年、十七歳だった。

同行してきた側近たちのしゃべるフランドルの言葉がスペイン宮廷には通じない。カルロス自身もスペイン語を満足に話せない。フランス語しか解さないこの若者が、まもなく神聖ローマ帝国の継承権を得て皇帝カール五世となり、世界のカルロス皇帝へと成長してゆくとは誰が予想したろうか。言葉ひとつとっても意思の疎通に通訳が要る始末で、カルロスの執政はことごとくに周囲と軋轢を起こして評判がよくなかったのである。

フランドルに陽は落ちてもスペインでは満天の輝きを放っている。スペインに闇が訪れても南米大陸には朝が来る。こうしてスペインのどこかには必ず太陽が出ている「太陽の没することなき帝国」を築き上げた国王カルロスは、波瀾に満ちた人生の終わりを悟って譲位を決意した。嫡男フェリペが一五五六年にバリャドリッドで即位してフェリペ二世となる。その翌年にカルロスは、終《つい》の住処《すみか》を求めてエストレマドゥーラのサン・ヘロニモ・デ・ユステの修道院に隠棲をするのである。

カルロス1世

馬蹄の響きに混じる怒号と喊声《かんせい》、剣戟《けんげき》と銃声のこだまする硝煙の巷に生涯の大半を過ごしてきたカルロスが、最後に求めたのはひたすらなる静寂と孤独だった。王者の庵《いおり》には粗末にすぎるともいえる修道院の庭をいまや訪れる人もない。ひとしきり聞こえていた野鳥のさえずりがはたとやむ。あとには噴水のせせらぎ、枝を渡るかすかな風と葉擦れの音、池の水がわずかにさざ波を立てて午後の光を跳ね返す。窓辺に寄せた椅子に深々と腰を下ろし、読むともなく書物を開いて時を費やす。飾りを嫌った殺風景な部屋には、陽光だけがふんだんに射し込んで床を白く輝かせている。開かれた書物は膝に置かれているときの方が長かった。音もなく時間だけは静かに過ぎてゆく。それとともに死神が確実な足取りで忍び寄っていた。

悪化した持病の痛風が衰えた肉体を容赦なく襲う。苦痛が骨の髄まで締めつける。病床にあったカルロスは、一五五八年九月二十一日、「ああ、主よ！」とひとこと高く叫んで魂を神の手に委ねた。五十八歳だった。

総司令官ドン・フアン・デ・アウストゥリア

スペイン国王カルロス一世にして神聖ローマ皇帝カール五世の王妃は、終生にイサベル・デ・ポルトガルただひとりだった。このイサベルは、カスティーリャ女王イサベルの三女マリアが、ポルトガルのマヌエル王に嫁いで産んだイサベルである。カルロスの母は二女フアナでマリアの姉にあたるから、いとこどうしの結婚となる。カルロス二十六歳のときにセビーリャで挙式している。王妃となったイサベルは、やや広めの額が不思議な魅力を湛え、くっきりと長い眉毛の下から黒目がちの瞳《ひとみ》でじっと相手を見つめるのが癖だった。ほっそりとした襟元《えりもと》へ流れる引き締まった口元は、蒲柳《ほりゅう》の体質を窺わせている。涼やかによく通る声で穏やかに話す物腰がカルロスにはお気に入りだった。

その翌年にフェリペ二世がバリャドリッドで誕生し、第四子のフアナを産んでからは産後の肥立ちが悪く、一五三九年に亡くなってしまう。三十六歳の女盛りだった。その後の十九年間をカルロスは、公式には終生独身で通すのである。しかし、スペインを留守にしてイタリア、フランドルと絶えず移動して居の定まらなかった王である、方々に私生児がいても不思議はない。ヴェネツィア大使も「カルロスはどこへ行っても、身分の上下にかかわらず、恋の楽しみに身を任せた」と述べている。

ドン・フアンの母親については、ニュールンベルクの貴族の令嬢、あるいはラティスボーナ（レーゲンスブルク）の商人の娘、果ては職人の娘、歌の上手な洗濯女とさまざまにいわれてきた。要するに素性がはっきりしない。名前はバルバラ・プルンバーガー、のちにフランドルへ移ってブロンベルグと改めたのはほぼ確かである。

ドン・フアンほどの人物の母親だから、とかく貴族の娘あたりを想定したくなるのが人情だが、その実は美人だが我欲の強い平民の娘、むしろ娼婦に近い女だった。カルロス一世の寵臣アルバ公爵が後年、バルバラのことを「丸太のように頭の堅い頑固な女」だとドン・フアンへ書き送っている。生涯、実の息子に会うことに何らの興味も示さなかった。ドン・フアンにしても、育ての親マグダレーナには、事あるごとに細やかな愛情を示しているが、実の母親に会いたいそぶりを見せることは絶えてなかった。我が子がヨーロッパ随一の総督になっているのを知ったバルバラは、絶好の金蔓《かねづる》とばかりに多額の年金を引き出すことに奔走し、投獄されている恋人の釈放を求める厚顔ぶりだった。しかも思いどおりに運ばないとなると、「ドン・ファンは皇帝の子ではない。自分にも誰の子かわからない」と誰はばかることなく言いふらす始末。先ほどのアルバ公の手紙に誇張はなかったのである。

ドン・ファンの誕生についても、日時と場所がはっきりしない。一五四五年二月の生まれといわれてきたが、その前年にカルロスはラティスボーナにいなかったのだからそのはずがない。いろいろな傍証から一五四七年の生まれが正しいと思われる。

皇帝カルロスのお側に長年仕えてきた楽師フランシスコ某が、「寄る年波に目がかすみ、近頃は手の震えがとみにひどく、ビオラの演奏もままなりません」と引退を願い出たことがあった。お暇を賜ってレガネス（マドリッド近郊）の領地で余生を暮らしたいという。これをちょうど幸いに、三歳半のドン・ファン、幼名ヘロニモのスペイン帰国と養育を託すことになった。もちろんカルロスの私生児であることは極秘である。侍従がよその女に産ませた子供だと偽り、「これが世間に洩れると当人が窮地に陥るから、くれぐれも内密に我が子として育ててくれるように」とカルロスから直々に頼まれた老楽師とその妻アナもそれを信じて疑わなかった。

夏なお涼しいフランドルからスペインへ連れてこられたヘロニモには、普通ならばめまいがするほどの酷暑がうれしくてたまらなかった。したたるがごとくに樹木の緑を照り返す陽光の輝き、目に染みるほどに鮮やかな、名も知らぬ赤い花々が子供心にも珍しい。何という植物だろうか、自分の顔より大きい、まるで荷車の車輪ほどもある黄色の花が目路のかぎりを埋め尽くしている。のちに、「ひまわり」というのだと教えられた。種をとって油を搾《しぼ》るのだそうだ。やがて遠慮のない近所の遊び仲間と、ひまわり畑を縦横無尽に走り回る楽しさを知った。小麦の山を遊び場に選び、みんなといっせいに滑り降りては、こっぴどく叱られたりもした。干上がった河床に残った淀《よど》みに裸足で踏み込み、初めて見る小魚や、恐ろしげに鋏を振り立てる虫を追う楽しさは格別だった。そびえ立つ木に登る興奮を覚えたのもこの頃である。読み書きのイロハも知らぬまま、王家の子弟にあるまじき自由奔放な田園生活の日々であった。

それから三年後、片田舎では見たことのない四頭立ての見事な馬車が、ヘロニモの家に横づけとなった。日頃の襤褸服を脱ぎ捨てたヘロニモは、遊び仲間やその親たちが目玉が飛び出すほどに仰天している前を、フランドル風の紳士に囲まれていずこともなく馬車で連れ去られた。行く先はバリャドリッドの南西、ビジャガルシア・デ・カンポ。ここに執事長ルイス・デ・キハーダの領地があった。この移動は、健康的ではあるが野放し状態のヘロニモの教育を心配したカルロスとキハーダの差し金であった。留守宅を守るキハーダの妻マグダレーナ・デ・ウジョアのもとには、「私の友人の子供だ。母親の愛情を注いで、くれぐれも大切に育ててくれるよう頼みます。名前は言えないが名家の子弟だ」とブリュッセルの夫から手紙が届いていた。

カルロスの崩御が間近になるまでこのことは慎重に伏せてあった。密かに傅育《ふいく》の任にあたる執事長ルイス・デ・キハーダ夫妻を除いて、ヘロニモの存在を知る者はなかったのである。ユステ修道院に隠棲していた父カルロスが己の余命を悟った崩御の一年前、近くのクアコスへ呼び寄せて父親とのお目見えが行われた。まだ繊細な体軀の少年であったが、その成長を見てカルロスは大いに喜んだ。がそれも束《つか》の間で、翌年九月に永眠。ついにヘロニモを認知しないままだった。

その翌年にフランドルから戻った国王フェリペ二世は、初めてじっくりとドン・ファンを眺めて少し驚いた。父カルロスに似ていないからである。ハプスブルク家を象徴するあの突き出た顎がない。自分にはそれが歴然と受け継がれ、いまも歯の噛み合わせの悪さに苦労している。ところが目の前に面映《おもは》ゆげに立つ、まだ少年ともいえる若者の顎は、なだらかに丸みを帯びてほんのりと上気した頬に繋がっているではないか。まだ髭の生え揃わない、血の色が明るく目立つふくよかな唇を心持ち引き締めているのは緊張のせいだろう。軽く笑みを浮かべた片頰に一瞬皮肉な色が走ったように感じたのはこちらの思いすごしか、それとも私生児という境遇に育つうちに身についた癖でもあろうか。髪はフェリペと同じ金髪で両脇から短く刈り込まれている。くっきりと形のいい眉の下から親しげにこちらへ向けている蒼い双眸は、父カルロス譲りに間違いない。同じく父親譲りの少し広めの額は、フェリペ自身にも見られる特徴である。

中背の痩せ形の体軀にゆったりと着こなした衣装は、華美に流れず疎略に堕ちるわけでもなく、趣味の良さをさりげなく見せている。国王である異母兄を私的に迎えるには手頃な田園風とでもいうべきか。優雅に丁寧な挨拶を返す笑顔にかすかに含羞《がんしゅう》を浮かべ、若さが匂い立つような心憎いばかりの物腰である。おそらくは母親の美形を受け継いだのだろう。均整のとれた端正な顔立ちの陰に、父カルロスとは似ていないようでどことなくその面影を宿しているこの異母弟に、フェリペは初対面から好感を抱いた。

フェリペは十三歳になった異母弟ドン・フアンをバリャドリッドの宮廷へ送って王室の一員に加え、その存在を公に認めてドン・フアン・デ・アウストゥリアを名乗ることを許した。しかし自分に世継ぎの生まれる可能性を考えれば、ドン・フアンを正統な後継者と認めるわけにはゆかない。「殿下」の称号を使うことを許さなかったのはそのためである。また臣下にもドン・フアンを「殿下」と呼ぶことを禁じ、そして高家の私生児が辿る道である聖職につけるつもりでいた。ところがドン・フアンは、聖職を嫌って尚武《しょうぶ》の道を好んだ。これも戦場を転々として終生体の休まるところを知らなかった父カルロスの血であろうか、フェリペはあえてこれに異を唱えなかった。

軍人の道を選んだドン・フアンが、アルプハーラスの叛乱を鎮圧したことはすでに述べたが、実はその以前に地中海に出没するトルコの海賊を掃討するためガレー船艦隊の指揮をフェリペ二世から任せられたことがあった。ほんの三か月ほどの短期間ではあったにせよ、艦隊の指揮をとる経験が皆無なわけではない。だから、神聖同盟からドン・フアン・デ・アウストゥリアを総司令官に戴きたいとの希望が伝えられたとき、フェリペ二世もそれほど躊躇なく承諾することができたのである。

トルコ艦隊の動き

教皇庁を中心に神聖同盟が締結された情報は、もちろんトルコ側へ洩れている。一五七一年の六月六日に総司令官ドン・フアン・デ・アウストゥリアが、マドリッドを発ちバルセロナを経てジェノヴァへ入り、そこからナポリへ移って同盟軍艦隊の集結地、シチリアのメッシーナへ投錨したのは、八月二十四日のことだった。もとより予定どおりの旅程であるが、途中の町々で催される歓迎式に出たり、必勝を祈願するミサに日数を割かれたりで、ナポリでの出陣式にまで漕ぎ着けたのはやっと十日前であった。それより前、トルコ艦隊は、ガレー船の行動が可能な天候になる五月にはすでに行動を開始していたので、地中海の戦況は刻々と変化をとげて急を告げていた。一五七〇年四月には、キリスト教艦隊の殲滅と、キプロス島占拠を目標に掲げたトルコ艦隊四十艘が、勝利を願ってキリスト教徒捕虜四人の首を刎ね、大いに志気を高めてすでにコンスタンチノープルを出航していた。同じ頃にアルジェからは、ウチャリー（アルク・アリー）が二十艘を率いて出航している。そして四月末になるとトルコ帝国は、実にガレー船三百艘近くを地中海に展開させていた。

まず手始めに餌食《えじき》となったのがトルコに近いキプロス島の町ファマグスタだった。押し寄せた敵将ムスタファの大軍を迎え撃ったヴェネツィアのブラガディーノ麾下の守備軍は、よくこれと戦い、一年の歳月を持ちこたえたが所詮《しょせん》は多勢に無勢である。待ち望む援軍は海上が封鎖されて届かない。急報を受けて送られたヴェネツィアの援軍は、ことごとくに惨敗の憂き目に遭っていた。そうとも知らず干天の慈雨を待つごとく、女子供までが溝を掘り土塁を築いて抵抗したが、ついに飢餓に負け、渇きに屈して降伏せざるをえなくなった。一五七〇年の八月だった。降伏の条件に兵隊の命の保証と町の婦女子に手出しはしないとの条項が入っていた。その一項にすがってブラガディーノは降伏に応じたのだが、ムスタファは約定を無視してまずブラガディーノの首を打ち落とし、女子供も容赦なく皆殺しにして残虐行為の限りを尽くした。キリスト教徒の船を求めて航行するムスタファのガレー船の帆柱には、ブラガディーノの生皮がはためいていたという。

ファマグスタ陥落の悲報がキリスト教徒側に伝わったのは、ドン・ファン・デ・アウストゥリアが、同盟軍の集結地であるメッシーナに着き、港にようやくガレー船が犇めいている時期であった。セルバンテスは、ナポリで三つ違いの弟ロドリーゴと数年ぶりに邂逅《かいこう》し、メッシーナへ急ぐサンタ・クルス侯爵のガレー船隊に乗って波に揺られていた。ファマグスタほどの惨劇になると、おのずとその情報が世間に洩れ伝わって、一兵卒にすぎないセルバンテスの耳にも入っていたが、ドン・ファンのもとには、各方面に放ってある偵察船からトルコの残虐行為の詳細が続々と届いていた。なかでもトルコの総督アリ・パシャなどは、手勢の艦隊を指揮してクレタ、ザキントス、ケファリニアなどの海岸線を襲撃しては略奪をほしいままにして住民を震え上がらせ、続いてコルフ島近くのソポトーノ城塞を攻略占領。そのままアドリア海へ乗り入れてカッタロを包囲し、そのとき、逃げ遅れたガレー船二艘が拿捕《だほ》されて乗組員全員が虐殺されている。一方、同じ時期にウチャリーの艦隊は、無謀にもヴェネツィア本土を脅《おびや》かそうとアドリア海を北上中であった。しかしメッシーナにキリスト教艦隊が集結しているとの報を受け、さすがに帰途をオトラント海峡で封鎖される危険を考え、急遽、南へ退避している。まさに傍若無人の暴れようであった。

そういえば物資補給のために艦隊がイオニア諸島のコルフ島に停泊して、兵員にしばしの休息が許されたとき、セルバンテスは仲間と連れ立って町へ上陸したことがあった。そのとき、ある村でトルコ軍が通過した傷跡を初めて目の当たりにした。草木一本、蟻一匹残さないとはこのことかと、あまりの荒廃ぶりに感動すら覚えたほどだった。突き崩された教会の壁は、油を撒《ま》いて火をかけたのだろうか、焼け残った部分は油煙で斑に黒ずんでいる。地面に転がった黒焦げの丸太は、どうやらキリストの像であるらしい。片腕が無造作に投げ捨てられ、剝げ残った肌色が日の光を照り返していかにも生々しい。そのかたわらのマリア像は、畏れ多くも胸のあたりから下腹にかけてぱっくりと裂けている。司祭は抵抗する術もなく串刺しにされたか、毒矢に射抜かれたのだろう。扉を引きちぎられた民家は、強い日射しのもとで黒々と口を開き、村人は避難したままなのか、あるいは虐殺に遭って死に絶えたか、人影はおろか犬一匹も動く気配がない。黒焦げの壁を走ったのは、緑の体に赤い斑点を鮮やかに散らしたトカゲだった。

かすかに硝煙の香りが匂った気がして背筋に戦慄《せんりつ》が走った。炎に焼かれた立木までが、惨劇から目を背けるように身をよじって立ち枯れている。井戸には石が投げ込まれていた。徹底的に息の根を止めて破壊し尽くし、運べるものは竈《かまど》の灰まで持ち去る。これがトルコのやり方か。目に余る蛮行にふつふつと沸き上がる怒りを噛みしめていたのは、ひとりセルバンテスだけではなかった。

同盟軍の集結

トルコ艦隊が蚕行の限りを尽くし、ヨーロッパを震撼せしめていたとき、キリスト教同盟軍は切歯扼腕《せっしやくわん》しながらも着実に準備を進めていた。ガレー船の分担数は、同盟条約に定められたとおりである。冬の悪天候はガレー船の航行に難しいので、穏やかな五月を待ってシチリアのメッシーナへ全軍が集結し、そこから作戦行動へ移る指令が出ていた。しかし各国のガレー船は、地中海の方々へ散って行動に従事している。したがって大小さまざまな形態のガレー船が二百艘余りもカルタヘナ、バルセロナ、ナポリ、マルタ、あるいはパルマ・デ・マジョルカ、クレタなどから集まってくるには、相当の日数を要する。全艦隊が揃ったのは、予定から大幅に遅れてやっと九月に入ってからだった。トルコが行動を開始してからすでに四か月が過ぎていた。この遅延がファマグスタの惨劇を生んだといえるだろう。

同盟軍の集結は、総司令官ドン・フアン・デ・アウストゥリアの移動に呼応するように進められていった。マドリッドを発ったのが六月六日、そして七月二十六日にはジェノヴァで大歓迎を受ける。あの母親譲りの美質と風格、人をそらさない会話の妙と物腰の柔らかさに加えて、踊りの見事さでジェノヴァの貴婦人方の心をしっかりと捉えておいて、八月十四日には、ナポリのサンタ・クララ教会で出陣式のミサに与っている。ここでは、父カルロス譲りのすらりとした体軀に黒光りする鋼鉄の甲冑、飾りは金羊毛の騎士団徽章《きしょう》ひとつ、引き結んだ口元にわずかに緊張の色を浮かべ、まことに高貴さに溢れた勇士の姿を披瀝した。詰めかけた群衆の方へちらりと視線を配った目元には、この人物が秘めている並々ならぬ芯の強さを窺わせる光があった。噂に聞くフェリペ二世の弟君をひと目見た人々は、その凜々しい武者ぶりにすっかり魅了され、併せて艦隊の前途に大いなる希望を抱いたものだった。ミサの最後に、祈りを捧げる司祭の声が堂内に響き渡り、ドン・フアンの勇姿にしばし見とれていた群衆を現実に引き戻した。

「冷酷非情なる敵に対し、神が勝利の栄光をもたらし給うように。汝の手により敵の高慢は懲《こ》らしめられよう」

　聖堂いっぱいに「アーメン」の唱和が轟き渡り、荘厳なミサののちに、ローマ教皇から送られた神聖同盟の

ドン・フアン・デ・アウストゥリア　クリストバル・モラーレス作

幟と指揮杖が譲渡された。青地の豪華なダマスコ織りの幟には、絹の玉と紐の飾りがついて、中央にキリスト磔刑像が配されている。その足下には、教皇庁の紋章を中に挟んで左にフェリペ二世の紋章、右にはヴェネツィアの紋章が描かれてあった。現在ではトレド大聖堂の宝物となっている。

サンタ・クルス侯爵 国立海洋博物館蔵

無事に出陣式を終えたドン・フアンが、ナポリを発って集結地メッシーナへ着いたのは、八月二十四日だった。この頃セルバンテスはまだナポリにいた。ディエゴ・デ・ウルビーナの連隊に所属する歩兵のセルバンテスは、ナポリからサンタ・クルス侯爵アルバロ・デ・バサンの艦隊に乗船してメッシーナへ向かう手筈になっている。この艦隊は、命令を受けてスペインのマラガから駆けつけてきたので最も遠距離を航行しており、船体の傷みもひどく乗員の疲労も大きかった。しかし提督サンタ・クルス侯爵といえば、海を知り尽くした歴戦の勇者である。安心して命を預けることができる指揮官の筆頭であった。

ガレー船十一艘を率いるサンタ・クルス侯爵の艦隊が、ナポリからセルバンテスを乗せて九月二日にメッシーナへ入港、同じく十一艘からなるフアン・アンドレア・ドーリアの艦隊が、ジェノヴァから到着したのも同日だった。八月も末になるとさすがに各地から集結地メッシーナに続々と艦隊が到着しはじめ、湾内にはガレー船が犇めいていた。それより三日以前には、マルコ・アントニオ・コロンナとセバスティアン・ベニエロの艦隊が、合わせて七十三艘で到着している。ともにヴェネツィア軍であるが、その装備の悪さは目を覆うばかりであった。浸水の激しい船、索具《さくぐ》のない船、ひどいのになると水夫が満足にいない。あるいは水夫はいても兵隊のいない船もあった。最も装備が良く指揮にも優れている艦隊は、いうまでもなくスペインのガレー船だった。

このままでは戦闘はおろか足手まといになりかねない。そこでドン・フアン・デ・アウストゥリアは、スペインとイタリアの精鋭歩兵部隊四千をヴェネツィア艦隊へ振り分け、艦隊の形態を整えて戦闘能力を強化しなければならなかった。これに続いて各艦隊にスペイン兵が配分されてゆく。まずドーリアの艦隊にディエゴ・メルガレッホとディゴ・オソリオの歩兵部隊が乗船する。それだけでは足りず、ロドリーゴ・デ・モラとディエゴ・デ・ウルビーナの部隊も配属された。ウルビーナ隊にはセルバンテスが所属している。つまりナポリ連隊の歩兵としてサンタ・クルス侯爵の艦隊にいたセルバンテスは、この時点でウルビーナ隊へ移されてドーリア艦隊へ配属されたのである。

メッシーナ出航

九月十九日、全艦隊はいっせいに錨《いかり》を上げた。メッシーナ出航である。セルバンテスには忘れることのできない光景だった。二百艘を超える船が出航するのだから、時間のかかること夥しい。寝不足の疲れた目をこすって、東の空にかすかに動く暁《あかつき》の気配を眺める頃、鈍重で船足の遅い大型ガレー船ガレアサが、船腹の砲身を鈍く光らせながらひと足先に港を出ていった。それもすでに昨日のことである。セルバンテスの乗船するドーリア隊は、三番手であるからまもなく出航かと思いきや、間際になって配置換えが行われた。ドーリア隊のガレー船「マルケサ」と「フォルトゥナータ」の二艘が、四番手のバルバリーゴ隊の補強に回されたのである。セルバンテスはこの「マルケサ」に乗船している。四番手の艦隊は、すなわち戦闘では左翼を務め、レパント海戦では一番の激戦が予想される最も危険な部署である。しかしそのおかげでセルバンテスは、先に出るドン・ファンの主力部隊の出航を見送ることができた。

主力のドン・ファンの艦隊がやっと出航したのは、一夜明けた二十日朝になってからである。快晴を予想させる満天の星のきらめきもいつしか薄れ、真っ暗な闇に沈んでいた海面が濃い緑色に浮き上がる。それがうねりを含んだ明るい青へと変わってゆくのに時間はかからなかった。波止場の突端には早朝から椅子と天蓋が持ち出され、何事かと見守っていると、やがて頭から爪先まで赤ずくめの教皇大使の一行が姿を現した。出てゆく船にそこから右手を掲げて祝福を送るのである。御座船にはあの神聖同盟の幟が掲げられ、ナポリの薄暗い聖堂内では黒一色に見えたドン・ファアンの甲冑が、朝日のもとで鋼鉄の艶《つや》を鈍色《にびいろ》に照り返している。肩を護る黄金の金具がひときわまぶしく輝きを放っていた。日頃は荒くれの兵士たちも、このときばかりはその場で甲板に膝をつき、敬虔な面持ちで祝福を受けている。

右手に見える小高い山が、そのまま緩やかに海へ落ちている。陽光を受けてひときわ明るく輝いているなだらかな丘陵のあたりに、ゴマ粒のように動いて見えるのは群衆であろう。出撃を見送りに集まった人々が、赤、緑、白とそれぞれが手にした布を振っているのだ。緩やかな風に乗ってセルバンテスの耳にも歓声が届く。ちょうど波止場を出はずれたところで、陸風を受けた帆が獣の叫ぶような音を立てていっせいに膨らむ。二列縦隊の艦隊は、すっかり夜の明けきった早朝、こうしてサファイア色の波静かな地中海へ次々と乗り出していくのである。

イオニア海へ出たところで同盟軍がとった編成では、まずカルドーナ指揮の七艘が敵の奇襲を警戒して前衛を務める。その後を操船技術の確かなドーリア艦隊の五十艘が、緑色の幟をたなびかせて追う。ドン・ファアンの主力艦隊六十二艘が、青色の三角旗を掲げてこれに続き、その後を固めるのはバルバリーゴ隊の五十三艘。これには黄色の三角旗がはためいていた。このなかの一艘にセルバンテスがいる。最後に少し離れて予備隊を務めるのは、老練な指揮官サンタ・クルス侯の艦隊である。標識灯の上あたりに白い幟をたなびかせ、悠揚《ゆうよう》迫らぬ速度で追ってくる。生活物資を運ぶ輸送船の位置はその後ろである。大型ガレー船六艘は、全艦隊の先二キロメートル足らずのところをゆっくりと帆走している。これが慎重に練り上げられた作戦にもとづく布陣である。同盟軍の最終的な数字は、ガレー船が合計二百八艘、ほかに輸送船、快速船は百を超す。乗員は兵員が三万一千、船員と漕ぎ手がざっと五万、総勢八万一千の大所帯である。

ここから先、コルフ島までのイオニア海は、トルコ艦隊が行く手にいつ偉容を現しても不思議でない危険水域である。二百八艘の厚みを加えた全艦隊が臨戦態勢をとり、常に海岸線の見える距離を二列縦隊で慎重に渡ってゆく。ちなみにトルコ艦隊の数については、ウチャリーの艦隊が百十艘を擁するとか、アリ・パシャの艦隊が百八十艘でレパント湾に停泊しているとか、あるいはトルコのガレー船が百五十艘で南下するのを付近の漁船が目撃したなどと、断片的な情報が入っている。しかし正確な総数はまだ把握できていなかった。司令部では、同盟軍と同数かあるいはそれをやや上回ると推定していた。

ガレー船の構造と生活

セルバンテスの乗った船は、標準的なガレー船で二百トン前後、全長五十メートルばかりで幅は最大のところで六メートル、舷側《げんそく》の高さは三メートル足らずである。船首楼と船尾楼を備えて帆柱は二本、戦闘もなく追い風であれば櫂を休め、満帆の風を受けてゆったりと帆走する。漕ぎ手のベンチが片舷二十六列。一本の櫂に三人の漕ぎ手がつくので百五十六人、交代要員を入れて百六十人を超える。槍兵と銃士を中心にした兵員は、少なくとも百五十人はいるだろう。狭い空間に最低これだけの人数が犇めいて生活しているのだから、その不便さは想像するに余りある。まず兵隊の居場所がない。平時には船端の、櫂と櫂の間にできる隙間を割り当てられ、そこにうずくまっている。セルバンテスには、搭載している伝令用小型船の前が割り当てられていた。

航行中のガレー船　アルベルト・セビーリェ作

ガレー船にも大小さまざまの種類があってそれぞれに呼び名も違ってくる。わかりやすい基準は、舷側から突き出ている櫂の本数と帆柱の数である。櫂の本数が片舷二十を下ると、小型ガレー船の部類に属する。船体もひとまわり小さくなるので船首楼を造るだけの空間がない。また一本の櫂につく漕ぎ手はひとりずつである。ただし帆柱だけは一本から二本を備えている。最も小さな船だと片舷十六本ぐらいから建造されているが、この大きさだと外洋の荒海に揉《も》まれればひとたまりもなく転覆してしまう。波の穏やかな地中海でしか航行できなかった。後年、イギリスへ遠征した無敵艦隊にこの種のガレー船が、一艘も含まれていないのはそのせいである。その反面、軽量で操作のしやすいところから、その機敏性を活用してトルコの海賊が好んで使用したのもこの船だった。

ガレー船の最大の利点は、帆船と違って風向きや凪《なぎ》に関係なく動けること、ならびに自由に速度調節でき、ミズスマシのようにその場でぐるぐる回転するのさえ自在にできる機動性にあった。ガレー船のもうひとつの特徴は、船首から四メートルばかり突き出した頑丈な衝《しょう》角《かく》にある。双方の船が衝角を突き立てて正面から激突する。相手を動けなくしておいてから、兵士が乗り移って白兵戦へ持ち込むのである。したがって前方の守りはおのずと堅固になるが、ガレー船の船腹は喫水も浅く意外と弱い。それだけにここを敵の衝角に狙われればたちまちまっぷたつにされて沈没してしまう。まかり間違っても敵に船腹をさらさないよう機敏に櫂を操作し、必ず敵船の正面から、文字どおり角を突き合わせてぶつかるのがガレー船の正しい戦い方である。

お互いに相手を獲物と狙い定めて猛然と漕ぎかけるとき、一番乗りの手柄を競って船首に兵士が犇めき合う。これでは双方ともに都合が悪いわけで、それを追い払って敵兵の士気に冷水をぶっかける必要がある。そこで射程内へ入ると頃合いを見計らって船首の大砲が火を噴くのである。そのためガレー船の船首中央には、必ず十八キロ弾を発射する大砲が一門、その両脇あるいは上部に三キログラム程度の砲弾を飛ばす中型砲が常備されてある。ガレー船自体の武装はこの大砲だけである。しかも大砲の目的は、あくまでも接舷して我勝ちに敵船に乗り移ろうとしている敵兵を一掃するか、あるいは怯《ひる》ませて後方へ追いやるだけにすぎない。この時代の大砲には、敵船を沈めるだけの威力がまだなかったのである。射程距離はせいぜい百メートル足らずで、しかも一度発射すると再度弾込めされることはまずない。大砲と火縄銃で船首の敵を蹴散らしておいてから敵船に乗り移って白兵戦に持ち込む。これがガレー船の正しい戦い方その二である。

セルバンテスが『ドン・キホーテ』前篇第三十八章で、レパント海戦の体験をもとにしてその戦いの模様をこう述べている。


広大な海原の真ん中で二艘のガレー船が激突するときの危険は歩哨に立った城塞で爆薬

に吹き飛ばされる危険と同じか、あるいはそれを超えるものだというべきか。船首と船首がぶつかりもつれ合ったら、兵士には衝角の幅六十センチだけの足場しかない。そればかりか槍ひと筋ほど向こうの敵船からこちらを狙っている大砲と、死神の手下どもが威嚇するのを目の当たりにしながら、ひとつ間違って足をすべらせれば海神ネプチューンの懐深くに抱き取られるのを覚悟のうえで、しかもまた名誉の思いに駆り立てられ、果敢の魂を励まして夥しい火縄銃の標的となって身をさらしながら、あの狭い通路を敵船へ乗り移ろうと奮闘するのだ。なお驚くべきは、ひとりの者がこの世の果てまで二度と浮き上がれぬ海中へ落ちるが早いか、すでにもう次の者がその場に足を乗せ、これもまた怨敵《おんてき》のごとくに待ち構えている海面へ落ちると、次また次と死ぬ間も与えず後に続くのだ。

この恐ろしい状況はトルコ側とて同じである。図を見ればわかるとおり、船首の大砲がいっせいに火を噴き、そのうえでは火縄銃を撃ちかけている。船体と人物の大きさの釣り合いがとれていないが、白兵戦に備えて盾と矛槍、剣などを構えた兵隊が後方に犇めいているのがわかる。大砲はと見ると実は、甲板にしっかりと固定されているので、自由に左右を狙うことはできない。ただひたすらまっすぐに飛ぶだけだから、船全体を動かして狙いを定めね

レパント海戦の模様

ばならない。発射すればどこへ飛んでゆくのか見当のつかない頼りなげな武器であるが、真っ正面からぶつかって敵を怯ませるだけの、こけおどしに近い道具だからそれでよかったのである。

左右を固定されて上下に多少は動くものの、下方への角度の限界は衝角と平行である。それ以上は衝角が邪魔をして撃てない。それならば四メートル近くもある衝角を半分に切り落とせば、それだけ敵船の下部、すなわち喫水近くを砲撃破壊できる理屈である。どうせ大砲を発射するならその方が効果的ではないか。そのような進言が、指揮官ドーリアからドン・ファン・デ・アウストゥリアになされた。衝角を切り取るのはいかにも無謀と思えるが、敵味方のガレー船四百艘余りが入り乱れての混戦となれば、むしろ長い衝角に自由を奪われて動きがとれなくなる恐れも多分にある。慎重な議論の末にこの提案が採用され、衝角を切り落とす指令が出された。図に見るとおり、同盟軍のガレー船が、衝角を途中から切り落とした鼻欠けの姿をしているのはそのせいである。

大型ガレー船ガレアサ

舷側の低い軽量のガレー船に重い大砲を数多く搭載するのは、その命ともいえる機動性を殺すことに繋がる。それにもまして容易にバランスを崩して転覆する危険性を増すことにもなる。しかも舷側には漕ぎ手がいるので、船首と船尾にしか装備できない。それならば身軽な機動性を犠牲にし、船が大型化して鈍重になるのを承知のうえで大砲の数を増やそうとする考えが現れて当然であろう。その発想のもとに十六世紀半ばに初めてヴェネツィアで建造されたのが大型ガレー船ガレアサである。標準的なガレアサだと船首楼と船尾楼を何層かに組み上げ、船首に十二門、船尾に八門を装備できた。しかも片舷の櫂が三十二本とガレー船の倍近く多い。歩兵を乗せる必要がないので、漕手座の間にも大砲を据える。これで合計五十門近くの大砲が敵を狙うことになるのである。しかも漕手座の頭上には、胸壁に護られて火縄銃の射撃座がある。帆柱は三本を備えている。

あたかもハリネズミのように全身から砲身を突き出したガレアサと普通のガレー船との威力の差には歴然たるものがあった。ガレアサ一艘で標準のガレー船を二十五艘まで敵に回して互角に戦えると豪語する。この両者が対決すれば、まるで普通乗用車が大型トラックにぶつかっていくようなもので、たちまちぺしゃんこにされてとても歯が立たない。であるならガレアサの数を増やせばいいではないかという理屈になるが、最大の難点は船足の遅いことである。次の砲弾を装塡《そうてん》している間にガレー船は遠くへ逃げ去るか、あるいは脇をすり抜けてたちまち後方へ回り込まれ、手薄な後部から歩兵が雪崩れ込んでくる。

このガレアサがレパント海戦では、同盟軍艦隊に六艘投入されていた。ヴェネツィア製の船で、メッシーナを出たとき前衛艦隊の先を二列縦隊で悠然と航行していた。実際に戦闘に入ったとき、近づいてきたトルコのガレー船を最初の一斉射撃で木っ端微塵《こっぱみじん》に吹き飛ばしてその威力を遺憾なく発揮した。しかしその頼もしさもそれまでだった。トルコ艦隊は両脇をやすやすとすり抜け、まだはるか後方にあった敵艦隊めがけて襲いかかっていったからである。方向転換もままならぬ動きの鈍いガレアサがもたもたしているうちに、小回りの利くガレー船どうしの戦闘から完全に取り残され、ついに存分の働きができずに終わってしまった。しかし目の当たりに見せつけた大砲の威力はさすがに誰にも否定できない。ガレー船では補助的武器にすぎなかった大砲が、大型艦船の主要武器へ発展してゆく過渡期の船といえるだろう。そこに目をつけたフェリペ二世は、のちのイギリス遠征の無敵艦隊にこの大型ガレー船を二十六艘にまで増やしている。

さて、セルバンテスも体験したガレー船に詰め込まれた兵隊の生活は、どのようなものであったのか。ガレー船の限られた空間には、漕ぎ手と水夫と兵隊のほかに指揮官、隊長、砲手、料理番などさまざまな職種が詰め込まれている。しかし乗っているのは人間ばかりではなかった。白昼堂々とネズミが甲板を走り抜け、索具を駆け登って帆桁《ほげた》を横切る。油断をすると食糧はもちろん乗員の衣類から手回り品、果ては予備の帆布から綱に至るまで食い荒らす。それだけならまだしも、目を凝らすとノミが甲板を跳ね飛び、服を裏返せば縫い目に沿ってびっしりと連なっているのはシラミの大群。日射しを照り返してまるで襤褸ぎれに銀糸を縫いつけた風情である。船底の暗い隙間には南京虫が身を潜《ひそ》め、夜ともなればいっせいに這い登って兵士たちの血を吸いはじめる。あたかもガレー船の乗組員がこれらの虫と血を分け合って育てているようなものだという。

ガレー船の乗り心地であるが、軽量で船体が低いために波に影響されやすい。しかも櫂で航行するときなどはとりわけ揺れがひどかった。もちろん最初は船酔い者が続出する。それも生やさしい酔い方ではなかったようだ。波の荒い沖合に出ると、胃袋がでんぐり返って口から飛び出し、心臓は頭に上って頭蓋骨を突き破らんばかりだという。耳は鳴る、頭はガンガン、目が回って顔面蒼白、そんなことにはおかまいなしに船はぐんぐん進む。死んだ方がましだというからまさに地獄である。

寄港して充分に食糧が積み込まれているとき、兵士たちはささやかな幸せを感じる。パン、ビスケット、葡萄酒、塩漬け肉、魚、果物、野菜、チーズと粗食ながらもおおよその材料は揃っている。停泊中は新鮮な肉類が供給されるが、ひとたび航海に出ると兵士ひとりあたり葡萄酒は約一リットル、ビスケットは八百グラム程度と制限が加えられる。凄まじい船酔いに加えて、わずかな嵐でも絶えず転覆の危険にさらされる。それを克服した先に待ち構えているのは、泣く子も黙るトルコの精鋭部隊との熾烈な戦闘である。どう見ても快適な船旅とはいいがたい。

レパント湾を望む

一五七一年十月七日、セルバンテスは空を仰いで時刻を計った。東の空に浮かんだ雲の塊を暁の色が仄かに染めはじめている。メッシーナを出航した艦隊は、厳戒態勢をとりながらイオニア海を押し渡って何事もなくコルフ島へ投錨した。再度そこを抜錨してケファリニア島へ向けて出航したのが十月の三日だった。そして夜を徹してゆっくりと漕ぎ進んだ艦隊は、七日の未明には、岬を回ってレパント湾を望む位置へとさしかかっている。予定より早く到着したため、油断したトルコ艦隊はまだ湾内に犇めいていた。

セルバンテスは微熱を発していた。軽く目を閉じ、いくぶん速度を上げた船の揺れに身を

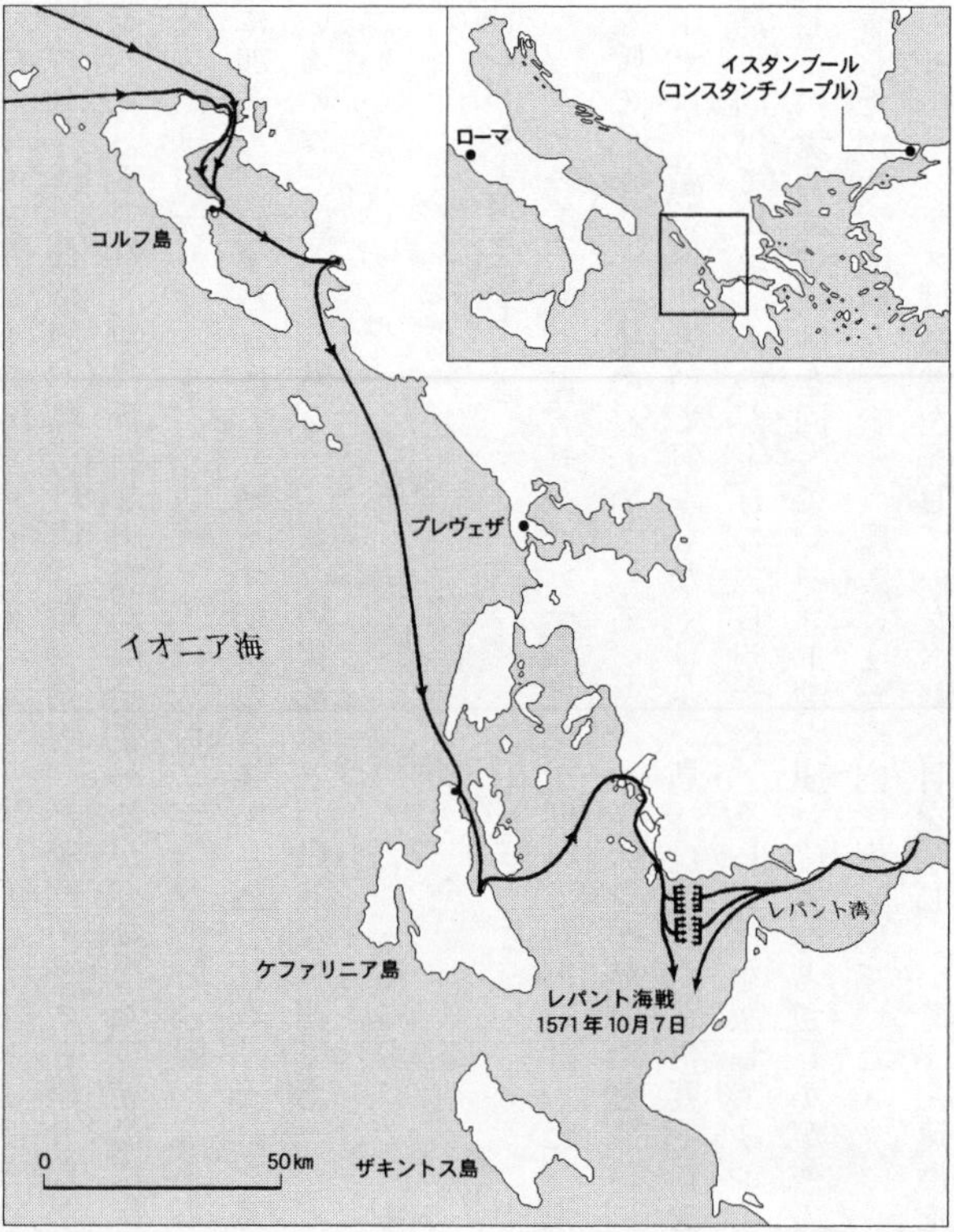
イスタンブール
(コンスタンチノープル)
ローマ
コルフ島
プレヴェザ
イオニア海
レパント湾
ケファリニア島
レパント海戦
1571年10月7日
0
50km
ザキントス島

キリスト教艦隊の進路

任せつつ不調の原因に思いを馳せてみる。船酔いのせいだろうか、それとも水にでも当たったのか軽い吐き気がする。火縄銃の銃把《じゅうは》を甲板に突き、気がつくと銃身を右肩に抱きかかえてうずくまったまましばらく眠り込んだらしい。周囲のざわめきに異常を感じて目を醒ました。命令を下す士官の罵声《ばせい》に跳ね起きようとしたが、思わず大きくバランスを崩し、たまらずそのまま船端にしがみついてしまった。それと同時に猛烈な吐き気が込み上げてくる。船の揺れに足をとられただけではないらしい様子を目敏《めざと》く見つけ、同じ「マルケサ号」に乗っている弟ロドリーゴが、喧噪のなかを駆け寄ってきた。抱きかかえたセルバンテスの体が熱っぽく汗ばみ、瞳が高熱に潤んでいるのがわかった。

すでに岬を回ったところで御座船の見張りがトルコ艦隊の帆影を発見している。さっそくドン・フアン・デ・アウストゥリアは、戦闘の合図である緑の旗を掲げるように全艦隊に指令を発した。それを受けてマルケサ号でも司令官ピエトロの指示が飛び、それぞれが配置につく矢先の事態であった。友人サンティステバンとカスタネダが、一五七八年の三月十七日に証言した文書によると、このときセルバンテスは、高熱を発しながらも隊長に毅然として己の持ち場を要求し、戦闘の邪魔にならない船底へ降りるようにと周囲がどのように説得しても頑として聞き入れなかったという。

今日が日まで国王陛下に命を預け、いずれの戦闘でも命令のまま果敢に戦ってきた俺だ、それを何だ！ たとえ病気であろうと枉《ま》げるものではない。熱など糞食らえだ。神と国王陛下のために戦って死ねば本望だ。

そう言い切ったばかりか、最も危険な場所へ自分を配置してくれるよう、ピエトロ隊長に頼むのだった。後年、セルバンテスは、新大陸での職を求めて得られなかったが、そのときの提出書類にもこの場面の状況が記載されている。尖《とが》った声で言い募るセルバンテスの、高熱にぎらつく目の光に死ぬ覚悟を見た隊長は、緊急の場面でこれ以上の問答は無用と判断し、伝令舟の前を指定すると兵隊十二名をつけてその指揮にあたらせた。

午前七時三十分、敵影を望んでセルバンテスも持ち場に収まった頃、ドン・ファン・デ・アウストゥリアは従士をしたがえて小舟に乗り移り、各ガレー船に漕ぎ寄せては装備を確認すると同時に、兵士に檄《げき》を飛ばして回るところだった。ある船に向かって、

「勇敢なる兵士諸君、待ち望んだ時は来た！ 敵の鼻っ柱をへし折るのだ！」

またある船には、

「諸君の司令官はキリスト御自身である！ 神が我々の働きを見そなわす！」

ヴェネツィアの船には、

「今日こそキプロスの仇を討つときだ！」

熱意を込めて心からなる言葉をかけるドン・フアンに、兵士たちは船端を叩き、銃を掲げて応える。その歓呼の声が暁の海面に木霊《こだま》となって響いた。それから一同はその場に膝をついて神に勝利を祈った。やがて戦闘を告げるラッパとトランペットの音が高らかに鳴り響くのを、熱に浮かされたセルバンテスは遠くに聞いていた。

午前十一時、開戦

空は玲瓏《れいろう》と晴れ渡り、すでに太陽は燦々《さんさん》と輝いて鏡のごとき海は、紺碧の色を深めている。風は東の微風、トルコ艦隊に有利である。キリスト教艦隊は「鷲の陣形」と呼ばれる古典的な陣形を敷いた。鷲が翼を広げた陣形をとるのだが、ヴェネツィアのガレアサを二艘ずつ前方に分散させたので、鷲の鋭いくちばしが三つある形となる。左翼を務めるバルバリーゴ艦隊は、すでに陸地寄りに展開を完了している。敵船が海岸寄りの北側をすり抜けて後部へ回り込まないよう、できるだけ海岸に近づいて進撃する。セルバンテスの乗る「マルケサ号」がいるはずだがその所在は掴めない。その右手に布陣を終えようとしているのは、ドン・ファン・デ・アウストゥリアの主力部隊である。コロンナ、ベニエロの名だたる指揮官の船が両脇を固め、ガレアサ六艘は前方一マイルの地点を等間隔に南北に展開して金城鉄壁の守りである。

これに対してトルコ皇帝セリム二世の精鋭部隊を率いるアリ・パシャは、キリスト教艦隊を視野に入れると、定石《じようせき》どおり三日月形に展開する動きを見せはじめた。これは船足の速い両翼の船隊で、細胞のように獲物を取り囲んで猛攻を浴びせるトルコ流の戦法である。しかしすぐに戦法を変え、本隊と左右両翼の三隊に分けて予備部隊を後方へつける陣形を敷いた。南北に長く展開した前方のキリスト教艦隊を見たアリ・パシャが、自軍の三日月隊形に利なしと悟って急遽、敵艦隊の陣形に倣う指令を下したのだった。本隊はアリ・パシャの指揮するガレー船九十三艘。右翼にはモハメッド・シロッコの六十艘、左翼はウチャリーの百十艘。後備えに二十二艘を配して万全の備えである。総計二百八十五艘、戦士、水夫合わせて総勢十二万、キリスト教艦隊を上回る大群が東風に乗って粛々と迫ってくる。

午前十二時、双方が砲弾の届く距離にまで迫っている。決戦に臨んで一同は甲板に膝をついて神に祈りを捧げる。このとき、風向きが東から西の逆風に変わった。トルコ艦隊は慌てて帆を畳んで櫂を下ろさなければならない。先を行くガレアサ四艘の砲門が、敵艦隊を射程距離に捉えて一斉射撃の火蓋《ひぶた》を切った。戦果はてきめんだった。至近距離からの射撃を受けた先頭のガレー船は、舷側を撃ち抜かれ、船首に犇めく兵隊はなぎ倒され、修羅場と化して沈没。四艘の敵ガレー船が早々に海の藻屑《もくず》と消え去り、沈まないまでも操船不能となって漂

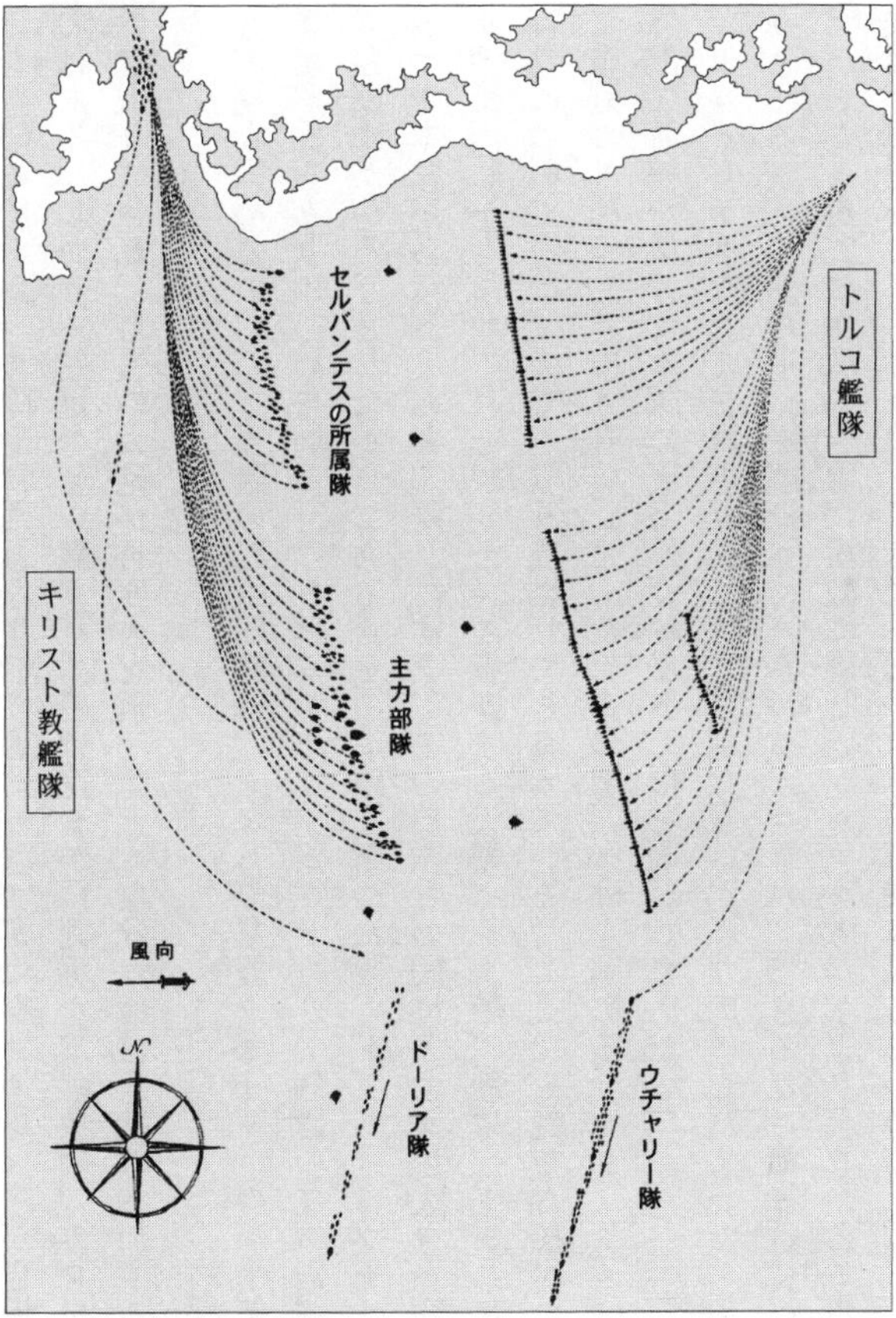

レパント海戦①　午前11時，東の微風．キリスト教徒側左翼は陸地に向かって東方向に展開．その右手にはドン・フアン・デ・アウストゥリアの主力部隊が展開する．カルドーナは前衛を率いてマルタ艦隊の旗艦，グスティニアーニの右横につけるべく進む．サンタ・クルス侯は中央部隊の船尾につけようとしている．正面のトルコ側右翼と中央は配置を完了．ドーリアとウチャリーの両艦隊は南に航行しながら対峙している

流を始める船もあって陣形に乱れを生じていた。さすがにヴェネツィアが自慢するだけの威力はある。しかし、船足の速い敵ガレー船は速やかに両脇を漕ぎ抜け、ガレアサは戦列外へ置き去りにされ、自慢の大砲が再度火を噴くこともなければ白兵戦に参加することもなかった。

右翼を固めるドーリア艦隊の五十四艘は、トルコの左翼ウチャリーの百十艘と対峙《たいじ》したまま南へ舵《かじ》をとりはじめている。これはウチャリーが、ドーリア艦隊の先端を南から回り込んで包囲にかかろうとしたからである。その進路を断つため、ドーリアはウチャリーと先頭を争って本隊から南へどんどん離れてゆき、主力部隊との間にますます大きな空隙があいてしまった。しかもセサーロとピサーノの指揮する大型ガレー船二艘は、ドーリア艦隊の敏速な行動についてゆけず後方へ取り残されてしまっている。ここでも鈍重な船足の欠点を露呈して戦列の外へはじき出されてしまった。この頃、後陣を務めるサンタ・クルス侯爵の艦隊は、悠然と海峡を抜けて本隊の後方につけるべく櫂を動かしていた。

セルバンテスのいる左翼の北端では、熾烈な戦いが繰り広げられていた。後方へ回り込もうとするガレー船の進路を塞ぐべくバルバリーゴ隊は、できるだけ海岸近くへ漕ぎ寄せていた。ところがこの海域の岩礁《がんしょう》、浅瀬に詳しいシロッコ隊が、ぎりぎりのところを巧みにすり抜け、海岸をこするようにして背後へ回った六艘が挟み撃ちにかかった。シロッコに包囲さ

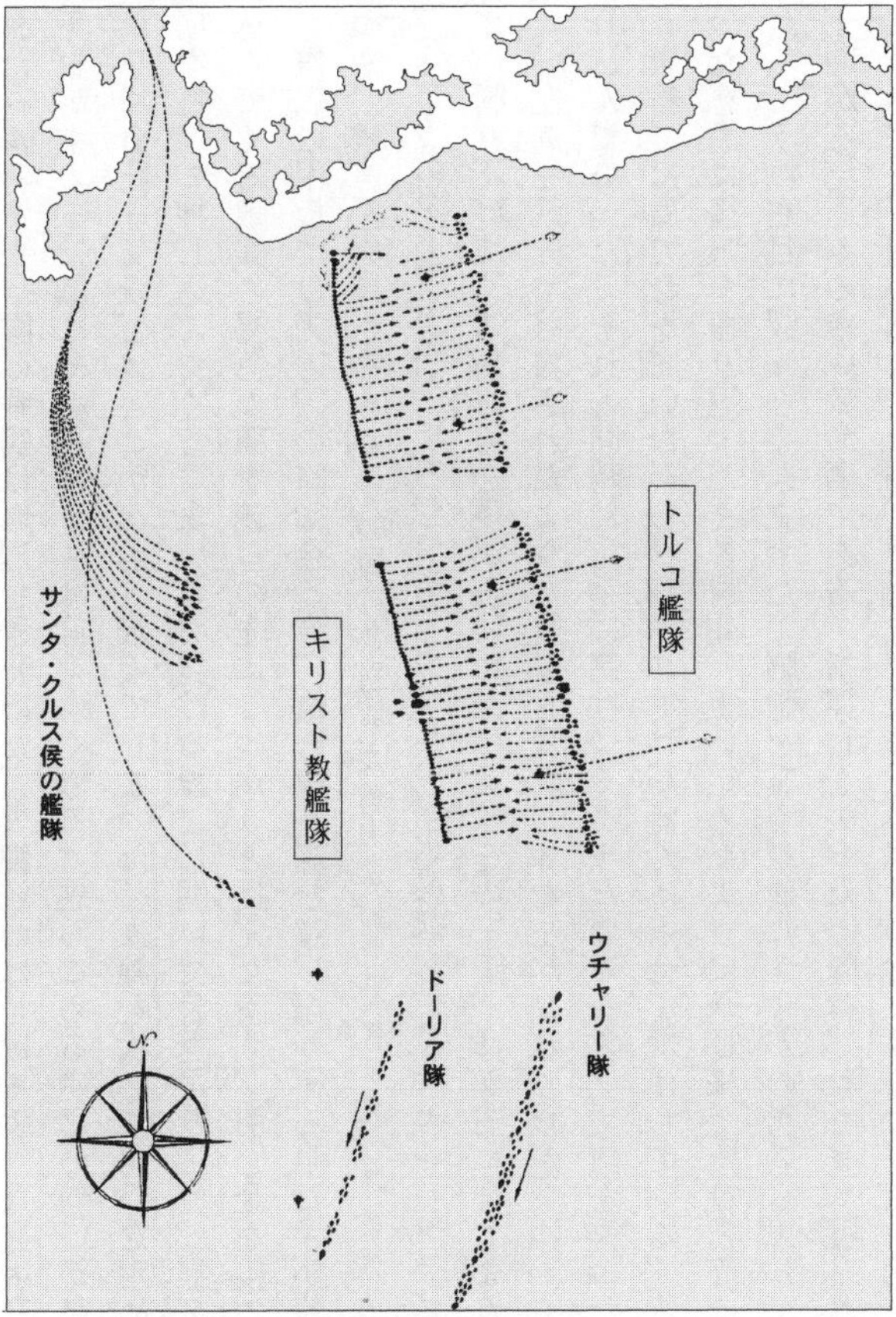

レパント海戦②　正午，西の微風．攻撃命令が下る．櫂で進撃してくるトルコ側の右翼と中央にキリスト教徒側の左翼と中央が砲門を開く．シロッコ艦隊の右翼のガレー船が陸地側に回り込んでバルバリーゴを包囲しようとする．サンタ・クルス侯が中央のドン・フアンの援助に漕ぎ寄せてくる．カルドーナはすでにグスティニアーニの近くに来ている．ドーリアとウチャリーは奇妙な作戦行動を続けている

れたバルバリーゴ隊の戦闘は熾烈をきわめた。火縄銃のはじけるような発射音、ひゅっと耳元をかすめる矢風にセルバンテスは首をすくめる。立ちこめる硝煙の匂いが鼻を突く。高熱からくる吐き気などはどこかへ消し飛んでしまった。火縄を吹いて狙いを定める。敵兵が雪崩を打って押し込んでくる。朱い口を裂けるほどに開いて目を吊り上げ、咆哮《ほうこう》を放って飛び込んでくる敵兵の褐色の顔を銃口の先にしっかりと捉えた瞬間、引き金を絞った。

旗艦の甲板では刃と刃の打ち合う音、槍と槍が絡む音、振り下ろした矛が流れて船端を打つ音、喊声と怒号の飛び交う戦闘の修羅場が繰り広げられていた。その後方につけていた「マルケサ号」でも戦況に変わるところはない。火縄銃を捨てたセルバンテスは、剣を抜いて、斬り下げてくる新月刀を下から跳ね上げる。その一瞬、体が宙に浮くような感覚が襲った。左肩を鉄棒で強打されたような衝撃を受け、体を左へひねりながらゆっくりと頭から倒れ込んでいった。それと同時に左手に焼けつくような痛みを覚えて気を失った。

旗艦では盾で身を庇《かば》いながらバルバリーゴが盛んに指令を飛ばしている。背後に沸き上がった怒声に後ろを振り返ったその瞬間、狙い定めたように飛び来ったひと筋の矢が吸い込まれるように右目に深々と突き立った。脳髄を貫く激痛にさすがの勇者も思わず膝を折る。まず助かる見込みのない致命傷である。指揮官を失った艦隊は、たちまち混乱状態に陥って壊滅寸前にまで追い込まれたが、急を見た救援隊が駆けつけ、さらにガレー船二艘が旗艦に横

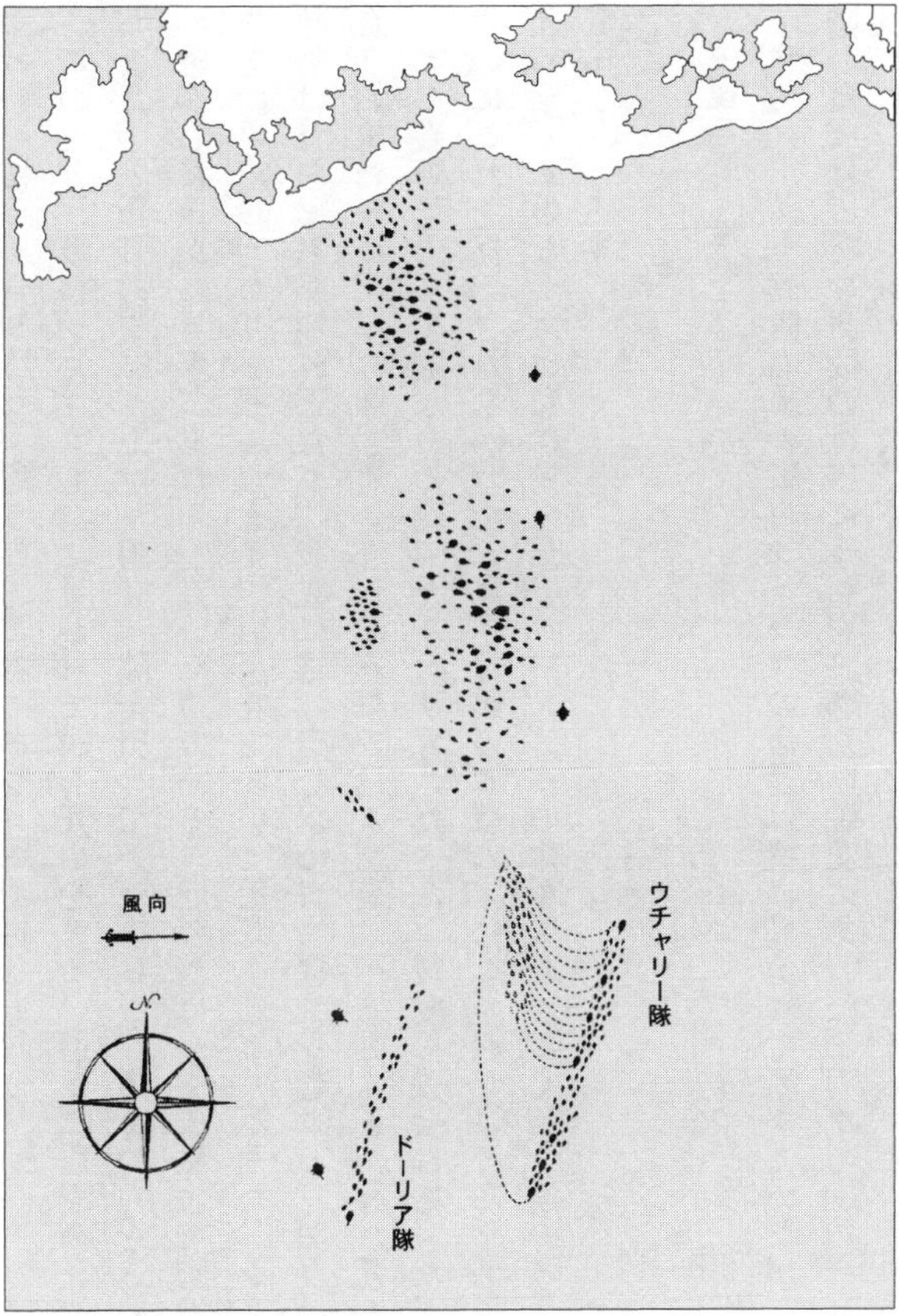

レパント海戦③　午後0時30分，西の弱風．左翼においてキリスト教徒側の攻勢．シロッコの旗艦は拿捕され，トルコ側のガレー船が多数，陸地へ逃れようとする．バルガディーノの大型ガレー船が追い討ちをかける．中央部での戦闘はいまだ行方が定かでない．サンタ・クルス侯が戦闘の中央に入り込む．ウチャリーはキリスト教徒側中央とドーリア艦隊との間隙を見て取るとグスティニアーニの艦隊へ矛先を転じる

づけして援軍が乗り移り、危ういところでトルコ軍を押し返した。

このとき、敵将シロッコも槍に貫かれて討ち死にをする。弓手《ゆんで》に盾を構え、船首に仁王立ちとなって新月刀を振り上げた瞬間、隙を狙っていた槍兵が、渾身《こんしん》の力を込めて突き上げた一撃が右背後から見事にあばらを貫いたのである。己の血に赤く染まって胸元に突き出た穂先を両手でしっかりと摑んだまま、血反吐《ちへど》を吐いて船底へ転がり落ちた。シロッコを失った敵勢はたちまち総崩れとなり、我先に逃げ道を求めて大混乱を起こし、お互いに船をぶつけ合う始末だった。岸へ泳ぎ着こうと海へ飛び込んだ者は、ほとんどが溺れ死んだ。バルバリーゴの戦陣で最も奮闘したのが「マルケサ号」だった。幾度も機会はあったが、シロッコはついにこれを捉えきれなかった。獅子奮迅の激戦の末にこの船だけで四十名以上の兵隊が戦死した。そのなかには熱に衰えたセルバンテスの体を気遣ってくれた髭の隊長ピエトロも含まれていた。

午後二時、激戦

すでにトルコ艦隊右翼の猛将シロッコの命運は槍に貫かれて尽きていたが、中央の主力部隊の激突は、その勝敗の行方に予断を許さない戦況にあった。両軍の総司令官ドン・ファンとアリ・パシャの旗艦が、正面から激突して四つに組んだのだ。ドン・ファンのガレー船は、ドーリアの進言に従って衝角を短くしてあったので、アリ・パシャの船が下からすくい上げるかたちとなって敵船に乗り上げていった。衝突の激しさは、敵船の船首が漕手座の四列目にまで突っ込んでくるほどだったが、幸いドン・ファン側の方が高い位置にあったので火縄銃を射かけるには有利だった。一斉射撃でトルコの精鋭をなぎ倒し、敵船の主帆にまで二度にわたってアリ・パシャを追い詰めたものの、後衛のガレー船から新手《あらて》が続々と繰り込んで押し戻され、今度は逆にトルコ兵が味方の主楼にまで迫る。火縄銃の硝煙が薄れたかと思うとプッ、プッと不気味な音を立てる矢に首筋を射抜かれた兵士が海へ落ちる。新月刀と剣がうなりを生じてぶつかり合う。怒号を上げて火縄銃の台尻で敵の頭を叩き潰す。返り血を浴びて修羅の形相。まさに一進一退の攻防戦であった。予備隊を指揮する老練のサンタ・クルス侯爵が、情勢を見て機敏に船を漕ぎ寄せ、新手を二百名補充してから静かに元の位置へ戻る。

すでにアリ・パシャの旗艦は、死体の山を築いて漂いはじめていた。波に揺れるたびに甲板から血潮がどっと海へ流れ落ちる。最後の一騎打ちを挑むつもりなのか、トルコ最強の精鋭部隊イェニチェリ（「新しい兵士」の意）に護られたアリ・パシャが、転がっていた槍を拾い上げるとドン・ファンの旗艦へ足をかけようと踏み出した。その刹那《せつな》、左舷から漕ぎ寄せた教皇庁の船から放たれた一弾が、アリ・パシャの肩を貫いて漕手座へ撃ち落とした。鎖に

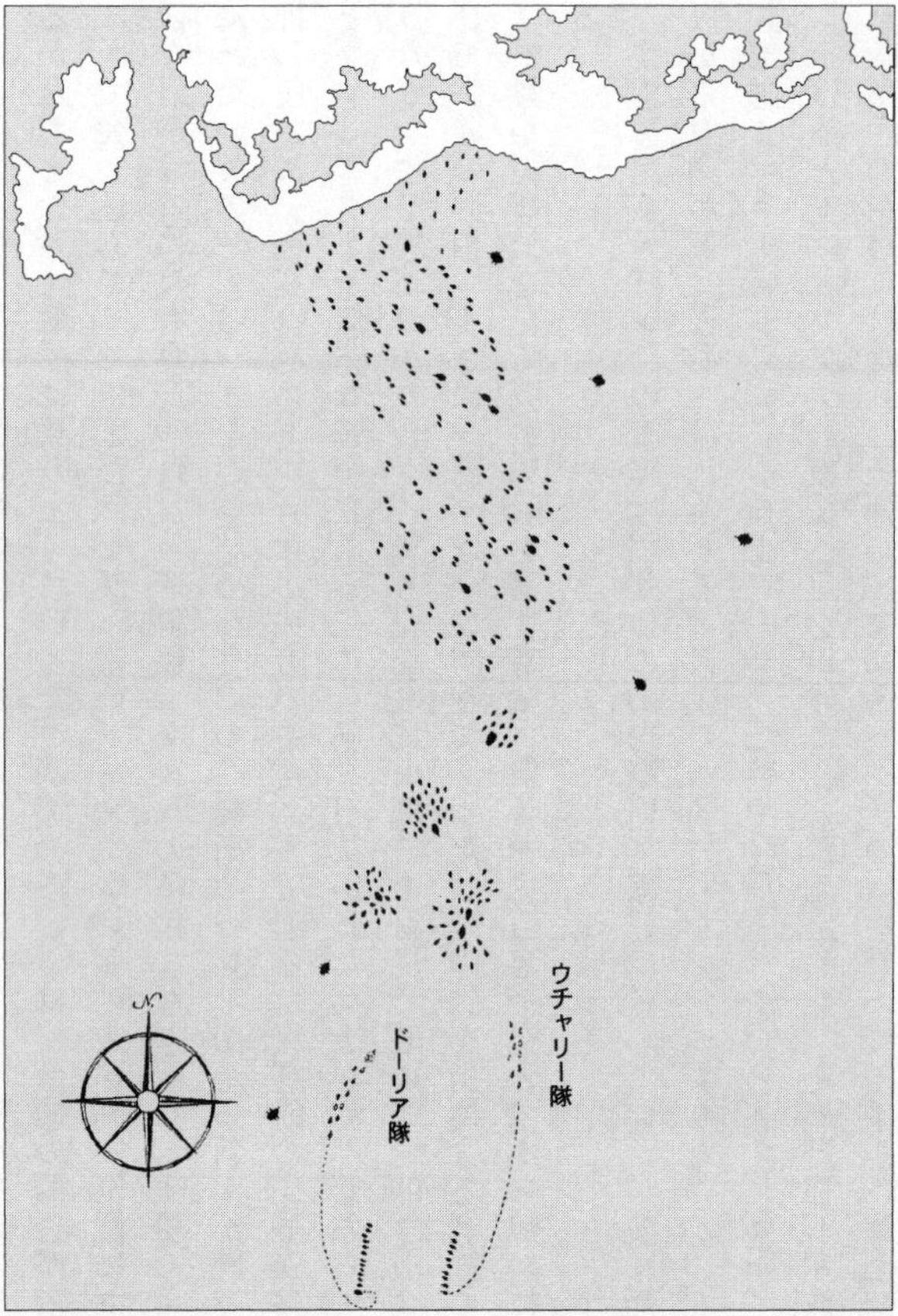

レパント海戦④　午後２時．勝利はキリスト教徒側の右翼と中央で決まった．ウチャリーの作戦行動はカルドーナとグスティニアーニの艦隊を危機に陥れていた．サンタ・クルス侯とドン・フアン・デ・アウストゥリアは獲物を放置して両者の救援に向かう．ドーリアもウチャリーの作戦に気づいて，すでに方向を転換して北へ進行している

繋がれて櫂を漕いでいるキリスト教徒のまっただなかへ転がり落ちたのが不運だった。転がった新月刀を拾い上げた奴隷が、日頃の恨みを込めてアリ・パシャの首を掻き落とし、あっという間にとどめを刺した。勝利の歓声が轟き、奴隷は鎖を解き放ち、トルコ兵は手当たり次第に首を刎ねられた。槍の穂先に刺したアリ・パシャの首がトルコ側に掲げられ、戦いはすでにキリスト教徒側のものだった。

中央の戦況の行方がまだ定かでなかった時刻、キリスト教艦隊右翼のドーリアと敵将ウチャリーは、お互いに相手の前方へ出て敵を包囲せんものと依然として先を争っていた。しかしドーリアよりは老獪なウチャリーは、キリスト教徒の本隊と右翼ドーリアとの間にかなりの空隙ができているのに目をつけ、急遽、進路を反転してグスティニアーニの艦隊へと矛先を向けた。アリ・パシャとの戦いに決着をつけたドン・ファアンが急を知って救援に向かい、カルドーナ隊とサンタ・クルス侯バサンの艦隊も猛然と漕ぎ寄せてくる。ウチャリーの作戦に気づいたドーリアもすでに北へ反転して上ってくる。こうなればウチャリーに勝ち目はない。アリ・パシャもシロッコもすでに海底に沈んでいる。これ以上は無駄な戦闘と判断したウチャリーは、折からの東風に乗って十三艘を率いて北西方向へと逃げにかかる。残りの三十五艘は漕ぎ手に鞭打ってレパント方向へと逃げていった。

午後五時、終戦

戦況は神聖同盟艦隊の圧倒的勝利だった。激戦の後の虚脱感が全体を押し包み、静まり返った周囲には、無敵を誇ったトルコ艦隊のガレー船が火焔を立ち上らせ、硝煙の匂いを漂わせて浮かんでいる。負傷者の苦痛の呻《うめ》き、断末魔にのたうつ叫び声があちこちに聞こえる。砕けた帆柱、裂けた索具が漂う波間に襤褸ぎれのように折り重なって浮かぶ死体、甲板から溢れ落ちる血潮、海の色が赤いのは折から沈みはじめた太陽の照り返しばかりではあるまい。

ドン・ファン・デ・アウストゥリアの艦隊は、ガレー船五十艘を失い、死者七千六百五十、負傷者七千七百八十五だった。そしてトルコのガレー船を漕いでいたキリスト教徒の奴隷一万二千が解放された。目に矢を受けたバルバリーゴは、激痛と高熱のうち二日後に亡くなった。トルコの被害は、ガレー船の沈没十五、処刑された者百九十、戦死者は二万五千に達し、捕虜となった者は七千を数えた。それればかりかアリ・パシャやシロッコをはじめとして、艦隊を統率していた優秀な指揮官や歴戦の勇者を数多く失った痛手も大きかった。

強い風が吹き起こり、厚い雲が嵐の予兆を孕んでいる。夜の帳《とばり》が下り、やがて雨が落ちはじめた。航行不能の船に火がかけられ、闇夜に幽鬼のごとく燃え上がる戦場を後に、整然と引き揚げが始まった。矢傷を受けた船体は、やがて補修のため疲れた身を船渠《せんきょ》に横たえるだろう。

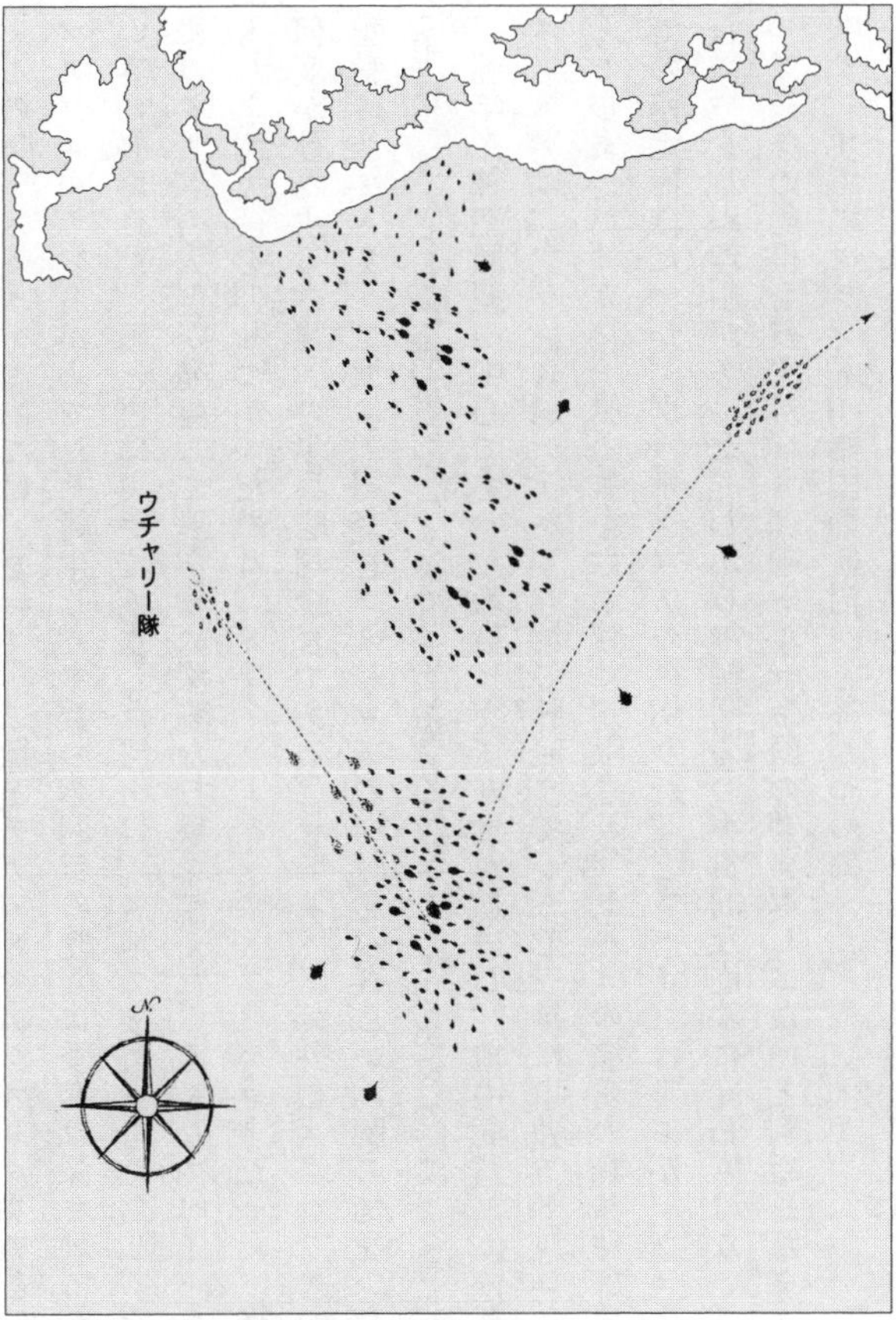

レパント海戦⑤　午後5時，戦闘終了．ウチャリーはドン・フアン・デ・アウストゥリアとサンタ・クルス侯の攻撃に対抗できずプレヴェザに向けてオクシア海峡方向へ逃げてゆく．残りのガレー船はレパントへ向けて逃亡，他の船は捕縛あるいは沈没

この年、スペイン国内では、フェリペ二世とアナ・デ・アウストゥリアとの間に第一子ドン・フェルナンドがめでたく誕生し、奉賀の雰囲気のうちに季節は深まって厳しい冬と冷たい春に襲われた。雨と雪によって増水した河川は、各地で被害をもたらし、そればかりか秋にはイナゴの大群《おお》が発生して農作物に深刻な打撃を与えた。そんなスペインへ勝利の吉報をもたらす大役を仰せつかったのは、ドン・ローペ・デ・フィゲロアだった。当時の芝居にも何度か登場する古強者《ふるつわもの》の歩兵隊司令官である。マドリッド郊外のエスコリアル宮で戦勝報告を受けたフェリペ二世は、司令官フィゲロアの功労をねぎらい、腕の傷をいたわりながらも、「弟は、ほんとうに無事か?」と繰り返し繰り返しドン・ファンの安否を尋ねたという。

翌年、神聖同盟の中心であった教皇ピウス五世が逝去し、地中海貿易に依存しているヴェネツィアは、フランス王シャルル九世の肝煎《きもい》りで一五七三年に単独でトルコと和平協定を結んでしまった。ガレー船の数を六十艘に制限され、トルコの捕虜の無条件解放を飲んだうえでの協定締結だった。ヴェネツィアの裏切りだ、とスペインは叫ぶが、ヴェネツィアにはやむにやまれぬ理由があった。しかし神聖同盟の実質的な崩壊に変わりはない。スペインにとって一抹の危惧を残すが、もはやトルコ帝国の巻き返しはないと判断したフェリペ二世の興味は、すでにフランドル諸国の統治へと移りつつあった。

敗れたりとはいえトルコ艦隊は、その勢力を依然として保持しつづけ、地中海を航行するキリスト教徒の船は、相変わらず出没する海賊の脅威にさらされていた。こうしてみるとレパント海戦の成果はさほどなかったように思えるが、精神面の影響は大きかった。無敵を誇るあのトルコ艦隊が敗れた。世界中が信じていたトルコ艦隊の無敵神話が音を立てて崩れ去ったのである。

砕け散った左手

当時の命中精度からして、狙って当たるものではない火縄銃弾が、セルバンテスの左胸と左手に合計三発、同時に被弾したのだからまことに運が悪かった。流れ弾だと思われるが、三発ともにうまく急所を外れていたのだから不幸中の幸いでもあった。とはいえ、胸の傷がもう少し右へ寄っていたらセルバンテスの命はなかった。そうなれば『ドン・キホーテ』も生まれていなかっただろう。事実、翌年にメッシーナの病院を退院してからも、胸の傷は血を滲《にじ》ませていたのである。

セルバンテスがレパント海戦におけるこの負傷を生涯の誇りとしていたのは、『ドン・キホーテ』の序文にも述べているとおりである。しかし、はたしてセルバンテスの左手は失われたのか、それとも動かなくなっただけなのかそこがはっきりしない。肖像画によっては左手首から先がすっぽりと欠落している姿もあるが、これは後年の想像画だから信用はできない。誰よりも信憑性《しんぴょうせい》があるはずのセルバンテス自身の証言はどうなっているのだろうか。国王フェリペ二世の秘書官に宛てた書簡にセルバンテスが自らの負傷についてこう語っている。

「胸に深手を負ったのを感じ、左手は千々《ちぢ》に砕け散っておりました」

セルバンテスは述べていないが、実際には胸に二発そして左手に一発を被弾した。しかも胸に受けた一発の傷の方は、かなり危険な状態だった。

火縄銃の鉛弾が当たって左手が千々に砕けたという表現には、まことに文学者らしい趣きがある。だが現代の銃のようにライフル（螺旋条溝《らせんじょうこう》）を持たない火縄銃弾丸の威力を考慮すれば、左手首から先がすっぽりとなくなるのは考えがたい。セルバンテスにすれば手がばらばらになったような感覚があったのは確かだろう。現実の戦闘場面の報告だけに生々しく臨場感がある。それだけにまた信頼度の高い文章でもある。後年の『模範小説集』の序文では「レパント海戦において火縄銃弾を受けて左手を失った」と述べている。ただし失ったのは左手なのか、あるいは左手の自由を失ったのか原文ではどちらにもとれる。それが証拠に同じくセルバンテスの作品『パルナソスへの旅』では、「右手に栄誉を与えるべく、左手の動きを失った」となっている。

さらにセルバンテスの天敵ともいうべきローペ・デ・ベガが、レパント海戦に触れた詩に「ミゲル・セルバンテスの手を負傷せしめた」と詠んでいる。これは直接自分の目で見たのではなくおそらくは、人から伝え聞いたものだろう。左右の区別にも触れていない。

いまひとつここに身分卑しからぬ人物の証言がある。ナポリ副王セサ公爵からフェリペ二世へ宛てたセルバンテス救済の嘆願書である。長年にわたって刻苦勉励《こっくべんれい》、国王陛下に忠勤を果たしてきたセルバンテス某が、アルジェで奴隷生活の桎梏に繋がれて呻吟している。ついてはこの忠義の士を速やかに救済されるよう願い上げる次第であります、と鄭重に仲介の労をとってくれている。その一文に曰く、「トルコ艦隊との海戦に遭遇し、勇者の働きを見せて片手を失いました」。日付は一五七八年七月二十五日である。まだアルジェで捕虜として鎖に繋がれているセルバンテスが、セサ公爵に謁見できた事実はない。人から頼まれて認《したた》めた嘆願書であるから、具体的な負傷についての詳細を公爵は知らないのである。ただレパント海戦で片手を失ったと聞いた。左か右かは聞き落としたがともかく片手を失ったのは間違いない。公爵はそれをそのままに綴った感がある。

セルバンテス本人の証言を聞くかぎりにおいては、左手を吹き飛ばされたのではなく動かなくなったのが最も真実に近い印象を与えるが、ここにセルバンテスの父親の言葉がある。レパント海戦後、セルバンテスと弟ロドリーゴは、不幸にしてトルコの海賊に捕らえられてアルジェで捕虜生活を送ることになるが、ロドリーゴは身代金の交渉が成立してひと足先にスペインへ帰国することができた。残るセルバンテスの莫大な身代金を工面できるあてもなく、すでに老齢の父親は、藁にもすがる思いでフェリペ二世に嘆願書を認める。もちろん公証人が代筆したのであろうがこう述べている。

「先の海戦において銃弾を二発受け、左手を損傷し、それがためにご奉公もままならず」

先に帰郷したロドリーゴが、戦況を話して兄セルバンテスの負傷の様子を両親に詳しく語って聞かせたに相違ない。ここにいう二発は胸部に被弾した数である。そして左手は失ったのではなく損傷しただけだと述べている。セルバンテスの近くに付き添い、病院でも看病に怠りなかった弟ロドリーゴの口から伝え聞いたのだから、信頼できる証言だといえるだろう。

同じ話を同じ場所でロドリーゴから聞いていたはずの母親レオノールの証言はどうか。老齢のために動きもままならぬ父親に代わってこの母親が、セルバンテスの身代金を捻出《ねんしゅつ》するため東奔西走していた。万策尽きて結局は国庫からの援助にすがるしかない。やはり国王の書記官宛ての嘆願書である。

「愚息は十年の間、陛下にご奉公申し上げ、片手が不具となり海戦で手を失いました」

赤貧洗うがごとき生活にもかかわらず、金貨で五百ドゥカード（ドゥカードは十六世紀までスペインで使用された通貨）という莫大な身代金を捻出しなければならない母親の証言が、実は誰よりも錯綜《さくそう》している。原文によれば軍隊生活を送るうちに左右は不明だがまず片手が不具となり、レパント海戦でその不具の手を失ったことになっている。息子を助けたい一心の母親だから、捕虜になっているセルバンテスの苦労をできるだけ大げさに言い募りたい気持ちは伝わる。なにしろ少しでも書記官の同情を引くために家庭の窮状のさまを大仰《おおぎょう》に言い立て、さらには自分を未亡人に仕立て上げてまで貧窮を訴えた母親である。老いたりとはいえ家に戻ればれっきとした夫がいるのだからこれは立派な虚偽である。ともかくこれが功を奏したのか、三十エスクード（一エスクードは一ドゥカードとほぼ同価）の援助金を引き出すことには成功した。ただしセルバンテスの身代金にははるかに届かなかった。

肉親だけに感情に溺れた母親の証言が最もあてにならない結果となったが、ありようは、セルバンテスの左手を火縄銃弾が貫通し、傷は癒えたが日とともに硬直して自由に動かなくなったのが真実ではなかろうか。メッシーナで入院加療中にドン・フアン・デ・アウストゥリアの見舞いを受けたり、慰労金の支給を受けたりもしているが、その病院で左手を切断したのではないかとの憶測もある。しかしそれだけの手術を施したのならセルバンテス自身が必ずどこかに記しているはずだと考えていいだろう。

ドン・フアン・デ・アウストゥリア病没

レパント海戦に敗れたりといえども、トルコ艦隊は依然として地中海にその勢力を誇っていた。そこでフェリペ二世は、チュニスにある要塞ラ・ゴレータの攻撃を命じた。父カルロスが奪取して近代的な要塞を築き上げた記念すべき要所であったが、いまではトルコ海賊の巣窟となっている。そのため思い切ってこれを解体するように指令を出していた。さもなければトルコは奪回を図って再度戦いをしかけてくるに違いない。解体しておけば、土台から建設をやりなおさなければならない手間と危険を考えて、さすがのトルコも再度の奪回を断念するだろうと読んだのである。

ガレー船百四十艘を率い出撃したドン・フアンは、一五七三年の十月初旬にラ・ゴレータ要塞を見事陥落せしめた。しかしチュニス全域を席捲《せっけん》できるこの強力な要塞を解体してしまうのは無謀である、ぜひとも保持すべきであると進言する者があった。その勧めを入れてドン・フアンは、フェリペの指示を無視して要塞の解体を思いとどまり、兵員一万余りを守備隊に残してジェノヴァへ戻ったのである。そのときすでにトルコ艦隊のガレー船が五十艘、密かにラ・ゴレータの要塞を窺っているのを知る由もなかった。やがて援軍を得て二百三十艘に膨れ上がったトルコのガレー船が、四万の兵員を運んで雲霞のごとくに要塞に襲いかかった。危急の報を受けてスペイン艦隊が駆けつけたときにはすでに遅く、トルコ軍は破竹の勢いで要塞の城壁を突き崩し、屍の山を築いて守備隊を全滅せしめた後だった。フェリペの指示どおりに城塞を解体しておけば、このような悲劇が起こらなかったのは明らかである。

ドン・フアンがフェリペの指示に従わなかった例が生涯に幾度か見られるが、今回も野心と虚栄心に駆られてフェリペの指令に背いたのが原因だといえるだろう。

ドン・ファンは傷心を抱いたままむなしくジェノヴァへ帰還。エスコリアル宮の仕事部屋では、悲報を受けたフェリペ二世が憮然たる面持ちである。それでもやはり肉親の情であろうか、三年後にフランドルの総督レケセンスが病没したとき、フェリペは後任にドン・ファンを選ぶのである。ラ・ゴレータでの独断が招いた悲劇はまだ脳裡に新しい。複雑な問題を抱えたフランドルを五万の軍隊ともどもドン・ファン・デ・アウストゥリアに預けてしまっていいものかどうか。フェリペのためらいは当然だが、結局ドン・ファンに代わる適任者はいなかった。

フランドルでは、宗教問題にからんで方々に戦火がくすぶっていた。新教徒の叛乱にはイギリスが一枚噛んでいる。半ば公然と後押しをしているイギリスを攻略しなければならない。この考えがフェリペ二世による無敵艦隊のイギリス遠征へと繋がってゆく。しかし、武力による攻撃の前にまず自分がスコットランドのメアリ・スチュアートと婚姻を結び、搦め手《からて》からエリザベスを追い落とすべきではないかとドン・ファンは考える。教皇グレゴリウス十三世もこの計画に賛成だった。イギリスの正統な世継ぎであるべきメアリには、ドン・ファンとの結婚に異存のあるはずがないと見ていたのである。

フェリペはこの案に乗り気ではなかった。イギリスの王冠を戴く希望に心を躍らせるドン・ファンは、フェリペとの面会を拒否されると、それに怯まず自らジェノヴァを発ってエスコリアル宮へ乗り込んでくる。いまでは立派に成長した異母弟の言葉にフェリペは忍耐強く耳を傾けた。部屋に閉じ籠もったふたりは昼夜をいとわず会談を重ね、寝食を忘れて意見を交わした。お互いに忌憚《きたん》なく考えを披瀝し合って煮詰められた綿密な計画の詳細を知る術はないが、ついにフェリペ二世は、ドン・ファンの結婚に同意したのである。

その前にフランドルの平和をまず第一に考えねばならない。来るときとは違って足取りも軽くフランドルへ戻ったドン・ファンは、南部の城塞ナムールで作戦行動中の八月に高熱を発した。折からペストが蔓延《まんえん》して猖獗をきわめている時期だった。兵士たちがばたばたと病魔に倒れている。町の淀んだ空気より野外の方が少しでも病人にはよかろうとの判断から、城壁を出て野営地の鳩小屋へ移された。もちろんフランドルの壁掛けや垂れ幕で、にわか仕立てながらも飾り立ててある。しかし、寝床に横たえられて天井を見上げたドン・ファンには、仄暗いなかに浮かび上がった梁《はり》に鳩の糞が、山のように白く積もっているのが厭でも目に入る。ここで苦悶《くもん》の二週間をすごすことになった。

絶え間ない嘔吐に襲われ、激痛に身をよじる。狩猟で鍛え、馬上槍試合で妙技を見せた屈強の肉体も連日の高熱に目に見えて衰えてゆく。見事な足さばきで宮廷の貴婦人をうっとりとさせた自慢の脚は肉が落ちて見る影もない。熱の合間からフェリペに認めた二十日付けの書簡が最後となった。病床に横たわったままミサに与り、そのまま譫妄《せんもう》と衰弱の数日が続き、やがて視力を失い、見えぬ目で「行け、怯むな、撃て！」としきりにうわごとを口にするばかりの状態に陥った。混濁した意識には、自分が最も華々しい活躍をしたレパント海戦を指揮する模様が浮かぶのだろう。周囲に控える人々はそっと目頭を押さえた。

ひと月近くを持ちこたえた若い体力もそれが限界だった。やがて「主イエス、マリアさま」とひとことつぶやくのが最後となった。フェリペ二世への報告には「小鳥が空へ飛び立つように静かに去っていかれました」と認めてあった。一五七八年十月一日、午後一時絶命。三十一歳の若さである。

激しい嘔吐と下痢に襲われた病状から判断して、死に至った病は発疹チフスではなかったかといわれる。ところがドン・ファンは、父カルロスと同じく深刻な痔疾に冒されていた。レパント海戦のときにドン・ファンの医師を務めていたディオニシオが、医学書で痔疾に触れてこう記している。

蛭《ひる》に血を吸わせる治療法はきわめて有効でメスで切開するよりも確実である。たびたびメスを入れると化膿性の高い潰瘍《かいよう》を作り、切開すると痔瘻《じろう》となって残り、ときにはドン・ファン・デ・アウストゥリアの場合のように急激な死に至る恐れがあるからだ。幾たびもの勝利に輝くこの人物は……医者と治療師の手にかかって気の毒にも亡くなられた。なぜなら診断の後、痔疾に切開のメスを入れたからである。その結果、激しい出血を引き起こし、医師たちの四時間にわたる手当てもむなしく魂を神に預けられた。なんとも残念で涙が止まらない。私がお側に仕えていたなら、あれほどひどい過ちを起こさなかったのに。

ドン・ファンの侍医であっただけに、その病状を知り尽くしていたといえるだろう。現代の感覚では痔疾ぐらいで死ぬだろうかと思いがちだが、笑顔の魅力的な、物腰の優雅な貴公子が痔に苦しみ、命まで落としたとなると恐るべき病である。

遺体には丁寧に防腐処置を施し、落ち窪んだ頬には綿を含ませる。軽く白粉《おしろい》をはたき、ほんのりと紅が差された。それからオランダ布を裁断した胴衣に包んでその上から鎧が着せられる。頭には宝石を散りばめた布製の王冠、かたわらに白い羽根飾りの甲と長剣が横たえられ、痩せて骨ばった両手には琥珀色《こはくいろ》の手袋がはめられた。このまま安らかに眠れるのかと思いのほか、五か月後に遺体は再度防腐処置を施され、三つに分断される憂き目に遭う。脊椎の末端までがひとつ、腰骨から膝まででふたつ、残りが三つめ。青いビロードを敷いた箱に密封して馬の尻に乗せられるとフランスを経由し、陸路をはるばるとエスコリアル宮まで運ばれた。実はそれが兄フェリペの意向であった。五月二十五日に壮大な葬儀がとり行われ、主祭壇下の王室埋葬室へ安置された。終の住処である。

不潔な都マドリッド

ロンドンやパリの街が不潔であったのは定評のあるところだが、十六世紀のマドリッドもその例に洩れず汚かった。その原因は汚物を窓から外へ投げ捨てることにある。マドリッドの街路はまるで肥溜《こえだ》めの惨状を呈していたという。しかしさすがに昼間から夜の十時まではこの投げ捨てをやると六十レアルの罰金をとられる。かなりの高額である。したがってどの家も早朝か深夜に窓から放り出す仕儀となる。そのとき、最低限の礼儀として、道行く人に「水だよ！」(¡Agua va!) と声をかける。大都会の朝ともなると方々からひっきりなしに「水だよ！」の声が聞こえるのだが、しかし油断すると声と同時に、いや、声より先に汚物の方が降り注いでくるから危ない。男が道路側を歩き、ご婦人を建物側にエスコートする習慣はこの頃にできたのである。

家の中に置いておきたくないものを窓から投げ捨てる理由は、もちろんトイレがないからである。部屋の隅かベッドの下に土製の甕《かめ》に布をかぶせたものが置いてある。これがいわゆる便器である。肌に冷たく無粋なことはもとより悪臭もひどい。旅人の観察によると、スペイン人はごく普通に悠然とこの甕に音を響かせ、人前でも泰然と構えて動ずる風もない。貴顕たちはそこで会見をし、仕事の指図を出すことさえあるという。夜の十一時頃になると召使いがそれを窓からぶちまけるのである。ご婦人方に関しては残念ながら資料がない。

マドリッドは冬が九か月、残りの三か月は地獄だといわれる。冬場は刺すように冷たい強風が乾燥した汚物を微塵に粉砕して吹き飛ばしてくれる。しかし地獄の夏場になると街路に積もった糞尿の泥は、乾燥して恐ろしいばかりの埃となって舞い上がる。いずれにしてもマドリッドは年間を通して、凄まじい悪臭と黄害にさらされていたことになる。もちろんひとたび雨が降ればたちまちにして泥沼状の黄河である。

夜の十時ともなればマドリッドは寝静まる。街灯はなく警備もいない夜の街にはよほどの用件がないかぎり外出は禁物である。大都会の夜は闇に包まれ、盗賊、泥棒、悪党

どもの跳梁跋扈《ちょうりょうばっこ》する世界となる。ちなみに国王の私生児は、たとえ認知されていてもマドリッド市内に足を踏み入れることは許されなかった。したがってレパント海戦の総司令官ドン・ファン・デ・アウストゥリアは、悪臭に満ちた治安の悪いマドリッドを知らなかったはずである。

第Ⅳ章　捕虜となったセルバンテス

祖国スペインへの船出

被弾した左胸の傷と損傷した左手の治療をメッシーナの病院で受けたセルバンテスは、一五七二年の四月中旬にそこを退院したが、胸の傷はいまだに塞がりきっていなかった。レパント海戦の功労金の下賜《かし》はあったがわずかな額である。そのまま遊んでいるわけにもゆかずロペ・デ・フィゲロア連隊のドン・マヌエル・レオンの部隊へ入隊したのだった。傷を癒やしてのち再度兵士として採用されたことを思えば、問題の左手は火縄銃を扱えるぐらいの自由は利いたと考えられる。ドン・フアン・デ・アウストゥリアがスペイン艦隊を率いてトルコの要塞ラ・ゴレータを攻略したが、この戦闘にフィゲロア連隊も参加していた。セルバンテスは、このときコロンナ艦隊のガレー船に乗船して再びメッシーナへ寄港し、ここでサンタ・クルス侯の艦隊と合流してラ・ゴレータへと向かう。その後、セルバンテスの所属するフィゲロア連隊は、サルデーニャで冬を越すことになり、滞《とどこお》っていた給料の支払いを受けたセルバンテスは、一五七四年五月にはジェノヴァにいた。

ところが危惧したとおりその七月、ウチャリーの率いる二百三十艘のトルコ艦隊が、大挙して再度ラ・ゴレータに押し寄せてこれを包囲攻撃する。ナポリへ寄港していたドン・フアンは、急使を受けて救援に駆けつけるが天候に恵まれずに船足が遅れた。到着したときにはすでに時遅く、守備隊は果敢な抵抗の末、夥しい死傷者を出してほとんど壊滅状態に陥っていた。ラ・ゴレータの失策で何千もの犠牲者を出したドン・ファンは、悄然としてナポリへ戻り、フィゲロア連隊はその途中、シチリア島のパレルモに上陸している。したがってセルバンテスは十月にはパレルモにいたはずだ。ここで給金の支給も受け、文無しだった懐を多少暖めて年末にはナポリへ戻り、ここで弟ロドリーゴと再会している。

これでセルバンテスの軍隊生活は終わりを告げる。ウルビーナ隊からバルバリーゴのガレー船に移って負傷、そこからメッシーナの病院、そして病院からフィゲロア連隊のドン・マヌエル部隊へと目まぐるしく移動するが、その間に昇進はなかった。自分より若い者が隊長に昇進するのを横目に見ながら、甲板で火縄銃を磨いていたセルバンテスは、出世の幸運にはあまり恵まれない兵卒だった。

この頃、マドリッドにあるセルバンテスの家では両親ともに健在であった。しかしせいぜいが切り傷や擦り傷、腫れ物、出来物を治療する程度のしがない治療師である父ロドリーゴは体力に衰えが著しく、そのうえ耳の不自由が募って視力もとみに弱り、肝心の手元が見えにくくなっていた。男手のない一家は、ままならぬ収入で借金地獄であった。姉のアンドレアは夫に先立たれ、娘コスタンサを連れて別に生計を立てている。妹マグダレーナはアルカラ・デ・エナーレスで修道女になっていた。生死の境をくぐり抜けてきたセルバンテスの心に、望郷の念が勃然《ぼつぜん》と沸き上がったとしても不思議ではない。スペインを離れてもう六年になる。「スペインへ戻りたい」。そう思うと矢も楯もたまらなくなって弟ロドリーゴに相談を持ちかけてみた。するとセルバンテスより早くに国を離れていた弟も同じ気持ちでいた。ともに帰国することを一も二もなく承知したのだった。

いまやセルバンテスはただの新兵ではない。むしろ古参兵の部類に入るだろう。しかもレパント海戦で名誉の負傷をした勇者の自負心がある。矢弾が飛び交い、硝煙の渦巻くあの修羅の戦場で、銃弾を三発も受けながら無事帰還した英雄だもの、スペイン国民が放っておくはずがない。スペインへ戻れば英雄として歓呼の声をもって迎えられるに違いない。だとすれば絶大な名声が向こうから転がり込んでくるだろう。仕事だってすぐに見つかるはずだ。よしんば祖国に戻って身に合う職が得られなくとも、アメリカ大陸へ渡ってひと旗揚げる手もある。なにしろレパントの英雄である。この溢れるばかりの自負心が己の身勝手な思い上がりにすぎないと悟るのにセルバンテスはあまりにも若かった。やがてはスペイン社会の冷たい風を骨身にしみて味わう羽目になるのだが、その以前に、はるかに過酷な現実に耐えなければならなかった。

一五七五年九月末、兄弟ふたりがスペインへ帰港する手頃の船を物色していたところ、レパント海戦の指揮官サンチョ・デ・レイバのガレー船四艘が、負傷兵や帰還兵を乗せてスペインへ戻るとの報が入った。まさに渡りに舟とふたりは最前列に並んで手続きを済ませた。

乗る船が決まってしまえばあとはとりたててすることもない。荷物といえば身の回り品と着替えだけだから合切袋《がっさいぶくろ》がひとつあれば足りた。蓄えた若干の給料は胴巻きにしっかりと巻き込んで肌身につけてある。ただセルバンテスには他の誰もが持たない財産があった。スペイン艦隊の総司令官ドン・ファン・デ・アウストゥリアの推薦状である。しかも宛名は畏れ多くも国王陛下フェリペ二世とくればその価値には計り知れないものがある。これに加えてナポリ副王セサ公の添え状も所持している。やはり宛名はフェリペ二世である。これだけの書類を持参すればいかに慎重王と異名を取るフェリペ二世といえども、レパントの古参兵を無下に扱うわけにはいくまい。こう考えると祖国へ急ぐセルバンテスの帰心は矢のごとく、そして足どりも軽い。

ロドリーゴとともに乗り込んだ船は、船団の殿軍《しんがり》を務めるソル（太陽号）である。風向きを図って早朝に抜錨した。風は追い風の微風、海は一面に鏡のごとく穏やかである。仰いだ空に雲はなく、朝方の月だけがくらげのように白々と浮かんでいる。トルコ艦隊を粉砕したとはいえ地中海は目路のかぎり広大な海である。キリスト教艦隊の監視が行き届かない海域には海賊船が横行していた。勝手知ったる海域を我が物顔に跳梁跋扈して島影から突然に出没するトルコの海賊船に、手を焼きながらもなす術がなかった。したがって護衛艦隊を望めない海域を往来する船は自衛するしかない。つまりできるだけ多くの船が身を守るべく船団を組んで航行するのが鉄則となっている。だから今回もガレー船が四艘で船団を組んでいるのである。ガレー船といえば軍船である。それが四艘もいれば海賊船もおいそれとは手が出せない。海路はまず安全と思っていいだろう。セルバンテスにしても、地中海の微風に吹かれ、敵影を恐れずに旅をするのは久しぶりの体験だった。わずかに潮の香が匂う甲板に腰を下ろすと上着を脱いで裏返す。銀色の糸に見えるのは、日射しを照り返したシラミの列である。両手を空に突き出して大きな伸びをした後、涙の滲む目尻を細めて一匹ずつ丁寧に潰してゆく。時間だけは充分にある。

ところがその夜半に嵐が吹き起こった。夜中の突風は帆船のアキレス腱であり、船体の低いガレー船に高波は致命的である。深々とした漆黒《しっこく》の闇に塗り込められたなかをコルシカへ避難しなければならなかった。しかも再度の嵐で船団は四散して太陽号だけがトゥーロン近辺にまで吹き流されてしまった。僚船を見失った太陽号は、他の三艘の船影を求め、プロヴァンスの沿岸沿いに海賊船の危険を避けつつ遅れを取り戻そうとしていた。

東の空を茜色《あかねいろ》に染めて夜が明けきると、昨夜の嵐が嘘のように空は晴れ上がった。名残のさざ波がきらきらと銀砂を撒いて目にまぶしい。水平線のはるか彼方、緑霞《みどりがすみ》の低い島影のあたりにポツンとゴマ粒ほどの黒点が湧いて出たとき、見張りの水夫の顔に暗い不安の影が走ったのに気づく者はなかった。それがふた粒の小豆《あずき》大になった頃、ようやく船内にざわめきが沸き起こり、船縁から我勝ちに身を乗り出して瞳を凝らした。舷側の櫂が盛んに動いて水を跳ね返している。一本だけ見える帆柱に帆が上がっていないのは逆風に向かって巻き上げてあるからだろう。だとすれば軽装のガレー船である。敵か味方かそれで運命が分かれる。見る間にぐんぐんと距離を縮めてきた船の赤と黒に塗り分けた櫂を識別できる頃には、帆柱に翻《ひるがえ》った禍々しい三日月の旗印を見誤る者はなかった。万事休す、トルコの海賊船だ。しかも二艘である。太陽号の乗員は古強者とはいえそのほとんどが負傷者と病み上がりばかりである。白兵戦に持ち込まれればひとたまりもないのは目に見えていた。

一時間ほど形ばかりの抵抗の後、所詮は多勢に無勢、むなしく力尽きて捕虜となった。無益な戦闘で皆殺しの憂き目に遭って、あたら命を縮めることもあるまいと考えて降伏したその判断や善し。隊長ガスパールをはじめとして多数の兵士が戦死したが、もしそのまま抵抗を続けていれば不朽の名作『ドン・キホーテ』は誕生しなかったに違いない。海賊の首領は、アルナウテ・マミという改宗アルバニア人でアルジェのトルコ艦隊の総指揮官、キリスト教徒にとっては海賊の親玉だった。

かくして一五七五年の九月二十六日、僚船から離れた太陽号は、トルコの海賊船二艘の格好の餌食として拿捕され、乗組員一同が捕虜となった。ミゲル・デ・セルバンテスも弟ロドリーゴとともに手足を鎖に繋がれ、スペインとは目と鼻の先のアルジェに連行されてしまっ

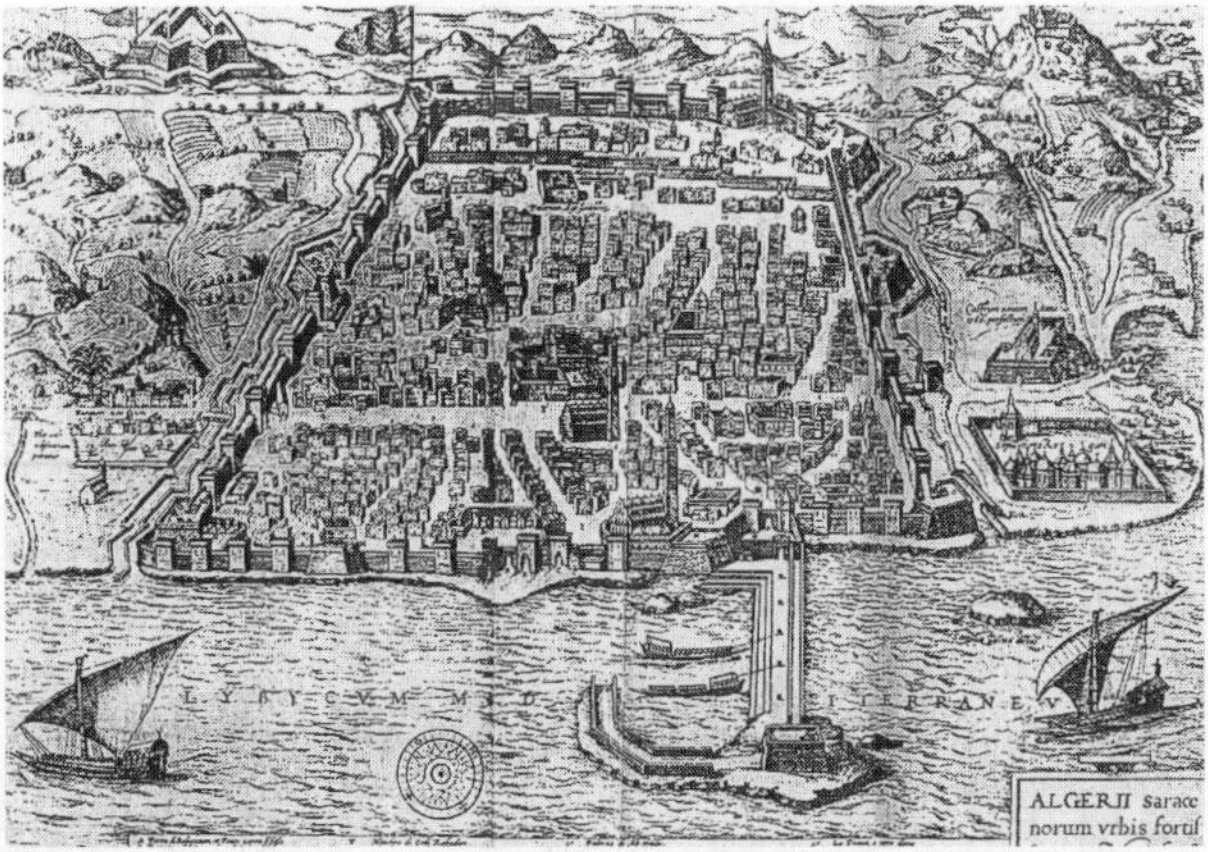

16世紀のアルジェ

た。この日を境にして一五八〇年九月十九日までの五年間、トルコの捕虜となったセルバンテスの奴隷としての生活が始まるのである。

セルバンテスの身代金

当時のイスラム諸国にあってアルジェといえば、さしずめキリスト教国のセビーリャかナポリほどの殷賑をきわめた大都会であった。城壁の中には一万二千を超す小さな家が犇めき合い、人がやっとすれ違えるほどの狭い道が迷路のように曲がりくねって、トレドの街並みを思わせる。港に通じる城門から、セルバンテスをはじめとして鎖に繋がれた捕虜の列が追い立てられてくる。セルバンテスは、言葉に機知を含み、時折鋭い皮肉を放つ青年だった。その体軀は当時のスペイン人の平均よりやや大きめでがっちりとしており、少し面長、髪は栗色、額は広く金髪の髭をたくわえた相貌に鼻筋通って口元締まり、ぱっちりと開いた目の奥に知性のひらめきを秘めている。

その場に居合わせたダリ・マミと合った視線を一瞬、ついっとそらして空を見上げた男の、顎から喉仏あたりの張り詰めた皮膚の輝きから判断すると、まだ三十歳は越えていまい。左腕を庇うように歩いているこの男の面魂《つらだましい》に興味を覚えたダリ・マミは、上官にあたるアルナウテ・マミと交渉の末、即刻二百エスクードで買い取った。最初のセルバンテスの売値は二百エスクード、すなわち七万五千マラベディだった。一マラベディで卵が一個買えたから、セルバンテスの売値は鶏卵で七万五千個分ほどの値段である。現在なら百五十万円程度の金額に相当するだろう。なおこのとき弟ロドリーゴは別の主人に買い取られていった。

若き日のセルバンテス　サルサ作

大枚をはたいて奴隷を買い取るのは、労働をさせるためではない。身代金を請求するのである。捕虜、すなわち奴隷の扱いは、その身代金の額で違ってくる。だからまずその身分・家柄などを慎重に吟味した結果、故郷から取り寄せることのできる身代金の多寡によって鄭重に扱うか、脅かして金額を吊り上げるか、あるいは労役にこき使うかが決まる。ところが先ほど買い取ったこの男の所持品を調べさせたダリ・マミが驚いた。胴巻きに小さく折り畳んである書類らしきものを役人が目敏く見つけ、スペイン語のわかる者が判読させるや興奮にうわずる声で報告に及んだ。

その書類とはいうまでもない、例のドン・ファン・デ・アウストゥリアからフェリペ二世に宛てた推薦状とセサ公の添え状である。トルコ側にとってドン・ファンと聞けばレパント海戦で煮え湯を飲まされた憎い怨敵である。その親玉がフェリペ二世であるから、ダリが心に快哉《かいさい》を叫んだのも無理はない。残念ながらダリ・マミの手に渡ったまま行方知れずだが、祖国へ戻って就職活動を有利に運ぶために所持していた書類が、ここで完全に裏目に出てセルバンテスは、たちまち最重要人物の範疇《はんちゅう》に入れられてしまった。いわばビップ待遇の奴隷である。しかしそれと同時に普通のキリスト教徒なら百からせいぜいが二百エスクードですむはずの身代金が、一気に五百エスクードにまで跳ね上がってしまった。買値の二・五倍である。とんだ間違いから二十八歳のセルバンテスに三百七十五万円の高値がついてしまった。思いがけぬ掘り出し物にダリは大喜びだが、その分だけセルバンテスにとっては身請けの可能性が遠のいたことになる。

アルジェの捕虜　バリェホ作

奴隷の生活

欲に目の眩《くら》んだ主人ダリ・マミの前には、いかなる懇願、説得も効き目はない。一介の兵士にすぎない、と弁明するセルバンテスの言葉など頭から信じようとはしない。それどころかますます心を頑《かたく》なにして鎖を厳重にするばかりだった。そうしておけば不自由さに耐えきれず、一刻も早くスペインから身代金を届けさせるだろうとの考えである。アルジェにいたソサ司祭にセルバンテスがこう洩らしている。

「私を身分のある人物と思い込んで、いっそう鎖を重くして閉じ込めるので困ります」

祖国スペインではこの年、カスティーリャに旱魃《かんばつ》が起こって食糧に不足を来し、夏は酷暑に灼《や》かれ、コレラも発生して経済の危機は深刻だった。実際、フェリペ二世は二度目の破産宣告を行っている。そのような難しい時期にマドリッドでは、セルバンテスの父母が老境を迎えて炊飯の煙を細々と途絶えがちに上げている。姉や妹の暮らしぶりが、自分たちの日々の生活を支えるのさえままならぬ赤貧にあることは、アルジェにいるセルバンテスにも容易に察しがつく。どこを押せば五百エスクードもの身代金が調達できようか。このままでは一生、ダリ・マミのもとで飼い殺しである。自由になる道は逃亡しかない。

大切な金蔓と見られたセルバンテスは、厳重に手枷足枷をかけられて地下牢へ閉じ込められたとする証言がある。しかし実際にはかなりの自由が与えられ、セルバンテスはそれを大いに利用してアルジェに知人を作り生活や習慣にも慣れていった。セルバンテスほどの高額な身代金のつかない普通の捕虜たちは、「浴場」と呼ばれる建物にまとめて収容され、そこで身代金が届くのを待つことになる。ここに移された奴隷の生活が『ドン・キホーテ』前篇第四十章の「捕虜」の物語に実体験を踏まえて生々しく述べられているが、別の証言によるとおよそ次のようだった。

国王の浴場と呼ばれる場所は注目に値する。建物、あるいは中庭といった方がより正確だろう。そこにキリスト教徒奴隷や捕虜を入れておくのである。大浴場は長さ二十メートル、幅は十一メートルでやや長めのほぼ四角形をなしており、上下二階の建物には小部屋が幾つもある。中央には清水の湧き出る噴水、片側の下階にはキリスト教徒の教会、つまり礼拝室がある。ここでミサが行われる……この大浴場はババソン門からババルーテ門を縦断するソコ街にあり、ババソン門から百二十メートルばかり西に位置している。もうひとつの浴場はバスタルダの浴場といわれ、こちらはさほど大きくないがやはり小部屋が幾つかあって、ここに共有奴隷が入れられている。共有奴隷は町の所有となっていて公共の事業や必要に応じて仕事に駆り出される。

セルバンテスが『ドン・キホーテ』で記しているのとほぼ一致する内容である。弟ロドリーゴがいた大浴場には、捕虜が千五百から二千人いた。バスタルダ浴場には四百から多くとも五百人。こちらの方がより自由が利いたようだ。労役のないときは行きたいところへ行けたが、大浴場の方は昼夜とも見張りが立って常に警戒が厳しかった。奴隷の労役については、それを日常間近に見てきた司祭ソサの証言を借りる。

身動きができないほど鎖に繫ぎ、頑丈な足枷、重い丸太、鉄の履き物、太い鎖などを肩や首あるいは背中に背負わされ、鎖の首輪をかけられた者もいる。ほとんど動けない……さらにもっと奥の薄暗く湿って異臭の立ちこめる建物や部屋、あるいは地下の狭い牢獄に閉じ込められた者。そこでどこの家にもある手回しの石臼《いしうす》を、ランプの光のもとで休みなく挽かされるのである。冷たく湿った中庭の奴隷たちにも同じ労役が昼も夜も科せられる。水と大麦のパンが二個与えられるだけ。猛獣でも見張るかのように戸口には番兵が立っている……ときには幾人かが建物の建築や城壁修理に駆り出されてゆくことがあるが……鎖や木材を引きずったり足枷をはめられたままの状態である。石切場で石を切り出してはそれを運び、土を練り、石灰を篩《ふる》い、砂を集め、煉瓦、木材、大理石を運ぶ。

共有奴隷などは必要に応じて呼び出され、一般家庭の薪集めや水汲みに働かされる。粉挽き小屋へ行き、粉をパン窯《がま》へ運び、中庭、玄関の掃除、馬の世話、あらゆる家畜の面倒も見る。しかも枷をはずしてもらえないので、重い鎖を引きずったまま労働をこなさなければならない。あるいは田畑を耕し、家畜を飼育し、葡萄の剪定《せんてい》、庭の手入れ、畑の種蒔き、水をやり雑草を抜く。これらの仕事に従事している間、モーロや黒人の見張りがひっきりなしに背中をどやしつける。太い棍棒《こんぼう》を持って容赦なく殴りつけ、汗を拭《ぬぐ》う暇さえも与えないという。奴隷は例外なく裸に素足、太陽に灼かれ雨風にさらされ、暑さ寒さに責め苛《さいな》まれて飢えに苦しむのである。

小さなパンでもくれようものなら……片手にパンを掲げ、犬畜生、ユダヤ野郎、ろくでなし、寝取られ亭主と悪態をついて棍棒を振り下ろす……病に苦しみ、痩せ衰え疲弊困《こん》憊《ぱい》した見るも無惨なキリスト教徒が、街路の至るところに満ち溢れ……病気のキリスト教徒の両手を縛って葡萄畑へ引きずり出し、焚き火の中へ投げ込む、哀れな病人は飛び上がって焼け死ぬのを免れようとする。野蛮な連中はこれを見てはやし立てるのだ。キリスト教徒奴隷を苦しめ痛めつけ、人を殺すためにおよそ人間が考えつくあらゆる残虐行為を、まるで悪魔の鍛冶場のごとくに海でも陸でも至るところで生み出している。

このような野蛮な行為が現実に行われていたのかどうか、にわかには信じがたい思いだが、この証言は決して誇張ではない。ソサ司祭自身が陰湿な地下牢に閉じ込められていた。セルバンテスから逃亡の誘いを受けたときも体力の衰えから、みんなの足手まといになるのを厭ってそれを断り、地下牢で朽ち果てたほどの人物である。

実際にセルバンテスが目撃した事件があった。左手の不自由なセルバンテスは、身代金が高額なこともあって労役を免除され、軽い走り使いに街へ出されることがあった。街へ出るといっても鎖はかけられたままだし、番兵はいなくとも街の住民すべてが監視人のようなものだから、そのまま逃亡するのは絶対に不可能だった。ある日、走り使いを終えて戻る途中、背後から大勢の乱れた足音に混じって怒号や罵声の飛び交うざわめきが近づいてきた。初めは喧嘩かと思ったが、はっと胸を突かれて目を凝らしたのは、群衆の肩越しにキリスト教司祭の僧服がちらりと覗いたからである。白髪混じりの初めて見る顔だが、老齢の司祭を後ろ手に縛り上げ、あまつさえ首に縄をかけて犬のごとくに引き回し、よろける司祭を嘲《あざけ》り笑ってどっとはやし立てる。止める者すらない傍若無人の振る舞いである。セルバンテスに手の出せようはずもなく黙って見ているほかなかった。

壁に背中をこすりつけて道をよけたセルバンテスの前を徒党の一団が通り抜けて海辺へ降りていった。砂浜に降り立つと猛り狂う群衆は、手近にあった錨をふたつ司祭の体へ結びつけて動けなくしてしまった。そのまま海中へ投げ込むのかと思いのほか、周囲に山のように薪を積み上げはじめた。女子供までが浜辺に打ち寄せた流木や枯れ木の類いを拾い集めては嬉々として積み上げている。やがて薪の山を縫って薄い煙がひと筋上がり、それが二か所、三か所と増えて赤いものが遠目にもちらちらと動きはじめた。煙がふっと黒くなり炎がどっと噴き上がったときの群衆の歓声は、まるで悪魔のどよめきを聞く思いだった。乾ききった枯れ木に一気に火の手が回り、たちまちにして司祭の粗末な衣を焼き、なおも飽き足らずに肉を焦がした。白髪に火が移ったかと思うと赤い糸となってぱっと火の粉を飛ばし、黒くねじれて燃え上がる。新手の薪が積み上げられる。正視に耐えない光景だった。

やがて顎が垂れ落ちた司祭は、意外と白い歯並びの奥に赤い口腔をのぞかせ、両の眼窩《がんか》をぽっかりと開いたまま黒焦げの骸《むくろ》となって焼け落ちた。まだ形を保って焼け残っている部分を群衆は、石つぶてを投げて執拗に砕いた。手近の棒切れを振り上げる者もいる。それほどまでに司祭が憎いのか。嬉々として虐殺を行う民衆の底知れぬ狂気を目の当たりにしてセルバンテスは、肌に粟《あわ》を生じたのだった。焼け焦げたひと塊の肉と灰に化した司祭の死体は、そのまま海辺に捨て置かれた。やがて灰は海に流れ、焼け残った肉は鳥がついばむだろう。

司祭の名前はミゲル・デ・アランダ。あの惨劇を総督ラバダン・パシャが黙認していたことはのちにわかったが、なに故あって群衆の私刑に遭ったのか知ることはできなかった。だが、しっかりと記憶に刻みつけたあの陰惨な火刑の情景は、肺腑を抉《えぐ》られるような憎しみと怒りを身内に沸き上がらせる。後年になっても思い出すたび、涙をとどめることのできないほど衝撃的な事件だった。セルバンテスにイスラム教徒を激しく憎悪する傾向があるのは、このような体験に根ざしているのかもしれない。

セルバンテスは考えた。国王陛下フェリペ二世は、アルジェで桎梏に繋がれて呻吟するキリスト教徒の悲惨な現状をご存じだろうか。おそらく何もご存じがあるまい。だとすれば、届くはずもないスペインからの救済の手をいつまで待ってもむなしい。もしや、いつの日か国王フェリペ二世の御前に伺候する僥倖《ぎょうこう》に恵まれたら、ひざまずいて訴えたい。

陛下、アルジェには多数のスペイン人捕虜がむなしく放置され、陛下の率いる艦隊の勇姿が現れて自分たちを解放してくれる日を夢にまで待ち望んでおります。千五百名のキリスト教徒が、つらく厳しい労役のもとで命を終えてゆきます。涙に暮れつつ陛下の救援を待ち侘びているのです。おお、陛下、なにとぞ父カルロス王の武勇と偉業をお継ぎ遊ばされ、一刻も早くこの労苦に終止符を打っていただきとうございます。陛下のお姿が現れるだけでアルジェは恐慌と破滅に陥るのでございます。

しかし身分卑しい一介の兵士が、畏れ多くも国王陛下の御前に伺候する機会のあるはずもない。マドリッドの両親のもとから身代金が届く望みは爪の先ほどもない。だとすれば、あとは逃亡するしかないではないか。そう堅く心に思い決めたセルバンテスが、密かに逃亡計画を練りはじめたのはこのときからだった。

第一回逃亡計画、案内人の裏切り

アルジェに来てはや四か月、その間に逃亡を考えなかったわけではない。だが脱走を企《くわだ》てた者たちはことごとくに失敗している。逃亡を図って捕らえられた男の酸鼻《さんび》をきわめた公開処刑の光景は、忘れようとして忘れられるものではない。鼻を削ぎ、耳を斬り落として目を抉る。最後に槍に刺し貫かれる罪人の姿は、まさに正視に耐えなかった。だがどうせ死ぬなら死刑もよかろう。そこまでの運命とあきらめよう。万にひとつ、逃げおおせる可能性もある。それに賭けてみよう。その考えは動かなかった。いまのセルバンテスの胸中を占めているのは、死刑の恐怖よりも自由への憧《あこが》れだった。たとえ鼻を削がれ耳を斬り落とされようとも、または微塵に切り刻まれ刑吏の棒で挽き肉のごとくに叩き潰されようとも、自由を得るためなら、陸でも海でも風に乗り地に潜ってでも逃げおおせてみせる。それが嫌なら俺の両足を斬っておけ。よしんば両足を切断されようとも這って逃げる手がある。自由への希求はそれほどに強烈だった。

まず信頼できる仲間を慎重に選ばなければならない。しかしこれは思ったより楽だった。ラ・ゴレータの戦いで捕虜になったカスタネダがいた。レパントの戦友で古い顔なじみである。やはりラ・ゴレータで捕虜になったドン・フランシスコ、ドン・ベルトランなどの貴族たち、そしてリオスやナバレテのような筋金入りの軍人が密かに仲間に加わった。急ぐことはない。時間だけはたっぷりとある。その日からセルバンテスを中心にして綿密な計画が練られ、それをもとに周到な支度が進められた。

逃亡計画は、総督のラバダン・パシャがフェズの戦いから帰還する前に決行する。参加人数は六名。逃亡経路については議論が百出した。目の前は地中海だからそこへ乗り出して逃げ切ればスペインは目と鼻の先である。しかしそれだけに陸地と比べて警備態勢がはるかに厳しい。警備船の追跡を振り切れるだけの帆と櫂を備えた、よほど船足の速い軽船を手に入れないかぎり難しい。だが、それだけの装備を調達するに足りるだけの資金がない。よしんば船を手に入れることができたとしても、決行の当日まで人目を避けてそれを係留しておくのは至難の業である。ひるがえって南方には高い山脈が緑の稜線を連ねているが、その向こうにはとうてい踏破しがたい広大なサハラ砂漠が横たわっている。これは誰もが承知だ。かといって道を北東へ辿れば、果てしないトルコ帝国の領土を出ないまま、海岸伝いにスペインからどんどん離れてゆくばかりだ。

結局は、陸地伝いにオランをめざすのが最適だろうと意見が一致した。オランからスペイン沿岸まではひと息の距離だ。しかも商業都市であるだけにアルジェよりはスペイン商船の出入りが自由だとも聞いている。問題はオランまでの三百五十キロメートルの道のりである。トルコの監視兵はもとより、住民の目につくのも避けねばならない。したがって三百五十キロの道のりを歩くのは夜間だけに限られる。食料は小麦粉に卵をたっぷりと割り込んで蜂蜜で固めたビスケットが五キログラム。革製の履き物を三足ずつ。海岸伝いに進めば間違いなくオランに着く。逃亡決行の日は闇夜の訪れる来週の今日と決まった。

それから三日後、フェルナンドがひとりの男を連れてきた。オランまでの道案内を務めてくれるというのだ。もちろん親切心からではない、すべて金と相談のうえである。だがこれまで逃亡に協力したトルコ人は、見せしめのため公衆の面前に引き据えられて棒で叩き殺されるのが決まりである。その危険を冒してまで道案内を買って出てくれるのは、たとえ金ずくとはいえ、やはりありがたい。暗闇に閉ざされた異郷の土地を、星明かりだけを頼りに逃げる心細さを思えば、道案内がいるとどれほど心強いことか。その安堵感に負けてセルバンテスは、かすかな疑心を抱きながらもトルコ人の案内を承諾した。

決行の当日は幸い天候の穏やかな闇夜だった。捕虜が寝静まり警備の目も緩む頃、六人は打ち合わせどおり浴場を無事抜け出すと苦もなく城壁をよじ登り、予定どおりに道案内人と落ち合うことができた。そのまま案内人を先に立てて一同は恐怖に膝をがくがく震わせながら南西方向へ足音を殺して黙々と進みはじめた。

昼間の紺碧の空へたっぷりと漆黒を混ぜたような、透明な暗闇が夜露を含んでしっとりと肌にまとわりついてくる。ひたひたと地面を打つ忍びやかな足の運びに混じって、緊張した息づかいまでが聞こえてくる静けさである。しばらくして振り返るとアルジェの町が稠密《ちゅうみつ》な大気の底に黒々とシルエットを横たえている。彼らの逃亡に気づく者はいない。

それからどれくらいの時間を歩いたろうか。漆黒の闇がいつの間にか薄く鼠色《ねずみいろ》に変わりはじめ、平野のまばらな立木が翳《かげ》を浮かび上がらせたと見る間に、その向こうの地の果てをさで東の空が横長に斬り裂いて朱が走った。夜明けである。次第に明るさを強めてくる暁闇《ぎょうあん》のもとで案内人がしきりに首をひねっている。一同が不安な面持ちで理由を問いただすと、どうやら道に迷ったらしいのでひとまず位置のわかるところまで戻り、そこから正しい道を行きましょうと弁解する。しかしセルバンテスたちは、疲労と飢えと明け方の冷え込みに失望感が追い打ちをかけてもはや一歩たりとも動きたくない。それじゃ私がひとりで戻ります。道がわかったところから引き返してきますから絶対にここを動かないでください、と固く念を押して案内人は、もと来た道をひとりで引き返していった。一同はその後ろ姿を半ば呆然と見送っていたが、やがて誰からともなく草むらに倒れ込むとそのまま深い眠りに落ちていった。

遠く夢うつつに人声を聞いて跳ね起きたとき、まず目に映ったのは指揮官らしき男を中心に武器を構えたトルコ兵の一団であった。すでに退路は断たれ、ぐるりを兵士が取り囲んでいる。何のことはない、案内人がわざと脇道へ外れ、迷ったふりをして逃亡者たちを置き去りにしたのだ。監視隊へ密告したのもあの男だろう。結局、金だけ取られたのだ。厳重に鎖に繋がれ、苦労して歩いた道をもとのアルジェへ戻るセルバンテスの悔しさとむなしさはいかばかりであったか。

逃亡に失敗したセルバンテスにダリ・マミはいっそう厳しく鎖をかけ、厳重な監視のもとに大事な金蔓を地下牢へ閉じ込めてしまった。この後しばらくして仲間のカスタネダが身請けされ、故郷へ戻れることになったのでセルバンテスは両親に手紙を託している。一五七六年春のことであった。

弟ロドリーゴの身請け

長男ミゲルと次男ロドリーゴがイタリアにいると思っていた両親は、カスタネダに託された手紙を読んで腰を抜かすほどに驚いた。息子たちはふたりともアルジェで捕虜となり、あまつさえミゲルの身代金は五百エスクードと法外な額である。父ロドリーゴがかすむ目を見開き、震える足を踏みしめて役所へ嘆願に出かけた。しかしこの種の申請はすでに何百と出されている。おいそれと受理されるはずもなかった。埒《らち》があかないと見た母親は、捕虜の身請け斡旋《あっせん》をする十字軍事務所へ駆け込み、未亡人と偽って嘆願を重ねた。老人とはいえ立派に夫がいる。これが発覚すれば処罰は免れないが、それほどの熱意が功を奏したのかひとりにつき三十エスクードの援助金支給を獲得した。合計六十エスクードに加えて家財道具を売り払い、借金を重ねて掻き集めたセルバンテス家の全財産を託されたメルセード会修道士が、身請け交渉のためバレンシアから出航したのは一五七七年三月三十日だった。

四月二十日にアルジェに到着したオリバールとオンガイのふたりの修道士は、それぞれ精力的に身請け交渉に入る。だがセルバンテスを重要人物と信じ込んでいるダリ・マミは、五百エスクードを主張して鐚《びた》一文たりとも譲る気配を見せなかった。暗礁に乗り上げた交渉をひとまずそのままにして修道士は、弟ロドリーゴの身代金をラバダン・パシャに打診すると、こちらの方は順調に進んだ。一介の兵士にすぎないから百エスクードほどで交渉が成立しそうである。そこで修道士は、持参の金額をすべてロドリーゴの身請けに融通して、今回はセルバンテスの身請けをあきらめることにした。ロドリーゴが自由の身となればセルバンテスの逃亡計画にとってこれほど強い信頼のできる味方はまたとあるまい。妥当な判断だったといえるだろう。

ところが修道士たちが懸命の交渉の最中にラバダン・パシャの任期が終わり、後任にまだ三十歳の若いハッサン・パシャが赴任した。ヴェネツィア出身の元キリスト教徒であるこの人物の残虐非道ぶりをセルバンテスは、「全人類の殺戮者」と呼び、『ドン・キホーテ』の前篇第四十章に詳しく述べている。恐怖と暴虐の統治を始めたハッサン・パシャは、その貪欲《どんよく》ぶりを発揮してアルジェの奴隷をすべて自分の手中に収めてしまう暴挙に出た。せっかく最終段階にまでこぎつけていた身請け交渉がこの時点で白紙に戻され、新たにハッサン・パシャとやりなおさなければならないのである。それでも、気まぐれで横暴な総督を相手に根気よく地道に交渉を重ねた結果、やっと八月中旬、修道士オンガイがキリスト教徒百六名を連れてスペインへ戻ることになり、オリバールはそのままアルジェに残った。もちろんロドリーゴもこのとき身請けされたのだが、のちに母親の語るところによれば身代金は、当初の三倍にあたる三百エスクードにまで跳ね上がっていた。そして片やセルバンテスの身柄は、ダリ・マミの手を離れてハッサン・パシャの持ち物となっていた。

第二回逃亡計画、金箔屋の裏切り

このような状況のもとで二回目の逃亡計画は少し複雑だった。スペインへ着いたロドリーゴが、兄セルバンテスの指示どおりに武装船を仕立て、九月末日にアルジェへ送る手筈が出来上がっていた。一方、アルジェから東へ約五キロメートルにあるハッサン・パシャの庭園には、以前に密かに掘ったままになっている洞窟があった。海からさほど遠くない場所に隠れ潜んで船の到着を待つにはうってつけの場所である。前にもキリスト教徒がここに半年ほど隠れ住んだことがあった。夏になって比較的自由を得ていたセルバンテスは、十四人ばかりの仲間を募ってそこへ潜ませることにした。仲間を先に隠しておいて、セルバンテス自身は何食わぬ顔で主人のもとに戻っていたのである。もとより命がけの行動である。洞窟の存在を知っているのは、実際にこれを掘ったひとりである庭師のキリスト教徒で、もう白髪の老人に近い。この男が人を近づけないように監視している。もうひとりは若い頃に捕虜となってイスラムに改宗し、機会があればもとのキリスト教徒に戻りたいと願っている人物で通称を「金箔屋《きんぱく》」。桜色のふくよかな耳たぶに金の輪をつけ、どの指にも太い金の指輪がずらりと並び、首からかけた長い金鎖が太鼓腹の上で揺れている。なるほど金箔屋だとセルバンテスも納得した。この男が洞窟にいるキリスト教徒に食料を届ける役を務めていた。もちろん報酬は取る。ソサ司祭はこう言っている。

キリスト教徒を洞窟へ送っておいてから私にすっかり話してくれた。……洞窟へ隠れる日にセルバンテスは別れを告げにやって来た。このような計画が発覚するとトルコ人どもが行う残酷な処刑の危険性はまことに高いものである。

このような危険きわまりない離れ業がどうして実現できたのかいまだに謎である。セルバンテス自身も語っていない。あらゆる偶然が奇跡のように重なったのだといわれる。セルバンテスの生涯で足跡のない空隙の部分である。逃亡する仲間を洞窟へ集めておいたセルバンテスは、乗船期日の一週間前に主人の家を抜け出して洞窟へ合流した。九月二十日だった。港は海賊に出かけるガレー船の支度や出入りで混雑している。この喧噪も救助船が近づくには都合がいい。まさに好機到来であった。

その当日、セルバンテスは夜陰に紛れてババソン門を抜け出ている。アルジェの野を一散

セルバンテスが隠れた洞窟の前の記念碑

に駆け抜けて無事ハッサン邸の庭へ忍び込み、十四人の逃亡者の潜む洞窟に姿を見せたときの一同の喜びはいかばかりであったか。逃亡仲間はアルジェの捕虜の中でも有数の人々だった。ほとんどが騎士であり、学者と司祭も混じっていた。すでに待ちくたびれ、計画の実現を危ぶみはじめていたところへ、半ば神とも仰ぐセルバンテスが到着したのだから、どれほどみんなを勇気づけたかは想像するに余りある。それから一週間、希望と不安がいやまさり、海岸を見張っている庭師からの吉報を待ち侘びる夜が続いた。

予定の二十八日の夜はむなしく過ぎていった。明けて二十九日。さらに悪いことに「金箔屋」が食料を届けてこない。何があったのか？　不吉な予感が一同を襲う。のちにセルバンテスは言っている。

船は指図どおり予定の日に到着していた。あの夜、隠れている連中に到着を知らせるだけの勇気が水夫たちにはなかった。それで脱走は実行されなかった。

水夫が臆病だったように取れるが、当時の公式記録『アルジェ報告』によれば事態は次のようだった。

船が舳先を陸地へ向けたところへモーロの船が通りかかり、暗闇ながらもこちらの船を見つけてキリスト教徒と見破って大声で仲間に知らせはじめた。キリスト教徒だ！　キリスト教徒だ！　船だ！　船だ！　これを聞いてすぐに反転して沖へ戻るしかなかった。

息詰まる一瞬である。海岸へ接近して二度までモーロの船に見咎《みとが》められたのをセルバンテスたちは知る由もなかった。船乗りたちに責めはない。それに反して「金箔屋」の裏切りは見過ごせない。この男は事態が発覚し、我が身に危険が及ぶと見るとさっそく総督のもとへ密告に走った。ハッサン・パシャの歓心を買いたい一心から仲間を売り、脱走計画の首謀者はセルバンテスだとぶちまけ、その報酬に蜂蜜ひと壺と金貨一枚の褒美に与っていた。そんなこととはつゆ知らぬまま悲劇の九月三十日が明けた。船が来る一縷《いちる》の希望を捨てずに洞窟に潜んでいる一同が一網打尽となるのに時間はかからなかった。

トルコとモーロの兵が洞窟を取り囲んで中へ押し入ったとき、事の発覚を悟ったセルバンテスは仲間に向かって、みんなを助けたい、責任はいっさい自分がかぶって罰を受けるつもりだ、と言った。

報告書はそう述べている。ハッサン総督は脱走を企てたキリスト教徒の処刑に容赦なく、手を貸したトルコ人も縛り首にするか、少なくとも耳や鼻を削ぐ残酷な人間だ。セルバンテスが、逃亡計画の全責任を負ってハッサンの前に引き出されれば、当然残虐な見せしめの刑を覚悟しなければならない。ハッサンとの会見をセルバンテスが述べている。

縛られてハッサン総督の前にひとり引き出され、死刑と拷問の威嚇をもって総督は、脱走計画の顚末を知りたがった。そこでこう言った、すべての計画を練ったのは私だ、誰かを罰するならば自分ひとりにしてもらいたい。私だけがすべてに責任がある。

セルバンテスは最後まで単独犯を主張してキリスト教徒の名前をひとりも挙げなかった。それによって逃走に参加した者たちの命はもとより、裏で密かに資金の援助をしてくれた人々、さまざまに便宜を図ってくれた多数の協力者の命を救ったのは間違いのない事実である。たとえばそのときアルジェに残っていたメルセード会士のオリバールも、実はこの計画に陰から手を貸していたのだから命が危なかった。ハッサン自身もこの修道士が一枚嚙んでいると睨んで、セルバンテスの口から聞き出そうとしたのだが無駄だった。

逃亡に失敗した大切な金蔓の捕虜たちは、浴場へ戻されて厳重に見張りがつけられた。厳重な尋問を耐え抜いたセルバンテスには、棒叩き二千回の刑が宣告された。二千回も容赦なく棒で打たれて生き抜けるものではない。実質上の死刑である。これでセルバンテスは歴史から消滅するかと思われたが、幸い処刑は実行されなかった。助命嘆願する有力な商人がいたのだといわれるが、真偽のほどは定かではない。そのままセルバンテスは懲らしめのために鎖と足枷をつけられて浴場へ放り込まれ、十月から翌一五七八年の二月までの五か月間、そこに閉じ込められていた。なおハッサンの庭師は片足で吊るされ、鬱血して死んだ。ナバラ生まれの立派なキリスト教徒だったという。

第三回逃亡計画、手紙の発覚

オランへの陸伝いの逃走は、通例の逃げ道であるが発覚すると悲惨である。失敗例は幾らもある。ハッサン・パシャの在任中では、一五七八年十二月十二日、オランへの脱走に失敗したキリスト教徒貴族ペドロ・ソレールを自ら棒を握って処刑している。翌年にも同じ罪でファン・ビスカイーノが処刑され、八〇年にはロレンソが棒叩きに遭って二日後に死亡している。セルバンテスの戯曲『アルジェの物語』には、ハッサンによる棒叩き刑の模様が述べられている。それによると地面に打ち込んだ杭に手足を縛りつけて背中に六百回、腹と脚に五百回と手加減なしに棒を振り下ろす。いたずらに苦しみを長引かせるばかりで死に至るのは間違いない。残酷な質のハッサン・パシャがこの処刑を好んで用いた様子が窺える。

セルバンテスが鎖に繋がれて浴場に閉じ込められている間にも、幾人もの捕虜が脱走を試みては失敗して処刑されていった。それにもかかわらず懲りないセルバンテスが、今回はモーロ人を買収することに成功し、これを使って密かにオランへ手紙を書き送っている。信頼のできる人物をスパイとしてアルジェへ送ってくれるように、オラン城塞の司令官マルティン・デ・コルドバに依頼しているのである。ところがオランの城門で不審を抱かれたこのモーロ人が捕らえられ、持参していた手紙もろともアルジェのハッサン・パシャのもとへ送り返されてきた。

手紙に記されたミゲル・デ・セルバンテスの署名を見たハッサンは、躊躇なく使いの男に串刺しの刑を宣告。モーロ人は何もしゃべらずに死んだ。そしてセルバンテスには、またしても棒叩き二千回の刑が命じられたが、幸い実行はされなかった。今度もセルバンテスの命乞いをする者があった。それが誰だったのかは定かでない。とりなす者が多数あったといわれている。おそらくはハッサンの身近にいて、その懐に食い込んでいた裕福な改宗モーロの商人あたりではないかと推測されている。つまり折あらばもとのキリスト教徒に戻ってスペインへ帰りたいと願っている大商人がいて、好機到来すればセルバンテスの影響力と勇気が大いに役に立つと踏んだのである。おそらく裏で大金が動いたであろう。

第四回逃亡計画、「驚くべきスペイン人」

セルバンテス自身の証言によると一五七九年の三月頃の話である。グラナダ出身のスペイン人がイスラムに改宗してアルジェに住んでいた。キリスト教徒だったときの名前をヒロン。立派に学問を修めた学士である。この者がアルジェでイスラム教徒となってモーロの間ではアブデラーマンと呼ばれていた。物質的には何不自由のない生活であったが、歳を経るに従ってイスラムへ改宗したのを悔いる気持ちが芽生えていた。望郷の念黙《もだ》しがたく、キリスト教徒に戻って祖国スペインへ帰り、そこで余生を全《まっと》うしたいと願うようになったのである。

ふとした機会でセルバンテスと知り合ったアブデラーマンが、やがてその真摯《しんし》な人柄に魅せられ、全幅《ぜんぷく》の信頼を寄せて己の心情を打ち明けるまでにさほどの時間を要しなかった。キリストの教義に戻りたがっていると知ったセルバンテスは、アブデラーマンに会うたびに相手の決意を讃え、イスラムの棄教を促して勇気づけるのだった。そればかりかセルバンテスは、当時アルジェにいたバレンシア商人オノフレの協力を得て金貨千三百枚を調達し、武装船を購入してくれるようにとアブデラーマンに渡した。相手はセルバンテスの指図どおりに漕手座を十二備えた船を調えてくれた。今回は船で一気に海を押し渡る計画である。トルコの監視網さえ突破してしまえば、あとは風まかせにスペインへ着くはずだ。逃亡希望者の数はいままでにない六十人もの多数に上った。

慎重にすべての準備が整い、万全の手筈を終えて隠れ場所に身を潜め、予定どおりの決行となっていたところに、またしても計画が洩れてハッサンの知るところとなった。やはり密告者である。一同が疑心暗鬼に駆られて殺気立ったが、意外と原因は外部にあった。犯人はドミニコ会士でセルバンテスより七つ歳上のフアン・ブランコ・デ・パス博士。ローマで異端審問所の審問官を務めたほどの人物だが、スペインへ戻る船が拿捕されてアルジェに移された。浴場に繋がれてみんなと生活するようになると、たちまちに腹黒い本性を露わにしてセルバンテスの高潔さと真っ向から対立した。仲間に囲まれて談笑するセルバンテスの姿を、柱の陰から眺めるドミニコ会士が、憎しみに目を細めて薄い唇を歪《ゆが》めるのを知る者はなかった。着古した修道服の胸元を手垢《てあか》で光らせているこの男が、ただご褒美の蜂蜜の壺が欲しいばっかりに、六十人の命を危機にさらす暴挙に出たとは考えられない。裏切りの原因は、ひとえにセルバンテスの人望を妬んで憎悪の炎を燃やし、不倶戴天の敵を浴場から抹殺したかったに違いない。

逃亡計画を知ったハッサン・パシャは、キリスト教徒をしばらく泳がせておいて一網打尽にする作戦に出た。洞窟に潜んだときと同じでセルバンテスは、すべての責任を一身に負うつもりでいる。今回こそは確実に処刑されるだろう。だがたとえ死罪になっても、計画の首謀者は自分であると名乗って出る覚悟はできている。ハッサン・パシャの大きく燃え立つような瞳がいっそう残忍さを帯びて「またおまえか」とつぶやく顔が目に浮かぶ。

身を潜めているセルバンテスの探索命令が発令され、かくまう者は死罪に処するとの触《ふれ》が出された。これは当初から予想されていた。このときセルバンテスは、カステリャーノと称する人物の住まいにかくまわれていたのだが、迷惑がかかると知って自らハッサンの前に出頭して出た。ハッサン総督は、セルバンテスの首に紐を巻きつけて後ろ手に縛り上げ、事件の真実と共犯者を突き止めようとさまざまな拷問をもって脅かした。しかしセルバンテスは頑として仲間の名前を洩らさなかった。自分が主犯だときっぱりと宣言し、同行する予定だった貴族や騎士、連れてゆくはずだった人たちは、誰ひとり当日までそのことを知らされていなかったと申し立てたのである。

ドミニコ会士ファンの密告とはまったく違う事実にすっかり腹を立てたハッサン総督は、またしても棒叩き二千回の刑を申しつけた。よほど棒叩き刑の好きな人物と見えるが、このときもとりなしに入ってセルバンテスの助命を願う者があった。密かにもとのキリスト教へ改宗を望んでいる大物海賊のひとりであったらしい。かろうじて棒叩きだけは思いとどまったものの、怒りの収めようがないハッサン総督は、セルバンテスに二重の鎖をかけ、手枷足枷でがんじがらめにして屋敷の地下牢へ放り込んでしまった。それから五か月の間、厳重な監視のもとに牢獄に放置されたままだった。

ハッサン総督にしてみれば、キリスト教徒の脱走の動きを封じるにはセルバンテスを殺してしまうのが手っ取り早いはず。実際に他の逃亡失敗者には、串刺しにしたり八つ裂きの刑を下したりして残虐の限りを尽くし、容赦なく血祭りに上げている。まるで全人類の殺戮者と恐れられるのを楽しむかのようである。しかるに再三にわたる逃亡計画に、不機嫌を露骨に顔に表しながらも、なぜかセルバンテスだけは処刑しなかった。セルバンテスに称讃の念を抱いていたとか、セルバンテスの崇高な魂が暴君の暗い精神にひとつの強力な魅力と映ったのだとか説明されたり、あるいはハッサン・パシャこそは、セルバンテスの偉大さを見抜いた人物であって、その行動に崇高な人間の姿を看破していたのだと説く者もいる。これらの解釈は、セルバンテス崇拝者のいかにも身びいきな、たわごとに近い推測にすぎない。

しかしその一方で、ハッサン・パシャ自身がセルバンテスを指して「驚くべきスペイン人」と評し、いまやアルジェに知らぬ者がないほどの知名人だったことも事実である。フェリペ二世宛ての推薦状の逆効果で依然としてセルバンテスを最重要人物と見なしていたのか。

それならば身代金に目が眩んだ、ただの欲張り男だということになる。はたしてハッサン・パシャの真意はどこにあったのか、これもまた歴史の謎である。

危機一髪の身請け成立

ハッサン・パシャは三十五歳の壮年盛り、上背のある痩軀に時折残忍な光を放つ大きな双眸を持ち、鋭く高い鼻と薄い唇の間に薄い髭をたくわえていた。髪の毛は黄色に近い栗色だった。残虐非道な刑罰を容赦なく執行してキリスト教徒捕虜からは、殺戮者として恐れられていたが、その統治の晩年に、ハッサン総督の暴政に不満を募らせたトルコの精鋭部隊イェニチェリが反旗を翻す事態が生じた。その結果、ハッサンは、総督の座を追われてヤファ・パシャが取って代わった。この後任者は一五八〇年八月二十九日にはすでにアルジェへ着任している。それより三か月さかのぼって五月の二十二日、三位一体会の修道士ファン・ヒルとアントニオ・デ・ラ・ベリャが、捕虜の身請け交渉の任を帯びてバレンシアから出航していた。アルジェに着くとさっそくハッサン・パシャとの交渉に入った。しかし、哀れな捕虜にとってまさに神の御使いと思える修道士たちが、百人を超す奴隷のひとりひとりについてその身代金の交渉に入るのだから時間のかかること甚《はなは》だしい。

セルバンテスの身請けについては、若く精力的な修道士ファン・ヒルがハッサン・パシャとの交渉にあたってくれた。総督は五百エスクードを鐚一文下げようとしない。あれは一介の兵士にすぎないのだと、修道士がどのように説き聞かせても相手は納得する様子がない。射通すような目で冷ややかに見つめ、頬にかすかに冷笑を浮かべるばかりで、ついには席を立ってしまうので取りつく島がない。三位一体会がセルバンテスの身請けに融通できるのは、半額の二百五十エスクードが限度である。

セルバンテスの身請け交渉が暗礁に乗り上げたまま三か月が過ぎた。八月三日、いまひとりの修道士アントニオは、ひとまず百八名の捕虜を身請けしてスペインへ戻っていった。アルジェに残ったファン・ヒル修道士は、ハッサン総督との粘り強い交渉に入った。しかしハッサン総督は、話がセルバンテスの身請けに移ると例によってかすかに微笑を洩らすと、話題をすいとよそへかわしてしまう。そうこうするうちにはや九月となり、ハッサンは、数年間のアルジェ統治で蓄えた財産をガレー船に積み込んでコンスタンチノープルへ帰国の支度に余念がない。

九月十九日の払暁、天気良好、出航の準備は整っていた。奴隷のセルバンテスも貴重な財産のひとつである。首に鎖を二本、手枷と足枷も厳重にかけられて甲板にうずくまっている。足枷がこすれ、生皮の剝がれた足首に血を滲ませていた。このままコンスタンチノープルへ移されてしまえば修道会の力は及ばない。そうなれば万事休すである。

しかしこの日、蒼穹を抜いてかっきりとそびえ立つ白亜の総督邸へ向かう修道士ファンの足どりは、普段より心持ち軽かった。やはり金額が折り合わなかった貴族ヘロニモ某の代金と、すでに死亡していた捕虜の代金を寄せ集めれば五百エスクードになる。これをセルバンテスに流用できるのだ。思ったとおり交渉は成立した。ただし五百エスクードは、スペイン金貨でなければならないとハッサンは言う。一難去ってまた一難。ファンの所持しているのはドブロン金貨だった。これをエスクード金貨に交換するとかなり目減りするのだ。同じドルでもアメリカドルと香港ドルではレートが違う。ハッサンは、土壇場に来てアメリカドルで払えと要求しているのである。船はもう帆を張りはじめている。急遽、町へ駆け戻った修道士は、顔なじみの商人を無理やり説き伏せて不足分を借り出すと港へ駆け戻った。船はまさに錨を上げるところだった。

一五八〇年九月十九日、三十一歳のセルバンテスは身請けされた。まさに危機一髪、奇跡ともいえる救出劇であった。はずされた鎖と枷が甲板に落ちて高らかに響いた。真新しい帆を誇らしげに膨らませ、ハッサンの船は静々と港を出てゆく。港に残ったセルバンテスは、船が芥子《けし》粒になるまでその場に佇んで自由の喜びを噛みしめていた。海から吹き寄せる風が冷たい。夏も終わりだった。

ちなみにセルバンテスは五百エスクードで身請けされたが、ハッサンの要求したスペイン金貨だと当時のアルジェで一エスクードは十五・五レアルに相当した。これはおよそ二十六万三千五百マラベディにあたる。現代の貨幣価値なら五百万円強だ。

それから五日後の二十四日には、バレンシアへ向かう船上の人となっていた。そして無事、マドリッドの両親のもとへ戻るのだが、老いた父親の耳はほとんど聞こえず、母親は見る影もなく老け込んでいた。先に帰国していた弟ロドリーゴは、軍人としてポルトガルに駐留したまま消息がない。それにもましてセルバンテスを失望させたのは、レパントの激戦をくぐり抜け、アルジェで五年間の捕虜生活の辛酸を生き抜いてきた英雄の存在など、マドリッド市民にとっては何ほどの価値も持たないという現実だった。レパントの英雄の自負心は、本人の期待に反して跡形もなく微塵に打ち砕かれ、旧知の人々との繫がりも途切れ、アルジェの捕虜時代よりも深い孤独の悲哀を味わうことになるのである。

サンチョ・パンサの鞍袋

十六世紀の旅の不便さはまた格別である。旅籠では雑魚寝《ざこね》が普通、それも寝床があればいい方で、自分のマントを敷いて床にごろ寝が多い。食料は持参する。決めの料金は素泊まりで一レアル銀貨一枚つまり三十四マラベディだった。卵三十四個分ほどであろう。それでも、慣れればけっこう快適な旅であったという。

旅から旅への遍歴の騎士ドン・キホーテは、たとえ酷暑に灼かれ藪蚊《やぶか》に喰われ、猛烈な飢えに襲われても、思い姫ドゥルシネアの面影さえ心に描いていればそれで癒される結構な人物だが、そうはゆかないのが従者サンチョ・パンサである。根っからの酒好きサンチョには、まずたっぷりと葡萄酒の入った革袋が欠かせない。さて、食べ物はどのようなものを持参していたのか？　灰毛のロバの尻に振り分けた鞍袋《くらぶくろ》をこっそりと覗かせてもらうと、玉ねぎがひとつ、チーズが少し、パンの欠けら、イナゴ豆が五十粒ばかり、ハシバミ（ヘイゼルナッツ）とクルミがやはり五十粒ほどと、期待するほどのものは入っていないようだ。

玉ねぎは生のまま囓《かじ》る。少し甘みのある品種だから辛くはない。チーズは、サンチョ自身が言うとおり巨人の頭でも叩き割れるぐらいに堅い。ところがドン・キホーテ主従の住むラ・マンチャ地方は、山羊《やぎ》の乳から作る良質のチーズを産する土地である。香りの高いマンチャ産チーズは現在でもひと切れ幾らの最高級品である。もしサンチョのチーズがマンチャ産であるなら、まかり間違っても巨人の頭は叩き割れない。また、ハシバミやクルミはともかくとしてイナゴ豆は、当時でもよほど窮乏しないかぎり人間の食べるものではなく、通常は家畜の飼料に利用されていたのである。ドン・キホーテ主従の貧しさが窺える。

ちなみに旅の途中で行き合わせた巡礼の食料袋を覗いてみると、パン、塩、クルミ、チーズ、ハムの骨、キャビア、オリーブの実。サンチョの鞍袋よりは多少ともましな品が入っている。スペインでも珍しいキャビアを持っているのは、ドイツ方面からやって来た巡礼だからである。妙なのはハムの骨であろう。スペイン名物の生ハムを食べ尽くした後の骨だが、通常はこれを煮出してスープをとる。実は、この巡礼が生ハムの骨を持ち歩いているについては深いわけがあるのだが。

第V章　スペイン無敵艦隊

イギリスとの確執

レパント海戦に勝利を得てトルコ艦隊の気勢を削いで以来、フェリペ二世の興味は、地中海から転じてもっぱらフランドル地方へと向かっていた。スペインからの独立をめざす新教徒国オランダの叛乱鎮圧が最大の関心事だった。地中海で見事に大任を果たして人気沸騰中のドン・ファン・デ・アウストゥリアを、フランドル総督の任へ回したのもそのためである。オランダの独立を背後から半ば公然と支援しているのはイギリスにほかならない。イギリスの援助があるかぎり叛乱の鎮圧は難しい。したがってまずイギリスを叩く必要がある。いまは亡きドン・ファンは、しきりとフェリペ二世にイギリス遠征を進言していた。しかしメアリ・チューダーと結婚して、イングランド王の称号を戴いたこともあるフェリペ二世には逡《しゅん》巡《じゅん》があった。できることなら平和裡に解決したい。それが戦争を好まないフェリペ二世の本音である。

過ぎる一五五八年の四月には、カトリックの国スコットランドのメアリ・スチュアートと結婚し、信仰の牙城を確固たるものに築こうと計画を進めていた。申し分のない考えに思えたが肝心のメアリが、スペインとは不倶戴天の敵フランスのフランソワ二世へ嫁いで、計画はあっけなく水泡に帰してしまった。それならばイングランドのエリザベスの手を取ろうと画策してみたが巧妙にあしらわれて埒があかなかった。もはやなす術もなくフェリペ二世が

エリザベス1世　ジョージ・ガワー作，ウォーバン・アベイ蔵

静観していると、やがて夫フランソワを亡くしたメアリがスコットランドへ戻って女王に復位したまではよかったが、カトリック教徒の弾圧を始めてフェリペ二世の眉をひそめさせた。ところがカトリック教徒のダーンリー卿と結婚するや今度は、新教徒の弾圧に転じて国民の怒りを呼び起こし、諸侯の叛乱軍に追われてエリザベスを頼ってイングランドへ亡命する事態となる。懐に飛び込んだカトリック教徒の窮鳥を新教徒のエリザベスがどのように遇するか、全ヨーロッパが固唾《かたず》を飲んで見守っている。その最前列にいるのがスペインのフェリペ二世だった。

義理の妹にあたるエリザベスとの戦争は避けたい。しかし報告を受けたフェリペ二世は、エスコリアル宮の執務室で慨嘆した。一五八七年二月八日、メアリ・スチュアートに斬首刑が執行されたのである。これでイングランドがカトリック教徒の国になる望みはまったくなくなった。新教徒エリザベスが君臨する以上は、オランダの叛乱が収まる可能性も遠のいた。ドン・ファン・デ・アウストゥリアが主張していたとおり、イギリスを武力で攻撃するしかないのだろうか。痛風による手足の痛みにじっと耐え、かすかに押し寄せる水腫《すいしゅ》の嫌な兆候を右足に覚えながら、フェリペ二世がひとり最後の決断を下したのはこのときであった。

しかしこのような逡巡があったとはいえ、一年ばかり以前から艦隊の計画と準備が密かに進められていたのも事実である。あのレパント海戦の老練な指揮官サンタ・クルス侯が中心となって、百五十艘に上る艦船と五万を超す兵隊を擁する一大艦隊の構想が練り上げられていた。ヨーロッパ全体がメアリ・スチュアート処刑の非難に傾いているいまこそ、艦隊の出動時期だと判断した六十歳のフェリペ二世が出撃命令を下した。老齢ながらも鷲のごとき鋭い容貌のサンタ・クルス侯爵を総司令官に戴き、スペインに併合されていたポルトガルの首都リスボンからの出航である。しかし準備不足に加えて悪天候が続き、どんなに早くとも翌年一五八八年一月を過ぎて春の到来を待たなければ出航できない状況にあった。

スペインがポルトガルを併合したについては正当な権利があった。父カルロスがポルトガル王家のイサベルに死なれて寡夫となってのち生涯独身を通したのに反し、息子のフェリペ二世は四度の結婚をする。すべて王妃に先立たれてのことで、その意味で不幸な王といえる。

最初の王妃は、ポルトガル王ジョアン三世の王女マリアだった。サラマンカで式を挙げたフェリペはまだ十六歳、もちろん身分はまだ王子だったが、摂政として父カルロスの留守を務めていた。マリアは王子ドン・カルロス・デ・アウストゥリアを残して二年後に病没してしまう。

それから三十六年を経たいま、ポルトガル王室に空白が生じた。セバスティアン一世が遠征先のアフリカで戦死をとげ、跡を継いだエンリケ二世も高齢のために世を去ってしまう。フェリペ二世の母親はポルトガル王家のイサベルだった。フェリペの体にはポルトガル王家の正統な血が脈々と流れている。亡くなった最初の妻もポルトガル王家のマリアである。であれば当然、ポルトガルの王位継承を要求できる。ポルトガル議会もフェリペを正統の国王と承認して一五八〇年、ポルトガルは正式にスペインに併合されたのである。

フェリペ二世の髭を焼いたドレイク

フェリペ二世が出航を急がせたについては理由があった。フェリペ二世の心中は穏やかでなかった。むしろスペイン全体が怒りに沸き立っていたというべきか。大艦隊集結の情報を得たエリザベスが様子を探らせに派遣したドレイクが、一五八七年四月十九日にカディス港を急襲する暴挙に出たのである。もともとこのドレイクは、南米大陸にまで足を伸ばしてはスペイン領を荒らし回ってスペイン人から悪魔の化身のごとくに恐れられ、憎まれてもいた人物である。その悪魔が帆船二十八艘を率いてカディス港へ現れ、手当たり次第に大砲をぶっ放しては、停泊中の船に甚大な損害を与え、上陸略奪の恐れにアンダルシアの住民を震え上がらせたのだった。

フランシス・ドレイク　国立肖像画美術館蔵

急報を受けたメディナ・シドニア公爵が、セビーリャから救援隊を率いて翌日にはカディスに到着し、三千五百の兵を指揮してかろうじてドレイクの上陸を阻《はば》むことができた。しかしリスボンへ回航する手筈になっていた遠征艦隊の食糧輸送船や艦船が、かなりの被害を受けるのを防ぐまではできなかった。カディス城塞から散発的に打ち出す大砲の弾は標的をはるかにはずれてむなしく水煙を上げるばかり。まともに大砲を扱える砲手がいないのである。陸から眺める軍勢は、手の施しようもなく騒ぐばかりだった。その切歯扼腕するさまを尻目にドレイクは、湾内にいた大小さまざまの船、合わせて十八艘を炎上せしめ、六艘を拿捕のうえ曳航《えいこう》し去った。煙を噴き上げて傾き、あるいは半ば水没した輸送船には、イギリス遠征艦隊用のビスケット、葡萄酒、豚肉、その他の物品が満載してあった。すべてが火に焼かれ水をかぶって消滅し被害は甚大であった。

このとき、艦隊の飲料水や食糧を貯蔵する大樽製造用に調えてあった何トンもの板材が燃え尽き、あるいは水をかぶってしまった。樽を作るには充分に乾燥した板材を使用するのが鉄則である。ところが樽職人は、被害に遭った板材の補充に生乾きの板を使わざるをえなくなった。生乾きの板で製造した樽に水と食糧を積み込んだスペイン艦隊が、リスボンを出たところで悪天候に翻弄され、船足が遅々として進まないうちに病人が続出しはじめた。嵐を避けてラ・コルーニャへ緊急投錨したときには、まるで病院船のありさまだった。原因は生乾きの樽に詰めた水と食糧の腐敗にあった。飲料水はすでに緑色に淀んで異臭を放ち、食糧は腐ってビスケットまでが湿り気を帯びて黴《かび》をふいていた。艦船の炎上と食糧の焼失は、一時的な被害として補いようもある。しかし樽材の炎上は、一か月先に思わぬ痛打をスペイン艦隊にもたらすことになったのである。ドレイクの予期せぬ戦果であった。

ともあれ、悠々とカディス港を後にしたドレイクは、なおも沿岸の城塞を次々と攻撃しては陥落させ、場合によっては上陸して略奪をほしいままにする不遜な行動を重ねながら、六月いっぱいまでポルトガル沿岸を遊弋《ゆうよく》してイギリスへ戻った。獲物を満載してロンドンに戻ったドレイクは歓呼をもって迎えられ、エリザベスの懐には四万ポンドが転がり込んだとい

フェリペ2世　プラド美術館蔵

う。エリザベスは、ドレイクの功績を讃えて騎士に叙任しておきながら、フェリペ二世からの厳重な抗議に対して、あれはドレイクの勝手な行動であり、まことに遺憾ながらイングランドは関知しない由の返書を認《したた》めてのらりくらりと埒があかない。

　このとき六十歳を迎えていたフェリペ二世の容貌は、面長の輪郭にやや広めの額と碧《みどり》に近い灰色の瞳、鼻筋は通り口元は締まっているが、父カルロスに似てやや受け口である。手足はほどよく釣り合ってその立ち居振る舞いはきびきびとして、老いたりとはいえまだまだ王者にふさわしい品格を備えていた。愉快なときには快活に笑い声を立て、相手の目を見て話のできぬ奴は信用ならんと自分でも言うだけあって、話すときは低めの声で相手の瞳をじっと見つめる。頭髪と短めの髭は濃い金髪、考え込むとこの顎髭の先端を指でまさぐる癖がある。いっさいの装飾を嫌って黒ずくめの衣をゆったりとまとっただけの格好で日常をすごすのが習慣のフェリペ二世は、いまもしきりと顎髭をまさぐりつつ考える。

エリザベスの見え透いた空とぼけの返書は予想していた。小癪《こしゃく》なドレイクは、スペイン国王の髭を焼いてやったと言っているそうだ。腹立たしいには違いないが髭の先端などしばらくすればまた生え揃う。カディス襲撃事件などどれほどのことがあろうか。来年一月の大艦隊出撃の予定に変更はない。

なお、無敵艦隊の呼称はスペイン大艦隊の存在とその偉容を知ったイギリス側が半ば皮肉混じりに恐怖と称讃の意味を込めて奉《たてまつ》った尊称である。スペインの文献では単に艦隊あるいは大艦隊、あるいは「いとも壮大なる艦隊」と形容詞がつく程度である。ただ無敵艦隊の方が通称となっているので、以降はそれを用いることにする。

小麦調達吏セルバンテス

ドレイクがスペイン国王の顎髭に焼け焦げをつくったにはそれなりの理由があった。ちょうど二十年以前、ホーキンズの船団が新大陸からの帰路、漏水《ろうすい》が激しくなってやむをえずメキシコのサン・フアン・デ・ウルアへ入港しなければならなかった。そこへ新任のメキシコ副王ドン・マルティン・エンリケスのスペイン船団が入港を求めてきた。トルデシーリャス条約（一四九四年）によって世界は、ポルトガルとスペインの二国の間に分割されていたが、勝手な取り決めとしか思えないエリザベス女王は、スペインの権益を侵すのを承知で新大陸方面への航海を許可していたのである。だがフェリペ二世は、イギリスがスペインの権益を荒らすのを黙認する気はなかった。そのような険悪な時期だったので、ホーキンズはまずスペイン船団に申し入れて騒動を起こさないとの約束をとりつけたうえで入港を認めた。ところが入港してきたスペイン船は、隙を見て突如イギリス船団に奇襲をかけてきたのである。約束違反の暴挙に混乱をきわめ、湾から無事に脱出できたのはわずかに二艘、ホーキンズとドレイクの船だけだった。

それまでドレイクは、スペインを紳士の国と信じて疑わなかった。しかしいまや恨み骨髄に徹したドレイクは、これ以降スペインを不倶戴天の怨敵と見なし、なんとかしてあの卑怯な副王にめぐりあって紳士として守るべき作法を教えてやりたいとの悲願を抱いていたのである。復讐の好機がめぐってこぬまま一五八七年に至り、スペインがイングランド侵攻に向けて大艦隊を準備しているとの情報が頻繁に入る。不安を募らせたエリザベスは、事実確認のためドレイクに遠征を許可した。女王の持ち船六艘をドレイクに提供し、もし機会があれば港に停泊中のスペイン艦隊を攻撃してもよろしいと認めたのである。

しかしひと月ほどのちになって、フェリペの艦隊準備はそれほど急なものでないとの情報が入った。和平を望むエリザベスは、急遽ドレイクへの許可を訂正しようと思った。スペイン船への攻撃は、海上にいる船に限ること、スペインの港へ無理に押し入ってはならない、町や停泊中の船舶に攻撃を加えてはならない、陸上へのいかなる敵対行為も行ってはならない。しかるにドレイクのカディス攻撃はことごとくこの禁を犯していた。なぜならエリザベスの命令書がプリマスへ届いたとき、ドレイクはすでに出航してはるか洋上にいたのである。したがって命令の変更を知る由もないドレイクが、カディス湾をはじめとするスペイン領土に対してとった戦闘は、すべからくエリザベスの当初の意図に従った作戦行動だったのだ。

ドレイク艦隊のカディス急襲にスペイン中が沸き立っていた頃、セルバンテスはトレドを発っていた。無敵艦隊の食糧調達吏の職に任ぜられてセビーリャへ赴任するのである。襲撃事件のあったカディスから目と鼻の先にあるセビーリャでは、遠くのカスティーリャとは違って、誰もが報復に燃え町中が怒りに沸き返っていた。興奮と喧噪のまっただなかのセビーリャへ到着したセルバンテスは、大聖堂の前の広い通りに面した宿に旅装を解いた。玄関脇に棕櫚の大木が一本、見上げると紺碧の空へ抜けるばかりにそびえている。中庭には熱帯植物が見慣れない葉を広げ、赤い花をこぼれんばかりにつけていた。

上官はディエゴ・デ・バルディビア、仕事の具体的内容は、無敵艦隊に補給する小麦、オリーブ油その他の必需品を近隣の村から調達することである。給料は一日十二レアル（四百八マラベディ）で、当時としては決して悪くない給金だった。しかし実際に職務遂行を命じられるのは九月に入ってからになる。理由は無敵艦隊の予算が食糧調達にまで回ってこなかったため、資金が不足して調達に動けなかっただけのことである。

いかに国王の命とはいえ、買い上げた小麦の代金は支払わなければならない。現金を手元に持たない役人は、支払いを約束する証書をその場で発行する。しかし支払いは滞りがちであり、全額支払ってもらえる保証もなかった。証書などたちまち反古となる恐れもある。だが不服を唱えるとなれば、相手は国王陛下の命令を受けた役人であるから、それだけの覚悟をせねばならず事は面倒である。事実、国王の命に服さない者、つまり調達に応じない者は投獄、差し押さえ、財産の没収、運搬用の荷車からラバに至るまでを押収する権限がセルバンテスにも与えられていた。庶民はもとより相手がたとえ教会であろうとも、小麦の供出を拒否すれば力ずくで押し入り、倉庫を破って差し押さえることができたのである。当地の領主、総督ならびにいかなる役人もこれを妨げてはならない。むしろ援助するように通告がなされていた。

こうして徴収した小麦を一か所に集め、粉屋へ渡す前にまず正確に計量をしなければならない。ほかにも小麦用袋、革紐などの雑品や倉庫で灯す明かり油、掃除をするのに必要な箒《ほうき》、帳簿用紙と筆記道具、鍵を開けるのに呼んだ錠前屋の費用、鍵、台秤、粉袋の調達。小麦に虫が発生すれば倉庫を移さなければならない。もちろん運搬用の荷車からラバに至るまでの管理、こうやってすべてに目を光らせて気の休まるときがない。集めた小麦をそのまま無敵艦隊へ収めるだけならまだしも、まず水車小屋へ運んで粉に挽き、それをビスケットに焼き上げて搬送するまでが仕事である。ビスケットといってもお菓子の類いではなく、二度焼きして水分を完全に飛ばした乾パンのような保存食である。それがすべて調達役人の双肩にかかっているのだからその苦労は想像するに余りある。

買い上げ資金が払底《ふってい》しているうえに支払いの保証がないのだから、農民が小麦を売りしぶるのは当然である。遅々として業績は上がらない。そんな苦労にはおかまいなしにフェリペ二世からは矢継ぎ早の催促が届く。資金不足を承知で気の重い腰を上げた上官のバルディビアは、セビーリャの穀物倉と称される町エシハとその周辺の村から、小麦と大麦の調達を始めることにした。豊作だったのでエシハにはたっぷりと収穫が備蓄されているとの情報が入っていたがこれは誤報である。実は、アンダルシア地方は冷夏に加えて水不足が災いして不作だった。しかもこの年の二月には、すでに去年の収穫から小麦を七千五百ファネーガ（四十一万六千二百五十リットル）、大麦、五百ファネーガがすでに調達され、周辺の村からも大量の小麦が徴収されていたのである。そのせいでエシハは疲弊してしまっていた。そしていま、上官バルディビアは、調達資金が入ったときには必ずや満足のいくようにするとの約束で、今年の収穫を徴収してくるようセルバンテスに命じたのである。

エシハの町とその周辺

一五八七年九月十八日頃、セルバンテスはセビーリャを出て二日後にエシハに着いている。アンダルシアのフライパンと異名をとるだけあって夏の暑さは耐えがたい。降り注ぐ日射しは額を焦がすほどに熱いが、空気が乾燥しているせいか汗ばむこともなく、むしろ気持ちよかった。丘陵を登りきると、周囲をなだらかな丘に取り囲まれたエシハの町が一望できる。白壁の家並みが陽光を照り返して静まり返っている。午後の三時。強い光を背にして鐘楼《しょうろう》が黒い影のように幾本も立っている。町の規模に比べて多すぎる数である。ふと興味を覚えたセルバンテスは、端からひとつずつ指を差して数えてみたが、棕櫚の木と区別のつかないのもあって十本を超えたところで目に痛みを感じてやめた。

馬腹をひとつ蹴ると緩やかな丘を下り、大河グァダルキビールの支流にあたるヘニル河の浅瀬を選んで馬をなだめつつ乗り入れる。町へ入ると家並みを縫う平坦な道が左右に伸びている。どの家も緑色の鎧戸を堅く閉ざしてよそ者の侵入を拒んでいる。物音ひとつしない町は、まるで意志あるもののごとくに全体で敵意を表していた。誰かに見られている感じがするのは、暗い部屋から窓の隙間に目を当て、固唾を飲んでセルバンテスの動きを窺っているに違いない。道を尋ねる人影をあきらめ、おおよその見当をつけるとそこから右手の道を選ぶ。蹄《ひづめ》の音を忍ばせていくぶん爪先上がりにしばらく行くと噴水へ出た。そこから左へ折れて少し下ると広場へ出て白塗りの市庁舎に突き当たった。新米の調達吏セルバンテスがやや緊張の面持ちで、まず定法どおりに当地の司法長官を訪れたのは、町の正確な情報を得て仕事の段取りを考えるためである。エシハの町役場は、前年の例もあってすでに警戒態勢に入っている。前年の収穫を調達され料金未納のままになっているのだから、住民がおいそれと首を縦に振る道理がない。だがそうなると強硬手段に訴えなければならない。

無敵艦隊の食糧供給地に選ばれるだけあって、エシハは生産物の豊富な町であるのは事実だ。アンダルシアで最も裕福なこの町を徴収免除にすれば、アンダルシア全体で調達に応じる村はなくなる。セルバンテスは、国王陛下の名において万難を排して遺漏なく任務を果たさなければならない。上官バルディビアからそのように叱咤激励され、そのためには多少の強硬手段もやむなしとの許可をもらっている。厳しく徴収に臨むしかなかった。一方、住民はますます態度を頑なにして強硬に反対の姿勢を示し、もはやひと粒の小麦たりとも供出することはできないと主張して、平行線を辿ったまま時間ばかりが過ぎてゆく。

その間にもバルディビアからは、職務怠慢の責めをもって矢継ぎ早の催促が来る。双方の板挟みとなって進退窮まったセルバンテスは、ついに強権を発動した。小麦を貯蔵しているとおぼしき邸へ踏み込むと倉を開かせて小麦を調達し、保証書の発行をもって代金に換えるという強硬手段に訴えたのである。拒む者には強制的に鍵を開かせ、抵抗する者は牢獄へ放り込む荒っぽいやり方も辞さなかった。穏和な性格のセルバンテスには、実に不愉快な事態だがやむをえない。イギリスの異端を撲滅し国家を救う壮大な計画のためだと自分に言い聞かせ、この荒業に目をつぶった。身分の上下を問わず、国家を挙げて命を投げ出す覚悟でドーバー海峡を押し渡る準備をしている。その艦隊の命ともいうべき小麦の供給を、地方の町が己の強欲さゆえに拒むことは許されない。レパントの英雄は、毅然たる態度で強硬かつ手抜かりなく職務を遂行してめざましい成果を上げてゆくのである。

エシハの町の記録には、「国王陛下の役人がやって来て、食い扶持《ぶち》と種蒔き用を残して小麦を全部調達していった」と記してある。十一月初頭までにセルバンテスは、総計で小麦を十一万リットル近く集めた。その名簿には、驚くべきことに一般住民のみならず教区司祭から司教、果てはセビーリャ大聖堂の主任司祭に至るまで、宗教界の大立者《おおだてもの》の名前が目白押しに並んでいる。教会の財産といえども容赦しなかったのである。

不吉な予想どおり大変な騒動が持ち上がった。一般の人々は王権の前になんとか我慢をしたが、天下に鼻息の荒いカトリック教会が、一介の調達吏に備蓄の小麦を差し押さえられて黙っているはずがない。神を恐れぬ悪魔の所業、空前絶後の蛮行であると、宗教界はいっせいにいきり立って囂々《ごうごう》たる非難の声を上げた。その勢いに乗ってセビーリャ大司教総代理は、セルバンテスに破門の宣告を下す事態となる。しかし、セルバンテスにしてみれば、聖俗を問わず小麦を所有している者からすべからく徴収すべし、との勅令を忠実に遂行したまでのことである。それに非を鳴らすのなら、突き詰めて行けば命令を下した本人、つまり国王陛下フェリペ二世を破門にしなければ収まらない理屈である。教会もまさかフェリペ二世を破門するほどの勇気はない。うやむやになったままセルバンテスの破門が正式に解かれたのは、翌年二月なってからのことである。

続いて十一月二十日にセビーリャから足を伸ばしてコルドバへ向かったセルバンテスは、人口二千程度のラ・ランブラ村へ姿を現し、小麦五百ファネーガの徴収を開始、拒む者を牢獄へ繋いでいる。記録によると村議会は、上官バルディビアに宛てた嘆願書に、二十日以内に五百ファネーガを用意するから、セルバンテスの没義道《もぎどう》をやめさせて投獄者を釈放してくれるよう、認めている。相当に強硬な手段に訴えたらしいセルバンテスが、住民の反感を買っている様子が窺える。

ついで人口千五百のカストロ・デル・リオ村へ行くようにとの指令をバルディビアから受けるが、この村は調達した小麦の転売容疑でセルバンテス自身がのちに投獄の憂き目に遭う場所である。この村でも司祭から容赦なく小麦を調達し、またそれを拒否した聖具室係の男を牢へ放り込んだ。もちろんエシハと同じでここでもコルドバの司教代理が厳しく抗議してきたが、すでにセビーリャ大司教総代理から破門された経験を持つセルバンテスには痛くも痒《かゆ》くもない。悠揚迫らぬ態度で職務を終えて村を去り、その足でエスペホ、コンセホ、カブラと周辺の村々をこまめにめぐって小麦を掻き集めている。

人口わずかに八百や五百の貧しい村々から、なけなしの小麦を安値で吐き出させ、しかも支払ってもらえる確証のない紙切れ一枚を置いてむしり取ってゆくのだから、住民の反感と抵抗は想像して余りある。牢獄へ入れようとして村人との間に険悪な事態となったことも一度や二度ではない。もちろん無敵艦隊の食糧調達は、セルバンテスひとりの仕事ではなく、幾人もの役人がアンダルシアの各地の村を徴収して回っていた。しかしいずれの役人も状況は同じで難儀な仕事であることに変わりはなかったのである。

セルバンテスはコルドバでの仕事を終えて一五八八年一月にセビーリャへ戻っている。無敵艦隊が出航するはずの時期である。上官バルディビアのもとで働いたのは、合計で百十二日間になる。日給で十二レアルだから千三百四十四レアル、つまり四万五千六百九十六マラベディの給料のはずだがなにしろ予算がない。少しでも資金があれば優先的に小麦の代金へ回されるのでどうしても給料は遅延となる。この時点でセルバンテスは、国王陛下フェリペ二世に大きな貸しを作ったことになる。

オリーブ油の調達、再びエシハへ

無敵艦隊の一月出航はあくまで予定であって決定ではなかった。つまり一月には出撃しなかったのである。必然的にセルバンテスの仕事も終わらなかった。これまでの働きぶりから上官の信頼を得ていたセルバンテスに、無敵艦隊のためのオリーブ油、四千アローバ（約五万リットル）をエシハから調達するよう命令が下った。またしても権威の杖をかざしてこの町へ赴《おもむ》き、オリーブ油を集めては支払われるあてのない証書を発行して回るのだ。気の重い任務である。しかもセビーリャへ運んでリスボンに集結している艦隊へ早急に転送しなければならない。小麦と奮闘してきたセルバンテスが、今度はオリーブ油と格闘することになる。

夏に来たときと同じ丘陵を下って浅瀬を渡る。馬が道を覚えているのか、手綱を緩めてやるとそのまま町へ入ってゆく。この前と違って家並みが冷え冷えと感じられるのは、冬場のせいだけではあるまい。今度も、緑色の鎧戸を閉ざした町全体が敵意も露わにざらついた感覚を伝えてくる。一月二十四日、時折小雨のぱらつく曇り空のもとをエシハへ入った。住民には死神の再訪と見えたかもしれない。たまたまセビーリャに近いものだから、役人は手近で裕福なエシハばかりを親の仇のようにして調達に来る。小麦もオリーブ油もすでに蓄えをすっかり吐き出して倉庫はからっぽである。住民にしてみればもういい加減にしてくれという気持ちであろう。これでは働く気も起こらない。

オリーブ油を四千アローバ調達するのはさすがにできない相談だった。かといって手荒な手段は使いたくない。セルバンテスは半分の二千で了承するしかなかった。買い上げ証明書を発行し、運搬業者を雇ってセビーリャへ運ぶ。これ以上の成果を上げることができないままセルバンテスはセビーリャへ戻った。

二月二十三日頃、宿でくつろいでいたセルバンテスは、リスボンから戻ったばかりの男が、無敵艦隊総司令官サンタ・クルス侯アルバロ・デ・バサンが九日に死亡したと、まるで事のついでのように言い捨てるのを聞き逃さなかった。セルバンテスは衝撃を受けた。「マルケサ号」がシロッコの艦隊と死闘を繰り広げていたとき、ぴたりと味方の背後につけて冷静かつ的確に援軍の手配りをし、キリスト教艦隊の危機を幾度となく救ってきた海の勇者である。この人物に任せておけば無敵艦隊は安心だ。フェリペ二世はもとより、スペイン国民のすべてがそう思っていた。しかし六十三歳の高齢であれば是非もない。陛下は誰に無敵艦隊を任せるのだろうか？　誰もが抱く疑問であった。

無敵艦隊の先行きに一抹の不吉な影を感じながらセルバンテスは、オリーブ油調達を達成するべく再度エシハへ向かわなければならなかった。ない袖《そで》は振れぬ住民を相手に以前のような成果の上がるはずもない。むしろ手詰まり状態に陥ったまま、すでに調達して貯蔵してある小麦の管理にばかり労力が割《さ》かれる。管理を疎《おろそ》かにするとネズミが齧ったり虫がわいたり、油断をすると黴も生えるから並大抵の労力ではない。ひどいのになると小麦を盗もうとする不心得者まで現れる始末で、これは厳罰に処せられた。

一方、住民の望みは、買い上げた小麦の料金を早く支払ってもらうことに尽きる。去年の分すらいまだに未納である。いつ払ってもらえるのかと住民から終始せっつかれ詰め寄られるセルバンテスは、一刻も早く支払金の都合をつけてもらいたいと窮状を訴える嘆願書を提出する。しかし国庫には資金がない。資金がなければ穀物倉に入ったままの小麦を運び出すこともできない。それでも無敵艦隊の食糧は確保しなければならない。三つ巴《みつどもえ》の戦いである。

そんな苦労に耐えられるのも十二レアルの日給があればこそだが、やっと給金が支給されたもののなんとわずかに五百レアルだけだった。しかも六十三レアルを住居費に差し引かれ、手元に残ったのは四百三十七レアル、百十二日のうち三十六日と半日分の給料にすぎなかった。残り七十五日と半日分にあたる残高九百六レアル、三万八百四マラベディは依然としてフェリペ二世に貸したままである。

無敵艦隊の出撃

無敵艦隊は、メディナ・シドニア公を新しく総司令官に選んで五月三十日にリスボンを出航していった。これでひとまず調達業務は終わる理屈だが、艦隊が消滅するわけではないので依然として食糧の供給は必要だし、残務整理もしなければならない。セルバンテスも仕事から解放されなかった。七月六日には小麦製粉のため、すでに通い慣れたエシハへ出向かなければならなかった。町議会は現金払いによる小麦との引き替えを強硬に要求する。もはやセルバンテスの一存ではどうにもならず、議会はフェリペ二世のもとへ請願書を上げて今年の不作を訴え、昨年は二度にわたって一万三千ファネーガを供出したけれど、支払いは遅延したままで農民は窮乏している、それに加えて調達官（セルバンテス）は無法にも残ったパンさえも差し押さえようとしている、なにとぞ今年の調達は免除してもらいたい、せめて早急に代金を支払ってもらいたい、そしてエシハばかりを目の仇にせず、もっと豊かなマンチャやハエンで調達を命じてもらいたい、などと縷々嘆願したのである。町議会の言うように、村人がパンを焼く小麦までむしり取っていったのだとすれば、セルバンテスの悪評は相当のものであったに違いない。

嘆願書に効き目があったとは思えないが、やがて国庫から若干の資金が支給されて小麦代金の一部が次々と支払われてゆく。しかし、まさに焼け石に水であったうえに小麦を製粉してビスケットに焼かなければならないので、資金不足はむしろ募るばかりだった。記録によればこれ以後もセルバンテスは、小麦とオリーブ油調達の職務遂行に明け暮れ、無敵艦隊がイギリス遠征から戻ってからも支払い残務の処理に追われていた。たとえば、九月にはカストロ・デル・リオの村へ小麦三百五十ファネーガの代金を支払っている。翌年十月には、コルドバで調達した小麦百五十ファネーガの代金を支払った記録がある。いずれにしても村人から恨まれ憎まれ、ときによっては蛇蝎《だかつ》のごとくに嫌われて苦労ばかりの多い難儀な仕事であった。

妻も子もある四十三歳のセルバンテスが、これで失業することになる。スペインにいてもこのように人の嫌がる苦労の多い仕事にしかありつけない。どうせのことならアメリカ大陸へ渡ってひと旗揚げる機会もがなと考えたセルバンテスは、その旨を記した嘆願書をマドリッドへ提出している。書類の文面は友人か誰かが綴ったものであるらしいが、例によってレパント海戦での負傷からアルジェでの捕虜生活に言及している。

ここに謹んで陛下に願い上げますのは……空席となっております大陸での役職をひとつお与えいただきたいのでございます。グラナダ新王国の財務官またはカルタヘナのガレー船隊の経理官、あるいはパス市の監察官、これらのいずれの職責なりとも立派に果たしうる能力を備えた人物であります。

返書は簡潔にして明瞭。「そちらにて適当な職を見つけられたし。一五九〇年六月六日、マドリッド」。まさに取りつく島がないとはこのことである。そしてこれから四年ののち、セルバンテスは滞納税の徴収官吏として再びセビーリャに赴任してくることになる。おもにユダヤ人が担当していた嫌われ役である。またしても王権を盾に金庫の重い扉を力ずくで開けさせなければならない気のふさぐ仕事であった。

総司令官メディナ・シドニア公

無敵艦隊の構想は、もともとサンタ・クルス侯爵アルバロ・デ・バサンからフェリペ二世に進言されたものだった。国王は海戦に素人であったが、歴戦の古強者の意見に耳を貸すだけの度量はあった。長の歳月、潮風に吹かれ陽に灼かれてきた侯爵が、渋皮色の精悍な顔に猛禽《もうきん》のごとく鋭い目を光らせて艦隊の構想を説いた。イギリスを撃破するには、兵員五万五千を運ばなければならないと侯爵は主張するが、なにぶんにも規模と装備が大きすぎた。あまりにも莫大な費用を要する。フェリペ二世が躊躇するうちに諸々の情勢が変わり、兵員を一万九千にまで削減して一月に出撃と決まった。総督はいうまでもなくサンタ・クルス侯をおいてほかにない。しかし、痛風と水腫を悪化させたフェリペ二世が、エスコリアル宮へ引き籠もってしまったので、病状回復を待って出撃はしばらく延期となっていた。その矢先の二月九日、頼みの太綱であったサンタ・クルス侯の玉の緒が、六十三歳でぷっつりと切れてしまったのである。

突然の訃報《ふほう》に接したフェリペ二世は、我が身の病気を忘れてしばし呆然と途方に暮れていた。これだけの大艦隊の指揮を任せるに足りるだけの人物が、そう簡単には見当たるものではない。逡巡を重ね苦慮と呻吟のあげく、二月十四日、第七代メディナ・シドニア公爵ドン・アロンソ・ペレス・デ・グスマンを後任の総督に指名するしかなかった。ドレイクがカディス湾に攻撃を仕掛けたとき、セビーリャから軍隊を率いて駆けつけたあの公爵である。

シドニア公には海戦の経験がない。だが考えようによれば、無敵艦隊はあくまでも戦闘要員をイギリス本土へ上陸させるための搬送手段である。本番の戦いは陸上となるのだから、大規模な歩兵部隊を統率する指揮官こそが必要である。強大なスペイン艦隊に海上で戦いを挑んでくるだけの勇気は、脆弱《ぜいじゃく》なイギリス艦隊にあるはずがない。大艦隊をイギリスまで動かすのは船に習熟した指揮官たちに任せておけばよい。であれば陸戦の体験しか持たないシドニア公が総督であっても何ら不都合はない理屈である。イギリス本土へ上陸してからの戦闘を考えれば、むしろ海戦の勇者であるサンタ・クルス侯よりも適任かもしれない。

メディナ・シドニア公爵

フェリペ二世がメディナ・シドニア公を無敵艦隊の総督に任じたについては、世間も驚いたが誰よりも驚いたのはシドニア公爵本人だった。よくいえば好人物、悪くいえば小心者のこの人物は、とても全軍の指揮を掌握できる器ではなかった。辞令を伝える二月十一日付けの国王の書簡に腰を抜かさんばかりに驚いた公爵は、熟慮のあげく辞退の理由を連綿と返書に綴りはじめた。冷え込みのきつい真夜中、先日来の心労に一段と落ち窪んだ金壺眼《かなつぼまなこ》をしばたたいて宙を見つめる。思案の果てに、すでに抜け上がった額をロウソクの灯に焦がさんばかりうつむけて文面を練る。こればかりは書記に任せておけない。足下から這い登ってくる真冬の底冷えにかじかむ指を時折かたわらの火鉢にかざし、白い息を吹きかけつつ書き終えたとき、外はもうロウソクのいらない明るさだった。

海に出たわずかばかりの経験から申しまして私は船酔いをいたします。そのうえリウマチに節々が痛みますので、艦隊勤務には不向きであります。……さらに申しますなら、かくも壮大な構想と重大な計画でありますれば、大洋と海戦について何らの経験も有さぬ者が、これに携《たずさ》わるべきではないと存じ、これを拝命いたしますのは我が意に反し義務に背くものと心得ます。……さらに加えて申しますなら、艦隊の情報、運ばれる兵員ならびにその作戦意図、イギリス本土やその港湾に関する知識もなく、長年にわたってこれに携わって参られた（サンタ・クルス）侯爵が所有しておられた情報網を持たぬまま、突然の命によって新規に艦隊の任務に就きますことは、これがよしんば海上の経験が豊富にございましょうとも、まさに闇夜を手探りで進むようなものであります。したがいまして、陛下、ここに申し述べました理由は、ことごとく陛下へのご奉公に適さない由を述べておりますが、そのゆえにこそ艦隊勤務は拝命いたしかねます。人の意見に左右され、正誤の識別もつかず、忠臣を見ず悪意の徒を知らず、暗闇を手探りで進むのですから、必ずや好ましい結果は生じないでありましょう。

この手紙を指して臆病と誹《そし》るか慎重と評するか、意見の分かれるところであろう。いずれにしても艦隊の総司令官職を、船酔いを理由に辞退するのはいかにも情けない。急な任命で、敵国イギリスや無敵艦隊の陣容と作戦、ならびにその指揮官たちに関して充分な知識を持っていなかったのは事実であり、それを不安材料に辞退を申し出るのは理解できる。だがそれを指して慎重な人物だと評すべきかどうかは疑問である。

書き終えた書簡に封蠟を落としてロウソクを吹き消したとき、公爵の端正な顔には半ばあきらめの色が浮かんでいた。予想どおり辞退は受理されなかった。そして気の進まぬまま無敵艦隊を指揮した結果、シドニア公の歴史的評価には、必ずといっていいほどありがたくない装飾語がつくことになってしまった。曰く臆病者、未経験、優柔不断、そしてきわめつけは「無能なる総督メディナ・シドニア公」。公爵家の末裔《まつえい》にはいたたまれない評価である。
フェリペ二世は、朝一番の便でエスコリアル宮へ届いた返書を執務室で開いた。封を切るとき右手の親指にかすかな痛みを感じて思わず眉を曇らせた。またしても痛風の兆候である。そのまま一気に読み下すと、顔を上げて冬枯れの景色に目を移した。口元に薄く笑いが浮かんでいる。船酔いの理由が笑止と思えたのだろう。

……それはひとえに貴殿の深い謙遜のゆえと心得る。しかし余は貴殿の能力と技量を鑑《かんが》みるに、それを申し分なしと見ている。海上へ出ると体調を崩すと申されるが、神に仕える任務ゆえ主のご加護があるだろう。また体調を崩すことがあるとしてもそれは誰しも起こることだ。貴殿が返書を記されたすぐ後に十四日付けの書簡が届いていると思うが、そこに余が貴殿のために選んでおいた治療法を読まれるであろう。……神の御手の導きによる作戦であり、神が貴殿を助け給うと信じるがよい。主《あるじ》を亡くして貴殿の到着を待ち侘びているリスボンの大艦隊へ速やかに合流なし、ガレオン船の準備をアントニオ・デ・ゲバラとディゴ・フローレスに一任し、大陸から金銀を運んでくる船舶の件を同じくアントニオ・デ・ゲバラに内密に伝えるべく、できうるかぎり迅速に、一刻も早く陸路をリスボンへ向かってもらいたい。ぜひともこれをお願いしたい。今回の作戦の詳細ならびにいかに行動すべきか、また我が従兄パルマ公との連絡方法や注意すべき事項については、余からの指示が、そしてまたリスボンでなすべき諸々については、軍事諮問会からあちらに届いているはずだ。迅速にかつ慎重に遂行されるように。一五八八年二月二十日、マドリッド。

船酔いなどという司令官らしからぬ言い訳が通るはずもないが、船酔いの治療法を別便で細々と書き送るところが気が利くというか、筆まめというか、この国王のおもしろいところである。自分の後任にメディナ・シドニア公が指名されたと知らされたサンタ・クルス侯が、苦しい息の下から「先が思いやられる!」とひとこと嗟嘆《さたん》の声を洩らし、失望と悲しみのうちに息を引き取ったと噂された。日時の順序が整合しないので実話のはずがないが、噂話としてはおもしろい。

志願兵ローペ・デ・ベガ

スペイン古典文学界には怪物が二匹いる。「自然の怪物」ローペ・デ・ベガと「知性の怪物」カルデロン・デ・ラ・バルカである。そしてローペに自然の怪物の異名を奉ったのはセルバンテスにほかならない。ローペが十七世紀スペイン演劇界の寵児となって翼をいっぱいに広げ、飛ぶ鳥落とす勢いにまで登り詰める頃、セルバンテスは売れない芝居を書いては座主から突き返される日々だった。文学理論を異にするこのふたりは、決して仲のよい間柄ではなかったらしい。一五八八年の時点では、まだふたりともお互いの名前も知らず、ローペ・デ・ベガは、若き詩人として一部に知名度はあったものの、まだ恋の駆け引きにうつつを抜かす二十六歳の青年だった。

血気盛んな若者であったローペが、なぜ無敵艦隊に志願したのかについての詳細はわからない。ただ当時のスペインにはある風聞が流れていた。フランドル地方（オランダ、ベルギー、フランス北部を含む低地諸国で、一七一四年までスペイン領）は叛逆者どもの砦であり、イギリスはそれを援助する異端者どもの巣窟である、しかも新大陸から戻るスペインの船を襲っては、財宝を奪い取る海賊の避難港となっている、このイギリスを成敗して忌《い》まわしき異端者を一掃し、フランドルに平和を確立しなければならない。フェリペ二世はそう考えておられるというのである。一説によるとこの憎き異端撲滅の熱意に駆られ、ローペも当時の熱狂的若者の例に洩れず志願兵に応募した。しかしローペ・デ・ベガはこのとき新婚だった。五月十日に式を挙げた人間が、同じ月の二十九日にはリスボンを出航する艦隊に兵員応募するとはどういうことなのか？　リスボンの岸壁に新妻をひとり残し、生きて戻れる保証のない艦隊に乗り込んだのは、英雄意識に駆られて勇気を認められたかったのか。謎に包まれた行動である。

もっともこの頃のローペの身辺は、決して穏やかとはいいがたい。早い話が牢獄にいたのである。マドリッドのラバピエス街入り口に有名な役者ヘロニモ・ベラスケスとその家族が住んでいた。その娘エレーナは役者クリストバル・カルデロンと結婚している。ローペ・デ・ベガがこのエレーナに首ったけとなった。横恋慕である。まさか初恋でもあるまいが、エレーナに寄せる恋慕の情は激しかった。その恋情を詩に詠み、夜を日に継いで褒めたて讃えあげるのだった。しかしながら相手は人の妻である。ここまで公然とやれば留守がちな夫の耳にも入る結果となる。そして紆余曲折《うよきょくせつ》を経たあげくにお定まりの破局を迎えるのだが、ローペはふたりの間のあることないことを得意の詩に綴り、ベラスケスの家族を誹謗《ひぼう》中傷する文書を世間にぶちまけてしまう。訴えられてローペは逮捕された。法廷は「王国から二年間追放のうえさらに八年を追加、首都から八日、カスティーリャ王国からは十五日以内に立ち退くこと。王国追放に違

ローペ・デ・ベガ

反する場合は死罪、その他の違反についてはガレー船送りとする」と厳しい判決を下した。

マドリッドを追放されたロペが、今度はドニャ・イサベル・デ・ウルビーナの略奪事件を起こす。この女は、マドリッド財務官とフェリペ二世の典礼職を務めたドン・ディエゴ・デ・ウルビーナの妹だから名門である。どうやら先述のエレーナと決裂する少し以前からすでに関係があったらしい。しかし立派な家系の一族がこの結婚に同意はおろか、関係そのものを認めるはずがないと踏んだロペは、女を説き伏せて駆け落ちを決行する。ロペにしてみればあくまで同意のうえでの駆け落ちだが、相手側は略奪だと主張して譲らない。この件に関する訴訟記録は消失してしまっているが、別の記録よると相手は訴訟を起こそうとしたが、結局取り下げて両者は結婚の運びとなったようである。それほどまでにして、大騒動の末に結婚したイサベルを、いともあっさりと岸壁に残し、アンダルシア艦隊に属するバルデス部隊の一兵卒として火縄銃を担いで艦船に乗り込んでしまった。

船の名前はサン・フアン、千五十トン、大砲五十門、乗員五百のガレオン船（十六世紀に外国貿易に使用された帆船）である。百戦錬磨の勇士レカルデが総指揮をとる後衛に布陣して、かなりの戦闘に巻き込まれることになる。七月三十一日にイギリス艦隊のガレオン船七艘を敵に回して奮闘、相当の損傷を受けて帆は破れ、索具も吹き飛んで操船もままならなかった。八月三日には殿《しんがり》軍の位置につけ、またしても敵軍の攻撃を受けて熾烈な戦闘を行っている。

翌四日、イギリス提督の船を包囲したもののいまひと息のところで逃げられてしまった。それからのちは、イギリス艦隊の追尾を受けながら北へ進路をとって北海へ抜け、シェトランド島を西へ迂回してアイルランドをかすめてスペインまでの逃避行となる。装具、索具を失って帆はぼろぼろ、漏水も激しく、食糧を欠いて乗員は餓死寸前、病人続出の幽霊船のようになってラ・コルーニャへ到着するまでの詳細は不明である。

セルバンテスがレパントで九死に一生を得たおかげで不朽の名作『ドン・キホーテ』が世に生まれたのが神のなせる業なら、兵士の半分が死亡したこの遠征で、のちの演劇界の重鎮となるロ－ペ・デ・ベガを死なせずに無事帰還させたのも神の計らいであろうか。のちにこのふたりがスペインの文学界で軋轢を起こすことになるが、そんなことは神のみぞ知る、若きロ－ペ・デ・ベガは、ドーヴァー海峡の荒波に身を任せながら、後年の仇敵セルバンテスがエシハで蛇蝎のごとくに憎まれ疎まれながら集めた小麦で焼きあげたビスケットを囓っていたのである。

嵐との遭遇

無敵艦隊がリスボンを発ったのは、一五八八年五月三十日だった。ロ－ペ・デ・ベガが、志願兵の登録をすませた直後である。形も違えば装備も異なる百三十もの帆船が、舷側を接して蝟集《いしゅう》する眺めは、金城鉄壁の守りを見せていかにも頼もしく壮観であった。水夫たちが忙しく立ち働く怒声と喧噪のなか、真紅の色鮮やかな幟を掲げた帆柱に真新しい帆が広げられる。やがて前衛の船団が風をいっぱいに孕み、外洋をめざして次々と離れてゆく。大型帆船の船首楼を飾る金具が時折きらりと陽光を跳ね返す。詩人ローペはこのときの壮大な光景の感動を「波は艦隊の重みを支えかねて悲鳴を上げ、風は船を運ぶのに息を切らせる」と詩に詠んでいる。いまは悠々と自由気ままに進んでいるかに見える船団も、ひとたび戦闘となれば粛然と三日月形に展開してイギリス艦隊の前にその偉容を誇るはずである。

サンタ・クルス侯の提案した当初の規模から大幅に縮小され、出撃時点では総計百三十一艘、乗員二万四千、兵員は一万七千だった。ちなみにイギリス艦隊の数は百九十七艘だった。メディナ・シドニア総督の座乗する旗艦は、ガレオン船サン・マルティン。主力部隊の指揮官バルデスの船は、サン・フアン、これにローペ・デ・ベガが乗っている。無敵艦隊の主力を占めるガレオン船は、三本マストを持つ大型の帆船でガレー船と違って櫂は使わず風まかせの航行となる。砲撃戦が主流なのでどの船も船首、船尾、ならびに舷側に大砲を所狭しと並べている。その数はもちろん船の規模によって異なるが、サン・フアンだと五十門を装備していた。

フェリペ二世の遠征計画は、壮大ではあるがわかりやすい。艦隊はまずイギリス海岸を襲って歩兵部隊を上陸させる。そこから一気呵成にロンドンにまで攻め上るのである。スペイン軍が上陸すれば、母親メアリ・スチュアートを処刑されたスコットランド王ジェームズ六世が決起して、仇を討つべくエリザベス討伐に加わるだろう。それがフェリペ二世の計算だった。その際、艦隊が運ぶ兵員だけでは不充分なので、フランドルに駐屯しているパルマ公の部隊とカレー沖で合流し、それをイギリス本土へ渡さなければならない。したがってフェリペ二世からシドニア公に宛てた指示書には、無益な戦闘で砲弾や勢力を消耗するのをくれぐれも避けるように、そしてパルマ公と合流してイギリス本土へ上陸する作戦を最優先に考えるようにと、くどいほどに繰り返されている。

この指令を忠実に守ることを第一義と考えたシドニア公は、振り返ってみればあのとき、イギリス艦隊を攻撃しておけば殲滅することができたと思える状況でも、あえてその行動をとらず、ただひたすら合流地点のカレーをめざすことに専念した。海戦の勇者である他の指揮官から見れば、せっかくの千載一遇の好機をなぜみすみす見逃すのか理解できない。切歯扼腕のあまりに怒りを募らせた指揮官が、即刻、攻撃命令を下すようシドニア公に詰め寄る場面もあった。しかし公はそれを無用の戦闘と判断して進言を退け、不満顔の指揮官たちにフェリペ二世の指令を繰り返すばかりだった。このあたりの行き違いからもシドニア公が臆病者、優柔不断、果ては無能の提督と陰口を叩かれ、半ば公然と罵られる原因が生じたのではないかと想像される。しかしフェリペ二世がエスコリアル宮の執務室から送ってくる机上の指示を金科玉条と遵守し、それを口実に、刻々と変化する戦場の状況に柔軟かつ臨機応変に対処できなかった責めは免れないだろう。

リスボンを出た無敵艦隊は、さっそく悪天候に巻き込まれる。もともと六月頃は天候が不順で、この時期に北へ向かう帆船は、海路の日和《ひより》を待って航行を控えるのが普通だった。艦隊も案に違《たが》わず逆風に見舞われ、ポルトガル沖をジグザグに進路を切って北上しなければならなかった。水夫の苦労のわりには距離が伸びず、時間ばかりが過ぎてゆく。それに応じて食糧の鮮度が落ちる。ドレイクの襲撃で樽材が焼失したため、樽職人組合は生乾きの樽を納入せざるをえなかったのは先に触れた。そのため飲料水の傷みが早く、すでに緑色に淀んで異臭を放っている。固焼きのビスケットですら水分を含んで黴を生じはじめていた。それでも飢えと渇きには勝てず、傷んだビスケットを囓り腐った水を飲み下す。当然のこと病人が続出する結果となる。まるで病院船の様相を呈しているところへ弱り目に祟《たた》り目、猛烈な嵐が無敵艦隊を襲った。

高波に天まで持ち上げられた船体は、急転して奈落の底へ引きずり込まれ、怒濤が帆柱を越える。木の葉のように翻弄される船の頼りなさに仰天したシドニア公は、連日の船酔いも消し飛び、恥も外聞もなく船室の机に必死にしがみついていた。そして、やや嵐が収まったのを幸い、近くのラ・コルーニャ港へ一目散に逃げ込んでしまった。しかし自分が避難することばかりを優先して連絡が徹底しなかったものだから、シドニア公の旗艦について入港できたのは四十艘だけという惨憺たるありさまだった。指揮官の機転で最寄りの港に避難できた船は幸いとして、そのまま遠くへ吹き流されたり浸水したり、あるいは行方不明になった船もあった。こうして無敵艦隊は、完全な四分五裂状態となってしまった。ローペの乗るサン・フアンは、旗艦サン・マルティンの後ろにつけていたのでそのまま港へ逃げ込んで運よく難を免れている。

ともかく連絡船を放って分散した艦船を集結させ、それを待つ一方でまず病人を治療院へ収容しなければならない。新鮮な食糧と水の補給はいうまでもない。そればかりかどの船も帆は破れ索具を失い、あるいは舵を流失したりと満足な状態のものは数えるほどしかない。船の命取りである漏水が激しく、すでに大きく傾いて沈没の危機にさらされている船もある。それほどでなくともほとんどの船の船倉には、多量の海水が流れ込み、ネズミの死体を浮かべて渦巻いている。まず浸水を防ぎ、ついで索具を補充して乗員の交代も必要である。

ラ・コルーニャ再出航

あらゆる装備を調え、やっと出航準備の整ったのが、なんと七月二十二日。すでにラ・コ

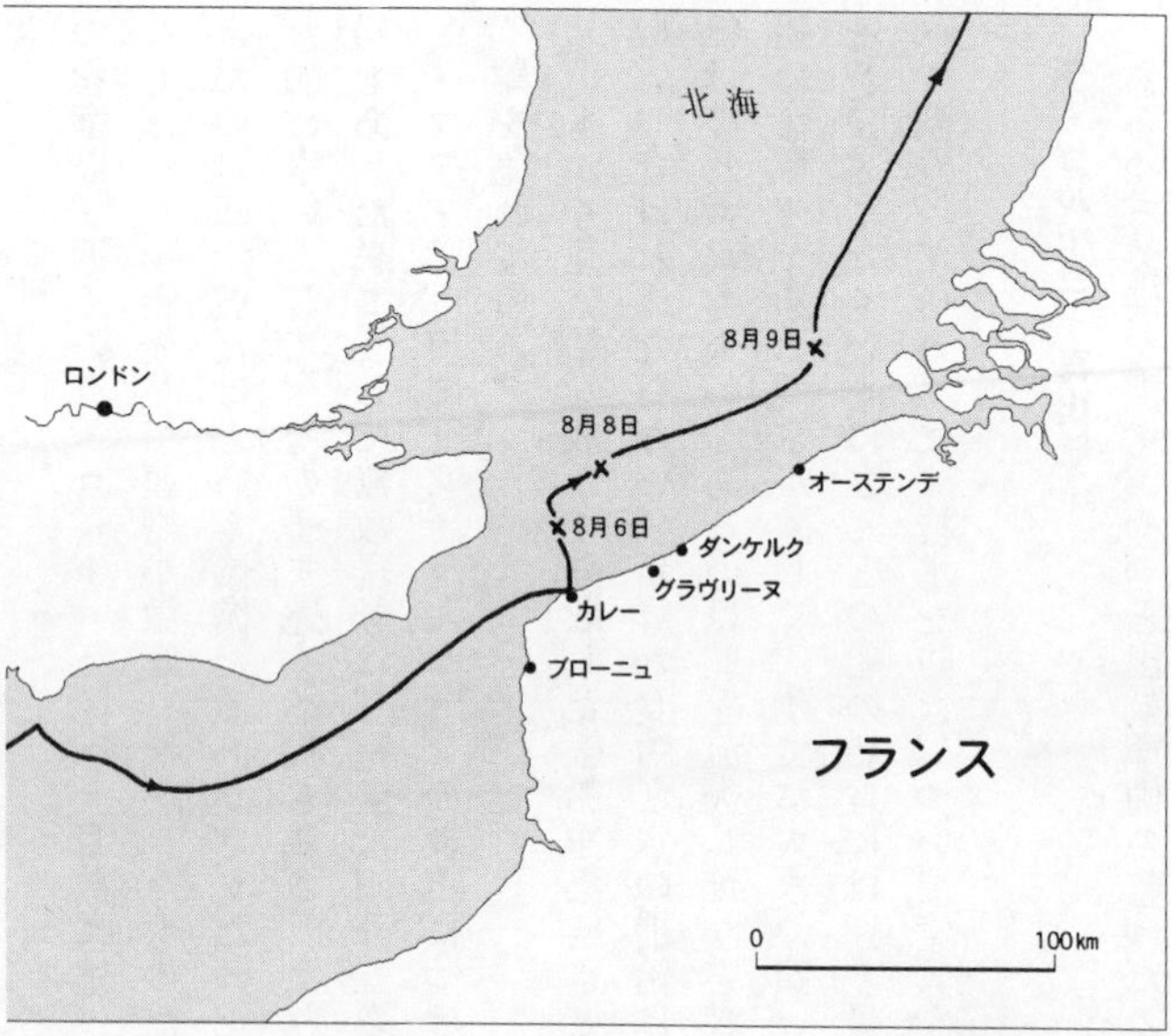

無敵艦隊の航路

ルーニャへ寄港してから三十二日が過ぎていた。この間、フェリペ二世はエスコリアル宮の暗い執務室で艦隊出航の朗報をじりじりと待ち侘びていた。しかるにシドニア公は、艦隊の窮状を訴えては遠征計画の中止をしきりと進言し、この期に及んでもなお戦争をやめてひたすらスペインへ戻ることばかりを考えていたようである。これも小心者の誇りを受ける原因のひとつであろう。もちろんフェリペ二世の計画は、それぐらいのことでは微動だにしなかった。

七月二十九日午後四時、西風、晴天、リザード岬を望む位置に達する。ガレー船と違って自然の風を動力と

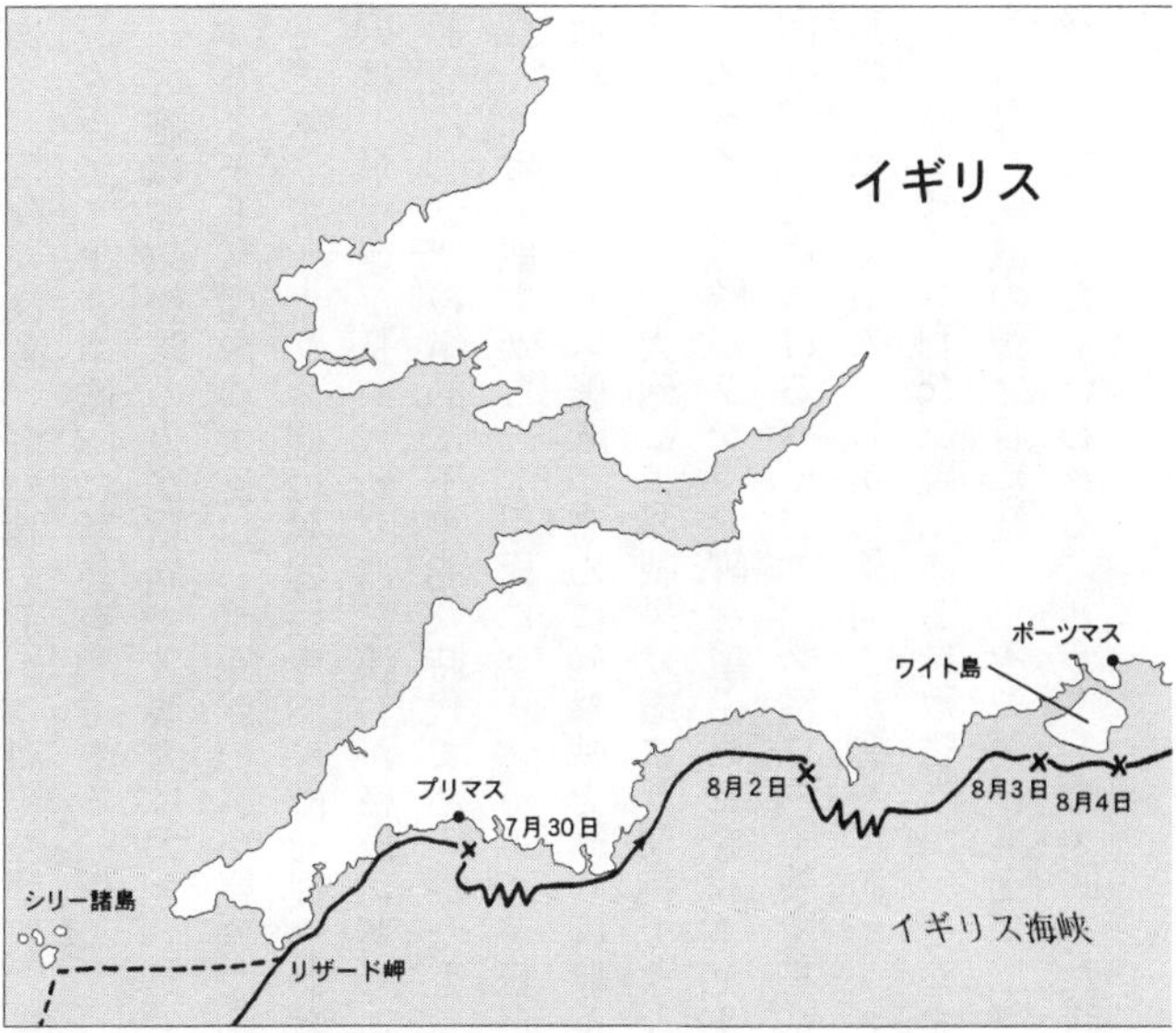

する帆船の戦いでは、風上に立つことが常に優位を占める。したがって船の機敏性と操船技術の善し悪しが勝敗の大半を決めてしまう場合が多い。操船技術をいうなら、イギリス艦隊は北海の荒海に鍛えられた水夫を多数擁しているので、無敵艦隊に決してひけをとらない。スペインの船員は、新大陸を往復するとはいえ比較的穏やかな遠洋を航海するのに慣れている。それに比べてはるかに天候の不順な、風向きの複雑な海域で活動しているイギリス艦隊の方が、むしろすぐれた操船技術を持っているといえる。ましてやイギリス海峡は、自分たちの中庭のようなもので

ある。危険な浅瀬、潮の満ち干から海流の状況、風向きの変化まで知り尽くしている。地の利を得てイギリス艦隊に断然有利である。

大砲は無敵艦隊の方が重砲で破壊力は大きいが、それに比例して砲弾の飛距離が短い。対するイギリス艦隊の大砲は、飛距離の長い軽砲である。であればスペイン砲の射程距離外にとどまってイギリス砲の射程距離内に敵を捉えればいい理屈である。ところがイギリスの大砲は、飛距離が長い代わりに破壊力が格段に落ちる。飛距離と破壊力の双方を備えた大砲の製造は、まだ技術的に不可能な時代である。たとえ砲弾がスペイン船に届いても装甲を撃ち抜くだけの威力がない。甲板にゴルフボールが転がったほどの効き目しかないのである。無敵艦隊とイギリス艦隊が盛んに砲撃戦を繰り広げたのだが、至近距離から集中砲火でも浴びせないかぎり、大砲による戦果はあまり期待できなかったのが現実である。

スペイン艦隊がリザード岬を望んだとき、イギリス艦隊は無敵艦隊をやりすごして背後に回り、風上につけるべくプリマス湾に六十艘を集結させていた。ドレイク艦隊もそこに合流していたのである。しかも風向きが悪くてイギリス艦隊は、プリマス湾から出られないでいた。いま断然有利な位置にある無敵艦隊が、そのままプリマス湾に突入すれば敵はひとたまりもなく壊滅の憂き目に遭い、そこから本土に上陸して戦いはあっけなくスペインの勝利に終わっていたともいわれる。リザード岬を回った時点でメディナ・シドニア公がそのように決断を下していれば、早々に決着がついてのちの悲劇も起こらずにすんだかもしれない。サンタ・クルス侯なら躊躇なくそうしたであろう。

だが無用な戦闘を避け、勢力を保ってパルマ公と合流するようにとのフェリペ二世の指示を金科玉条とするシドニア公は、この絶好の機会を利用しようともせず、そのままワイト島まで艦隊を進めることにした。この攻撃を無用の戦闘と考えたのを賢明な判断とするか、あるいは臆病者の未熟な処置ととるか、当人はその後の経緯《いきさつ》をこう報告している。

プリマス沖の無敵艦隊　国立海洋博物館蔵

パルマ公からの情報が届き、艦隊の状況をあちらへ知らせるまでは先へ進まないでおきます。このままフランドル沿岸に達してしまえば、艦隊を避難させる港湾も退避場所も見当たらず、嵐が襲来すればなす術もなく座礁してしまうからであります。危険が歴然としているかぎり、パルマ公の動向が掌握できるまでワイト島から先へは進まない方が良策と考えます。まず望むべきは小生の到着次第、パルマ公が即刻、艦船を率いて出発されることであります。このたびの作戦の成否は、ひとえにこの点にかかっておりますことをぜひとも公爵に理解していただきたく、海峡に入り次第、そしてワイト島に着いてからも書簡を送っております。しかし驚いたことに返信がまったくございません。情報のないまま手探り状態で進んでおります。

のちに判明することだが、パルマ公にしてみればいくら手紙で督促されても、叛乱軍が蟠《ばん》踞《きょ》するまっただなかを何千もの兵隊を移動させて海岸に達し、そこから小舟に分乗してカレー沖に出て、いつ到着するかもわからない無敵艦隊を便々と待つわけにはいかなかった。逆に艦隊の方が、カレー沖に停泊してパルマ公の到着を待つのもやはり危険である。連絡手段の不備な時代のことだから、到着する艦隊と出迎えるパルマ公との呼吸をぴたりと合わせるのは至難の業に近い。ましてや四方を敵に囲まれて歩兵部隊の大軍を動かすパルマ公には、甚大な被害を覚悟しなければならない離れ業である。フェリペ二世の机上の計画には、とてもつき合っていられない気持ちであったろう。ひとことでいえば、パルマ公はメディナ・シドニア公と合流する気もなければ、戦う気もなかったのである。

プリマス港からこの巨大な無敵艦隊を眺めたとき、風はまさに西南から吹きつけてスペイン艦隊には絶好の追い風であった。肝の縮み上がる思いのイギリス艦隊は、海峡を埋め尽くすようにして通過してゆく無敵艦隊の動きを固唾を飲んで見守った。スペイン側は願ってもない好機であったものを、みすみす見逃してしまった。

七月三十日の夜、スペイン艦隊は海峡に入ってから臨戦態勢の陣形を敷いている。前衛にはアロンソ・デ・レイバの指揮する艦隊。本隊はもちろんメディナ・シドニア公の主力部隊である。後衛を固める陣営を指揮するのは、マルティネス・デ・レカルデ。この艦隊のアンダルシア隊の一艘がローペ・デ・ベガの乗るサン・フアンである。やがて前衛のレイバ艦隊が後ろに下がって後衛の右手につける。船足の重い主力部隊を中心に据え、その周囲に動きの敏捷《びんしょう》な艦船を配して全体を三日月形の陣容に配置するのが、スペイン艦隊の戦闘配置である。いまもその布陣で進んでいる。百三十以上の艦船が、南北に十五キロメートルほどに広がった三日月形の密集隊形で進む姿は、海中にそそり立った巨大な城壁がそのまま動くかのような偉容であり絶大なる恐怖をもたらしたという。

爆発事故と小競り合い

いま、夜の薄闇を通して霞の向こうに敵船が何艘か見える。至近距離である。士官はもとよりローペ・デ・ベガのごとき一兵卒に至るまでが、戦いの好機到来とばかりに身震いを覚え、霧に濡れた冷たい火縄銃を握りしめた。ところが案に相違して攻撃配置の命令が下りぬまま、霧雨の中を西南西の追い風に乗ってイギリス艦隊の眼前を通り過ぎてしまった。一方、スペイン艦隊が陣形を乱さずに静々と眼前を通り過ぎてゆくのを見送ったイギリス艦隊は、一発の砲弾も放たずにやすやすと風上に回って敵の背後に位置をつけたのである。

海戦の歴史においてこれほど不注意な例はなかった。追い風だったので司令官ハワード卿は、イギリス艦隊をふたつに分けた。一隊の指揮はドレイクである。敵艦隊の遅れた船に砲撃をかけるつもりで後からついてゆく。多少の小競り合いはあったが、スペイン艦隊は陣形を崩さず追い風に乗って進む。イギリス艦隊は、射程距離に接近して大砲を放つと反転して逃げてゆく。絶対に不用意な接近はしてこない。イギリス側は、もともと砲撃戦だけの装備であって、スペイン艦隊のように白兵戦用の歩兵を搭載していない。だからもし敵に接舷されでもしようものなら、ひとたまりもなく全滅しなければならない。恐ろしくて近寄れないのである。

事故が起こった。公式記録によれば事故を起こした船は、司令官オケンドの座乗する「薔《ば》薇《ら》のサンタ・マリア」という、いとも優雅な名前の船だった。事の発端は、夜の引き明けに起こった乗組員どうしのちょっとした喧嘩騒ぎにあった。日頃から素行のよくないこのオランダ人砲手を艦長は厳重に叱りつけ、言葉のはずみで裏切り者と罵った。憤懣《ふんまん》やるかたない砲手は、後方の船倉に降りると火薬樽に火を投げ込み、自分は海に飛び込んで溺れ死んだ。船の上半分近くが吹っ飛び、かろうじて沈没は免れたが浸水が激しく浮かんでいるのがやっとの状態だった。

続いて、のちに世界が指弾する事件が起きた。航海日誌にメディナ・シドニア公が記しているところによれば、先の爆発事故が起こるしばらく前のことだが、ペドロ・デ・バルデスの指揮する船が操船上の過ちから別の船と接触事故を起こし、船首斜檣《しゃしょう》と前檣を折ってしまった。そのうえ折れた前檣が主帆の帆桁《ほげた》に落ちかかり、後檣だけの航行となって速度が落ちはじめたのである。背後にはイギリス艦隊が追尾して隙を狙っているのだから、船足が遅れれば格好の餌食となる。かといって遅れた船を曳航して艦隊に収容すれば全体の船足を落とさなくてはならない。そうなると日数を失う。このときもシドニア公の念頭には、カレー沖合流地点への遅ればかりが去来していた。敵がすぐ背後に迫っている状況であるから、どれほど重要な船であろうとも、ただ一艘のために艦隊全体を危険にさらすべきではないとする意見もある。

そこでシドニア公は、隊長オヘダとディゴ・フローレスを呼んで、平底船四艘とガレアサ一艘で事故船の曳航を試み、それが無理であれば人員と積み荷を移して沈めるように命じた。そして艦隊はそのまま航行を続けたのである。メディナ・シドニアは、「そのどちらも海の状況と夜間であることから不可能だった」と日誌に書き添えている。結果的には、強風と高波の荒れ狂う真っ暗闇の海にペドロ・デ・バルデスの船は、ひとり見捨てられる格好になった。

見捨てられた船の名前は「ロザリオの聖母」、大砲四十六門、兵三百四、水夫百十八を運ぶ強力な戦艦である。いうまでもなくこの船は、スペイン艦隊でも最良の一艘であった。夜明けとともに敵船に包囲され、無条件降伏を受け入れざるをえなかった。かくも見事な敵船の武装解除にイギリス軍は沸き返った。おまけに五万ドゥカードの現金を船倉に収蔵していた。それに火薬が二百樽。ドレイクはお金を分配して略奪を許可し、バルデスはプリマスへ送られ、船は戦利品としてロンドンへ移送された。幸いバルデスは十八か月の捕虜生活ののちマドリッドへ帰還している。

月が変わって八月一日、天気晴朗、十一時。例の爆発事故を起こした船の浸水が激しく航行不能となったため沈めるよりほかなかった。あくまでもパルマ公との合流を目標とするスペイン艦隊は、イギリス沿岸に上陸する気配を見せない。イギリス艦隊も、敵の行動を訝《いぶか》しく思いながらもあえて攻撃はかけない。風上の優位を保ったまま付かず離れず、ふたつの艦隊は、散発的な砲撃の音を海面に響かせながら海峡を渡ってゆく。

穏やかに夜が明けると風向きが変わってスペイン艦隊が風上に立っていた。危険と見てイギリス艦隊が反転して舷側を見せたとき、スペイン艦隊は追い風に乗って急遽攻撃に転じた。このときローペ・デ・ベガは初めて弾込めをして銃座につくと、狙う敵兵を銃身の先に求めた。しかし敵は大砲を放っては敏速に反転して距離をとる。絶対に銃の射程距離には近づこうとしない。ずしんと腹に響く音を残して味方の重砲から発射された砲弾が、やがて敵船の手前でむなしく水煙を上げる。敵の舷側にぱっと白煙が噴くと、ひと呼吸おいてからドンと軽い音が来る。それと同時に帆柱にがーんと衝撃を与えて甲板に落ちた砲弾が、がらがらとけたたましい音を立ててローペのすぐ横を転がっていった。運悪く頭にでも当たれば即死だが、帆柱には何ほどの損傷も与えなかった。騒々しい音を立てるわりにさほど威力はないのだ。それでもこの小競り合いが三時間続き、やっと射撃音が途絶えた頃には夕方の五時になっていた。誰が数えたのか記録には五千発以上の銃弾が飛び交い、砲弾二千発を消費したと記されている。

カレー沖の無敵艦隊　国立海洋博物館蔵

こうした小競り合いを幾度か繰り返しながら、無敵艦隊はワイト島沖を通過してひたすら先へ進み、五日にはドーヴァー海峡にさしかかった。そのまま進んで翌日の午後六時にスペイン艦隊は、ネズミが罠《わな》に入るがごとくカレーの入り江に投錨していた。もっと先のダンケルク付近まで進んで停泊すべきだとの意見もあった。しかしシドニア公は、これ以上先へ進むと、海流に乗って海峡から北海へと運ばれる恐れがあるという水先案内人の忠告を守ったのである。ハワード、ドレイクのイギリス艦隊は、スペイン艦隊から五キロメートルばかりの位置に停泊している。パルマ公からの報告を待っているとは知らないイギリス側には、スペイン艦隊がなぜこんな危険な位置に停泊しているのか、その真意が飲み込めなかった。

火船攻撃

明けて八月七日の払暁、パルマ公へ差し向けていた使者が戻ってきた。それによると兵員の乗船準備もできていなければ弾薬補給の用意も整っていないので、二週間以内に合流するのは難しいとのことである。このときのシドニア公の行動は迅速だった。すぐに錨を上げた。潮流も風向きも不安定な沖合で二週間以上もの間、イギリス艦隊とじっと対峙したまま大艦隊を維持できるものではない。実際に敵の小舟が何かを企《たくら》んですでに不穏な動きを見せている。

これはローペ・デ・ベガも現実に目撃した光景だった。真夜中過ぎ、周囲のただならぬ気配に浅い眠りを醒まされたローペが、甲板に駆け上がってみると敵船二艘が焔々と燃え上がって盛んに火の粉を噴き上げている。呆然と眺めるうちにその数がたちまち倍以上に増えて八艘にまで膨れ上がった。しきりと動き回る人影が炎を背景に黒々と浮かび上がる。それが火船《ひぶね》による攻撃だと気づくまでにしばらくかかった。周囲の海面を赤く染めて燃え上がった八艘は、折からの風と強い潮の流れに運ばれてまっすぐ艦隊めがけて進んでくる。なかでもひときわ大きな炎の塊は大型船である。爆薬が仕掛けられているかもしれない。味方の小型船ではとうていこれを阻止できないと見たシドニア公は、各船とも急遽、錨綱を断ち切ってひとまず独自に火船を回避し、これをやりすごしたら元の位置へ戻るようにと指令を下した。適切な指示だった。漆黒の闇に火焔を上げて迫ってくる火船は、海の勇者どもの心胆を寒からしめるに充分な効果があった。

無敵艦隊を襲った混乱は目を覆うばかりだった。密集していた艦船は、互いの船を繋いでいた綱を解き放ち、錨の太綱を斧《おの》で断ち切って帆を巻き上げた。一秒を争う船上は、まさに怒号と罵声の飛び交う修羅場だった。かろうじて火船をやりすごしたが、夜が明けると状況は一変していた。密集していた艦隊は、強風にあおられ、海流に押し流されて四散してしまっている。なかでも悲劇だったのは、操船の難しいガレアサが不案内な暗闇の海域で座礁し、敵の集中砲火にさらされ略奪の餌食となったことである。岩礁に乗り上げて傾いた船は捨てざるをえないにしても、乗組員の犠牲を最小限に食い止めて無事陸地へ行かせたい。歴戦の司令官ウーゴ・モンカダは、飛び交う銃弾を帆柱によけながら船尾に小舟の準備を急がせる。避難する兵隊をせき立て、縄ばしごを降りる水夫に手を貸そうと船端に足をかけて前屈みとなった。背甲とうつむいた鉄兜の間に隙ができた。そのわずかな間隙を銃弾が貫いたのである。そのまま小舟に落ち込んだ司令官は、死体となって陸地へ運ばれた。

行方不明になった艦船を除いて、周辺にいた船は徐々に復帰してくる。それらを陣列に収容しながら艦隊は先へと進み、八日の朝九時にはグラヴリーヌ付近にかかっていた。これから午後の六時頃まで、無敵艦隊最大の山場となった歴史に残る激戦が展開する。シドニア公の旗艦周辺を囲んでいるのは、ローペ・デ・ベガの乗るサン・ファンをはじめとする五十艘ばかりにすぎず、これだけの数でイギリス艦隊百三十艘を相手にしなければならない。イギリス軍と違って補充の利かない弾薬はすでに底をつきはじめている。腐ったビスケットに半病人となりながらも獅子奮迅の戦いを繰り広げることになる。

イギリス艦隊は例によって射程距離に接近して大砲を撃ちかけては反転してゆくいつもの戦法で猛攻を加えてくる。白兵戦に持ち込もうとすると船足の速さと操船技術に物をいわせてするりと身をかわして逃げ去る。ガレオン船サン・フェリペなどは、敵船十二艘に包囲されて集中砲火を浴び、帆は裂け索具は吹き飛び、船が傾くたびに舷側を越えて雪崩れ込む海水が甲板の血を洗い流す。ロープのサン・ファンの状況もそれと大差なかった。補充の利かないこちらの砲弾が払底したと読んだ敵船が大胆に接近してくる。このときとばかりロープは銃身が焼けるほどに撃った。今回の敵の砲弾は飛距離が近いだけにさすがに舷側にめり込み、帆を切り裂き、甲板を貫通して轟音《ごうおん》を響かせ、当たるを幸いに兵士をなぎ倒す傍若無人の暴れようである。

この戦いで旗艦サン・マルティンは、喫水に砲弾を何発か受け、舷側や甲板と艤装《ぎそう》には百七発を被弾した。記録によれば死者十二、負傷者二十、それでも沈まなかったのはイギリス艦隊の砲弾の軽さを物語っている。最も損傷がひどいサン・マテオ、サン・フェリペ、マリア・ファンなどでは、乗組員のほとんどが死亡または負傷、操船もままならぬ状態だった。スペイン艦隊は死者六百、負傷者八百を数え、砲弾は撃ち尽くして無かった。

無敵でなかった無敵艦隊

その後、両艦隊の衝突はなく、実質の戦闘はこれで終わったといえる。パルマ公の軍隊をイギリス本土へ渡す使命を全うするため、シドニア公は余計な戦闘を極力回避して、ひたすらパルマ公との合流をめざした。その結果、戦果をはやる指揮官たちからは臆病者と噂され、無能の提督と陰口を叩かれながらもカレー沖までほとんど無傷で艦隊を運んできた。ところがパルマ公の軍隊が結集する気配はなく、しかも火船に続く戦闘で無敵艦隊は分散してしまい、その勢力は半減されてしまった。戦いたくとも弾薬は撃ち尽くし、食糧は尽き、帆は破れて索具はちぎれ、まともな船は数えるほどしかない。イギリス上陸どころか、もはや戦う気力もない。すでに戦いは終わったのである。スペイン艦隊は風に押され、波に漂う。それをイギリス艦隊は、遠くから眺めていればよかった。それ以上の小競り合いはなかった。

九日、夜中の二時、北西の風。続いて暴風雨となり、旗艦サン・マルティンを中心とする艦隊は、すでにパルマ公との合流地点を越え、潮流に乗せられてはるか彼方へなす術もなく運ばれてゆく。幸い夜明けには嵐が収まったものの、敵艦隊が百九艘、船尾方向の三キロメートルばかりにぴったりとついている。折からの強風にあおられてオランダ沖の浅瀬へぐんぐんと吹き寄せられてゆく。あわや全艦隊座礁の運命かと覚悟を決めたところで、幸い風向きが西南西に変わった。九死に一生を得たシドニア公は、思わず天を仰いで神に感謝を捧げた。これで艦隊は針路を立て直し、なんとか北海へ向かうことができたのである。

こうなると次の問題は、このまま北海へ出てスペインへ戻るか、それともイギリス海峡へ引き返すか、どちらを選ぶべきかの選択である。船上会議の結果では、風向きが許せばイギリス海峡へ引き返す。さもなくばこのまま北海を抜けてスペインへ戻る、とするのが大方の

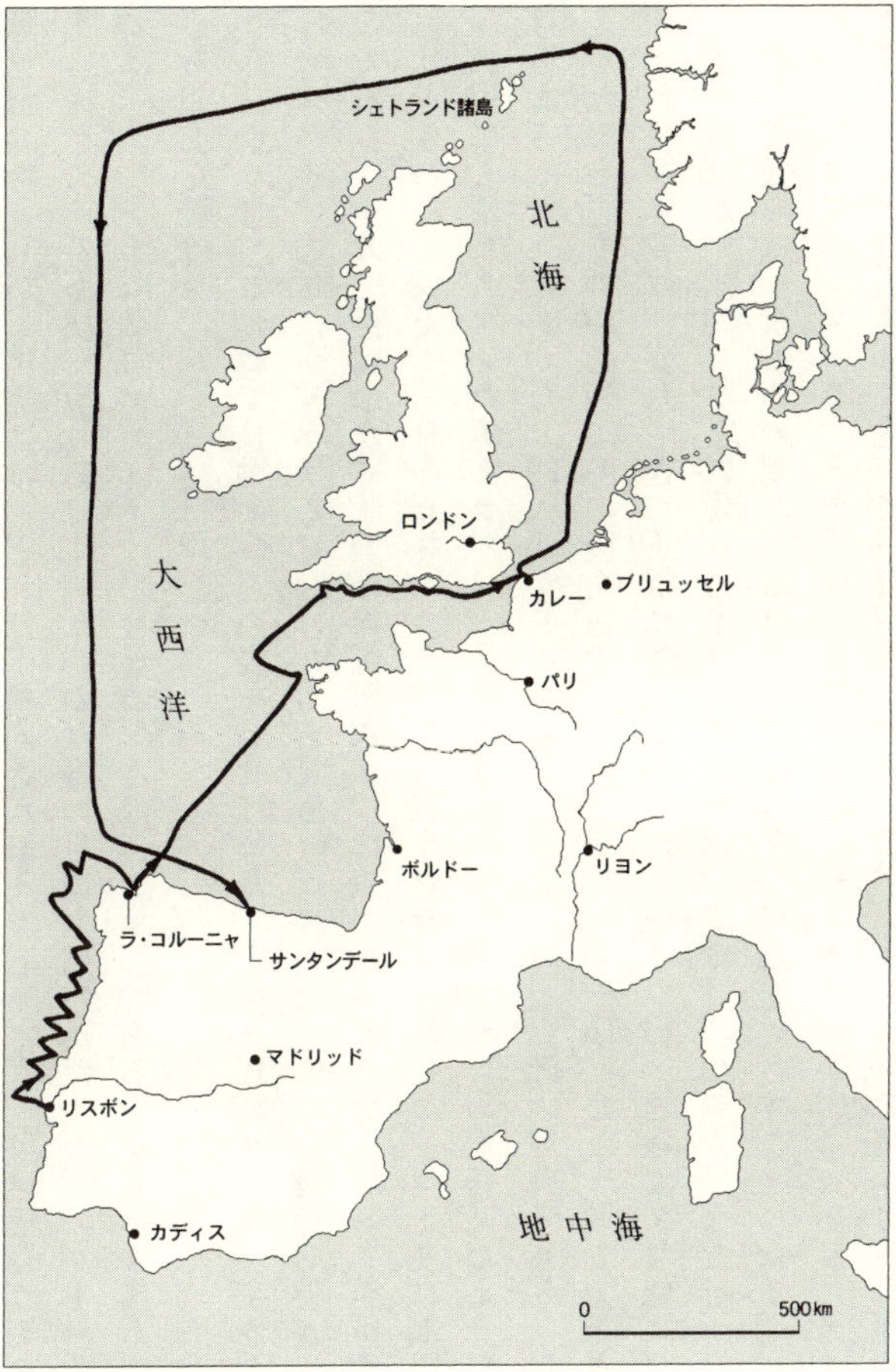
シェトランド諸島
北海
ロンドン
カレー
ブリュッセル
大西洋
パリ
ボルドー
リヨン
ラ・コルーニャ
サンタンデール
マドリッド
リスボン
カディス
地中海
0
500km

無敵艦隊の全航程

意見だった。しかし現実には、どれほど風向きが許そうとも、イギリス艦隊が万全を期して待ち構えている海峡へ戻れるはずがないのは誰の目にも明らかだった。しかも船乗りにとっては、この季節に風向きが許すはずもないことは百も承知である。もちろん無敵艦隊はひたすら北上を続けた。

八月十二日、これまで執拗に後方に姿を見せていたイギリス艦隊がここで姿を消した。もはやスペイン艦隊に海峡へ戻る意図はなしと見極めがついたので、追跡の必要がなくなったのである。一方、百艘余りに減った無敵艦隊が、はるかスペインをめざして航行するさまは惨状をきわめていた。一日のビスケットは二百五十グラム、水は半リットルに制限され、上陸戦用にと積まれていた馬とラバは、兵員の飲み水を確保するため無慈悲なようだが海へ投げ込まざるをえなかった。四人がかりの兵隊に次々と海へ投げ落とされる馬が、助けてもらえるとでも思うのか必死に船の後を追ってくる。そのうち一頭、また一頭と力尽きて波間に飲まれてゆく姿は、哀れすぎて正視に耐えなかったという。いっそ殺して食糧にすればいいと思うのだが、皮肉なことに現在でもスペイン人は、馬やラバの肉を好まない。

やがて艦隊は、旗艦の統制から離れて各自の裁量で祖国をめざすことになる。浸水が激しく、力尽きてスコットランドの沿岸に助けを求める船もあったが、これらはことごとく住民の虐殺と略奪の憂き目に遭っている。残った艦船は、シェトランド諸島を西へ迂回し、アイルランドを左手にかすめて南下する。アイルランドはカトリックの国だから助けてもらえると思ったのであろうか、耐えきれなくなって近くの入り江や湾によろめくように入り込んでいく艦船が多数あった。そのことごとくが予想に反し、住民の虐殺に遭って歴史上の記録から消えていった。乗組員は知る由もなかったが、すでにエリザベス一世からの指令が届いていたので、アイルランドにせよスコットランドにせよ、漂着したスペイン船の命運は決まっていたのである。

　アイルランドへも寄らなかった船のうち八艘が、風に流されるようにしてサンタンデールへよろめき着いたのは、九月二十三日だった。七月二十二日にラ・コルーニャを出航してから奇《く》しくもちょうど二か月の航海である。この後、カンタブリア海沿岸の諸港へ幽霊船のようになって相次いで入港してくる。シドニア公の報告による最終的な数は、ガレオン船などの大型艦船が六十五艘、兵員水夫総計一万余りが無事に生還している。したがって戻ってこなかったのもちょうど六十五艘、無敵艦隊のほぼ半数が消滅した計算になる。

　帰還後に病没した者も入れると死者は八千五百。残された家族の悲しみは計り知れない。総費用は一千万ドゥカード。フェリペ二世の終の住処となったあの壮麗なエスコリアル宮が一五八四年に完成しているが、その総工費が半分の五百二十万ドゥカード。新大陸からスペインへ届く金銀の量がちょうど年間一千万ドゥカードだった。一年分の金銀をドーヴァー海峡へ沈めてしまったようなものだが、フェリペ二世はシドニア公に叱責の言葉はひとことも洩らさなかったといわれる。しかし民衆の無言の非難はすさまじく、帰領するシドニア公に罵声が飛び、石つぶてが降り注いだ村もあった。

その後の無敵艦隊

スペイン艦隊がこれで壊滅したわけではない。国中の艦船を掻き集めて遠征したわけだから、本土の海域の守りががら空きになっている。新大陸から金銀を運んでくる船が、カリブ海周辺でイギリスの海賊に襲われる危険がある。その護衛を務めなければならないが、ひるがえって地中海沿岸の諸都市には、トルコ艦隊がいつ不意を衝いて上陸してくるかわからない。遠征敗北の感傷にひたっている暇もなく矢継ぎ早に重大な任務に就かねばならないのである。総督シドニア公は解任するとして、後任に誰をつけるか。フェリペ二世にはまたしても頭の痛い問題だが、比較的あっさりとマルティン・デ・パディラ公を指名した。シドニア公が船酔いを理由に辞退を申し出たときに、その代わりにと推薦していた人物である。

無敵艦隊の敗北から十年を閲《けみ》した一五九七年、すでに晩年にさしかかっているフェリペ二世は、アイルランド遠征を企てていた。この地に起こっているカトリック叛徒を支援して叛乱の拡大を図り、エリザベス女王がその鎮圧に戦力を取られている隙にイングランドへ侵攻する。そのような構想がエスコリアル宮の執務室で練り上げられていたのである。十月にリスボンを出航した艦隊は、ガレオン船三十艘ばかりのごく小さなものだった。無敵艦隊の規模から比べると実に可愛らしい編成だが、敵との正面衝突は絶対に避け、あくまでアイルランドに兵員と物資を運ぶのが目的だからそれでよかった。ところが、これがサンタンデール沖で嵐に遭遇してあえなく挫折してしまった。なにしろ冬のガリシア地方を含むビスケー湾一帯の悪天候には定評がある。毎日のように強風が吹き募り、荒波が岸壁を襲う。まるまる一か月の間、雨が降り続く年も珍しくない。太陽の国スペインとは異質の土地である。あるガリシアの農夫が「俺たちは蛙《かえる》じゃないぞ」とぼやいていた。毎日、雨に閉じ込められてまるで雨蛙にでもなった気分なのだろう。現在でも大型タンカーが予期せぬ悪天候に座礁して重油をばらまく事故が起きる海域である。ましてや帆船ではひとたまりもない。自然の猛威を軽視して戦略を焦り、出航を無理に急がせたフェリペ二世の責任であろう。

それならばもう少し天候の安定した九月ならばよかろう、というわけでもあるまいが、翌年の九月にまたしても遠征が計画される。今度はガレオン船六十艘でファルマス港をめざし、イングランド本土を直撃する作戦である。しかし、矢継ぎ早に来るフェリペ二世の出航命令よりも風向きの如何がすべてに優先する。天候の回復を待った甲斐《かい》あって、順風に帆を膨らませ、緑や赤に色とりどりの吹き流しをたなびかせながら北上を続けていった。ところがイギリス本土を目前にして逆風が三日間も吹き荒れ、なす術もなくスペイン沿岸へ押し戻された艦隊は、四散したまま手近の港へ避難しなければならなかった。またしても自然の猛威の前にあえなく潰《つい》え去ったのである。実際、シドニア公の無敵艦隊失敗のときもフェリペ二世は、イギリス艦隊に負けたのではなく「自然の力に敗北した」と慨嘆していた。それほどに潮の流れ、風の猛威の判断が難しい。

それにも懲りずにスペインは、翌年夏の遠征を腹案に暖めていた。しかし、すでにフェリペ二世は七十一歳の高齢に達していた。艦隊が暴風雨に翻弄されていた頃、エスコリアル宮では、右手指に走る激痛に思わず書類を取り落とすことがあった。冬から春にかけてその頻度が増し、それと同時に脚に潰瘍を生じて悪臭を放つようになっていた。痛みはないが腹部が異常に膨れて重く感じる。侍医の診断では、長年の持病である痛風の悪化による関節炎と合併症の併発だという。苦痛に眠りを妨げられ、食べ物は喉を通らない。体力は急速に衰え、寝返りはもとより身じろぎひとつできなくなった。かつては、相手の心の奥まで射通すように鋭い眼光を放っていた双眸は、落ちかかる瞼《まぶた》の皺の合間から惚《ほう》けたように天井を見上げている。頬はこけて深い縦皺を刻み、誇らしく先端をピンと跳ね上げていた口髭もだらしなく垂れ下がり、肉厚の下唇は乾いて粉を吹いている。どこから見ても醜悪な老人の寝姿にしか見えなかった。

一五九八年九月十三日、冷気の漂う払暁、側近が気づいたときにはすでに息がなかった。

ハプスブルク朝の終焉

王位を継承したのはフェリペ三世、二十歳の若さだった。フェリペ二世の四人目の王妃アナ・デ・アウストゥリアとの間に唯一成長した子供である。ほかの三人はすべて育たなかった。しかもアナも一五八〇年に死亡している。広げた鷲の翼のようにきりりと長い眉、大粒のアーモンドを思わせる黒目、堅く引き締めた口元に勝ち気な気性を窺わせる女性だった。

フェリペ3世　ルーベンス作，プラド美術館蔵

母親の面影を受け継ぎ、父親の政策をそのまま引き継いだフェリペ三世は可もなく不可もなく善政を敷いた。フェリペ二世の喪に服したことと、独立を窺って絶えず戦火のくすぶっているオランダと休戦条約が締結されたことも幸いした。周辺諸国の状況が比較的安定し、穏やかな時期が続いたのである。国王は、昼間は銃を担いで狩猟に熱中し、夜ともなれば贅を尽くした芝居を見物してご満悦で、政

治は寵臣レルマ公などの側近に任せておけばよかった。大きな事件としては一六〇九年のモリスコ（改宗モーロ人）追放があるが、これとても実際に断行したのはレルマ公だった。

この平和な時期にフェリペ三世の長女アナがフランス国王ルイ十三世に嫁ぎ、やがてのちの太陽王ルイ十四世が生まれることになる。同じ一六一五年にのちのフェリペ四世となる王子フェリペとフランス王アンリ四世の王女イサベルとの縁組みが成立している。そしてこのふたりの間の王女マリア・テレサが一六六〇年に先の太陽王ルイ十四世に嫁ぐことになるのだから複雑である。ともかく、スペイン王室はここでフランスと緊密な姻戚関係を結び、従来のハプスブルク家からフランスのブルボン家へと大きく傾くのである。

父王の跡を継いだフェリペ四世は少しは才覚のある人物だが、寵臣オリバーレス伯公爵の後ろに隠れて影の薄い存在だった。この時期になると、まるでフェリペ三世の時代に小康を保っていた病状が悪化するかのように一気に戦火が燃え上がる。十二年間の休戦協定の期限の切れたオランダが、イギリスの援助を得て独立戦争を激化させ、フランスはプロテスタント諸国に荷担してスペインに宣戦を布告、すでにピレネー越えを始めている。野心に溢れ権勢欲の旺盛なオリバーレスにも事態の悪化を阻止することはできなかった。広い肩幅の体に立派な口髭を左右に大きく跳ね上げた伯公爵のやや前屈みに廊下を歩く姿が、いつの間にか宮廷から消えていた。国政の場から退かざるをえなかったのである。その後の努力もむなし

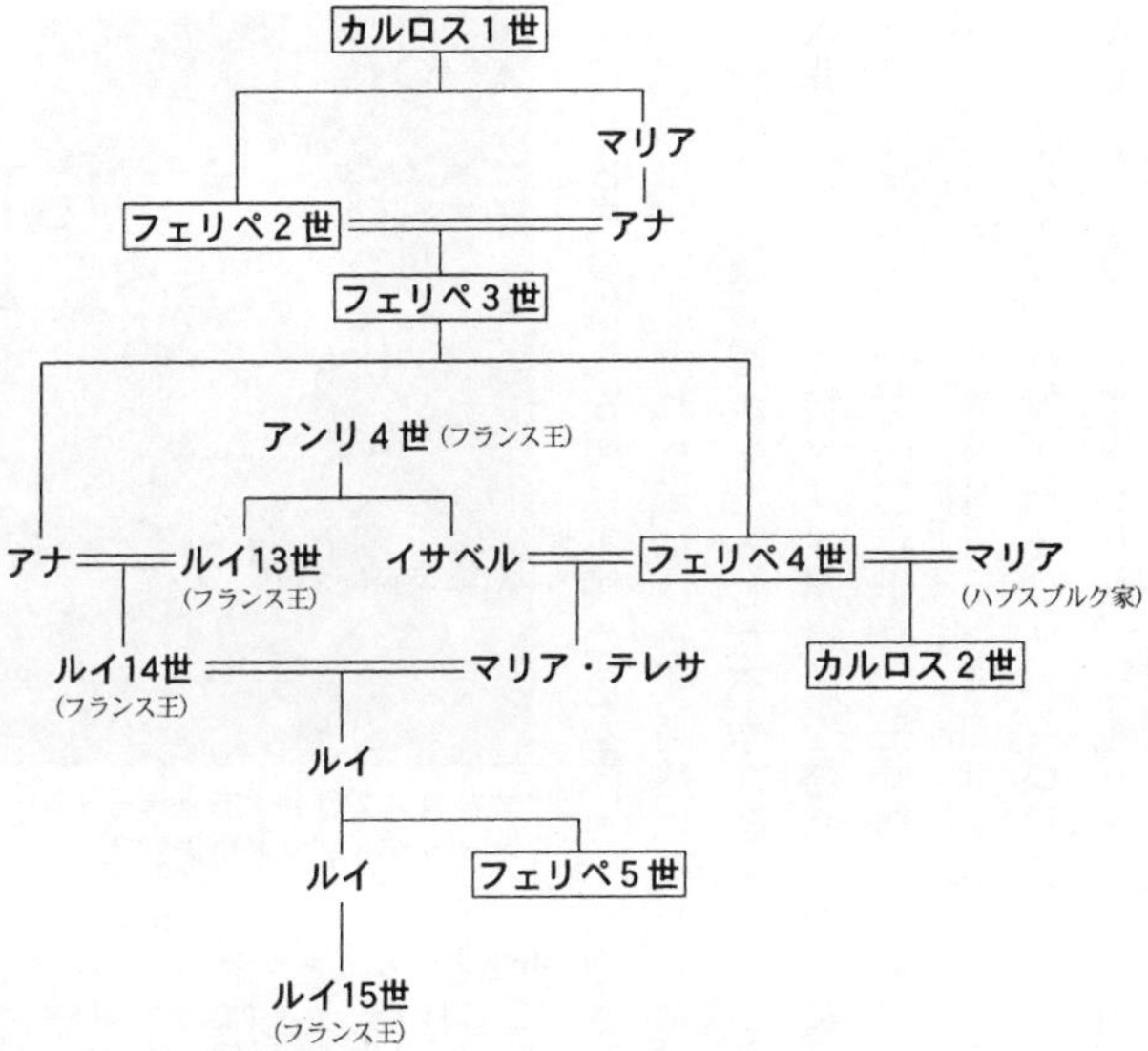

スペイン王家の系図②

く、結局、スペインはウェストファリア条約に調印してオランダの独立を認めることになる。

そのかたわらでは、ポルトガルがかねてから不穏な動きを見せていた。一六四〇年十二月、ポルトガル王家の直系であるブラガンサ公爵を王に戴いて叛乱を起こし、独立を達成したのである。公爵がジョアン四世を名乗って即位した。そしてスペインとの軋轢を考慮して、力を蓄えつつあるイギリスへの接近を強めてゆく。一五八〇年にフェリペ二世を国王に戴いてスペインへ併合されてから六十年の歳月が流れていた。

目白押しの難問題と戦火の波に漂

カルロス2世　クラウディオ・コエリョ作，プラド美術館蔵

いながらフェリペ四世が崩御すると、わずか四歳のカルロス二世が王位を継承する。しかしこの幼児にはいささか問題があった。わがまま勝手は王族の常としても、自分の意に染まないことがあるとあたりかまわず泣き叫び、絨毯の上を転げ回って駄々をこねる。それを放っておくと口から泡を吹き、白目を剝いて全身を痙攣《けいれん》させて人事不省に陥る。そうなる前に母親のマリアは、色白の端正な顔に不憫《ふびん》の色を浮かべて抱き起こしてやる。しかも肉体的にも虚弱の質で、泡を吹いて倒れた後には必ず高熱に襲われた。

長年の近親結婚がもたらした不幸な結果であろう。精神的にとても国王の任務を果たせる人間ではない。母親マリアが摂政を務めて凌いでいたが、世継ぎのないままカルロス二世は死期を迎えた。一七〇〇年十月、王位継承者にアンジュー公フィリップを指名する遺言に署名して亡くなった。太陽王ルイ十四世の孫である。このように重大な問題に意志薄弱なカルロスが正常な判断を下せるはずがない。あれは悪魔にそそのかされて署名したのだと、まことしやかな噂が巷に囁かれた。カルロス二世を指して「悪魔に魅入られた王」と呼ぶのはそのせいである。

かくして太陽王の孫がフェリペ五世として即位、スペインのハプスブルク朝は終わりを告げ、ここにブルボン朝スペインが始まる。ヨーロッパ諸国はただちにこれを承認したが、新大陸方面への海上貿易に新機軸を切り開こうとしているイギリス、オランダにとって、フランスとスペインの緊密な提携は恐怖であった。そしてハプスブルク家のカルロスの継承権を主張するオーストリアと一緒になって三国同盟を結び、こうしてスペイン継承戦争が始まる。戦争は一七一四年に終結するが、スペインはオランダ、ナポリ、シチリアなどを失って決定的な凋落《ちょうらく》が始まるのである。

失敗しないワインの選び方

生木の樽に入れて無敵艦隊に積み込まれた水はひと月足らずで腐敗してしまったが、同時に大量のワイン樽が積み込まれていたのはいうまでもない。日本ではフランスワインばかりが過当に評価されているが、スペインにも素晴らしいワインが山のようにある。

各地に地酒のワインがあって食事には欠かせない飲み物である。場合によっては水より安い。味は好みによって千差万別だが、誰に尋ねても「俺のところのワインが一番うまい」と言い張るのだから始末に悪い。ワイン売場に並んだ膨大な数のワインを眺めるたびに、さてどの銘柄を選べばいいのやら途方に暮れるのが常である。

当時の文学作品にはワインの産地が幾つも登場するが、たとえば『ドン・キホーテ』などでは、シウダ・レアル産、イェペス産、ビリャロブレド産といった聞き慣れない産地の名前が出てくる。いずれもカスティーリャのドゥエロ河畔を中心にしたワイン生産地域である。現在でも良質のワインを生産しているが、なかでも格別なのはバリャドリッドの東に位置するベガ・セシリアであろう。生産量が極端に少なく、幻の逸品ともいうべき極上のワインであるから、普通の店には置いていない。よしんば密かに置いてあったとしても目玉が飛び出る価格だから、遠くから眺めるだけにして手は出さない方がいい。

ではどれを選ぶか。まずはスペイン北部、エブロ河上流に位置するリオハ地域の一品を選んでおけばまず間違いないだろう。ここの葡萄の木は、十九世紀半ばにボルドーで病気が大発生したときに健全な株を移植して根づかせたものだから、ボルドー品種とは親戚筋にあたる。選択に窮すればレッテルのどこかにリオハ（RIOJA）の文字が入っているワインを探すこと。ワイン愛好家へのお土産にしても大丈夫、上質のワインである。クリアンサとかレセルバなどの熟成度の蘊蓄《うんちく》は控えるとして、もちろん価格はピンからキリまであるから要注意。懐とじっくりと相談のうえで手頃の瓶をレジに持ってゆけばいい。

終章　現代のスペイン

市民戦争勃発

上映が終わって館内が明るくなり、振り返ってみると同じように席を立って帰り支度を始めている観客のほとんどが年配者だった。上映作品は『ロルカ、暗殺の丘』。日本はもとより世界中のどこの国でも、セルバンテスに次いで知られるスペイン作家はフェデリーコ・ガルシア・ロルカだといわれている。『広辞苑』にも取り上げられている数少ないスペイン作家のひとりである。いつもなら昼間の映画館は、若者ばかりと決まっているのに、さすがに根強いロルカ人気の底力を見る思いがしたものだった。

ロルカは詩人である。しかし作曲もすれば絵も描く。数ある戯曲のなかでも『血の婚礼』『イェルマ』『ベルナルダ・アルバの家』などは日本でも繰り返し上演されて夙《つと》に有名である。また詩集『ジプシー歌集』などの、いかにもスペイン・アンダルシアの香気を芬々《ふんぷん》と放つ独特の雰囲気は、詩を愛する読者にはたまらない魅力となっている。生きていればノーベル賞も獲得できた作家だといわれる評価に誇張はないが、一九三六年八月の暑い日に三十八歳で銃殺されてしまった。映画の題名のように「暗殺」と断言すべきかどうかためらいを感じるが、残された作品の魅力に加えて、その死にざまもロルカ人気の高揚にひと役買っているように思える。誰がどこで、どのようにしてロルカを銃殺したのか、懸命の調査研究にもかかわらずいまだに不明な点が多いが、ともあれ若くして銃殺されてしまったことは間違いないのである。

一九三六年七月から三九年の三月まで、スペインには国民どうしが武器を取って互いに殺し合う不幸な時期があった。スペイン市民戦争である。マドリッドの中心地プエルタ・デル・ソルを前にしてゼロメートル地点の標識に立つ。そこから右手にまっすぐ道をとって、排気ガスの充満するサン・ヘロニモ通りをなだらかに下ってゆくと、やがて壮大な噴水の向こうにプラド美術館の屋根が見える。その位置から右手にひときわ堂々と明るい建物がパラス・ホテル、五つ星の高級ホテルである。その斜め前、通りを隔てて左手には国会議事堂が少しくすんだ地味な佇まいを見せている。ギリシャ風の円柱の前にせり出した立派な台座には、巨大な青銅の獅子が地球とおぼしき球体に片足をかけて咆哮し、その後ろに荘重な「獅子の門」が平時は堅く扉を閉ざしている。その前を行き来する警備の警官は、所在なげに見えるが、実は防弾チョッキに自動小銃を構えて絶えず目を光らせている。真向かいの小さな広場からは、鳩の糞にまみれたセルバンテスの銅像が、行き交う車の洪水を枝葉越しに横目に見下ろし

ガルシア・ロルカ　読売新聞社提供

フラシスコ・フランコ　読売新聞社提供

ている。

スペインに展開してきた現代政治の駆け引きが織りなす複雑な色模様を、逐一ここに述べる余裕はない。その昔、左派の諸政党が協定を結び、統一戦線を組んで総選挙に臨んだ結果、見事に勝利を収め、マヌエル・アサーニャを大統領とする共和国政府が、この議事堂で誕生した。一九三六年二月である。政権の座を追われた右派はもちろん承服できない。不満分子の暴動や政治家の暗殺が相次ぎ、予想されたとおり、七月十八日にカナリア諸島のラス・パルマスからフランコ将軍の発した叛乱軍蜂起の宣言が、スペイン全土に蜂起の連鎖反応を引き起こすのに時間はかからなかった。この事態発生を危惧していた政府は、フランコを危険分子のひとりとして事前にカナリア諸島へ左遷処分にしていた。もちろん共和国政府は、叛乱を鎮圧すべく努力はするが、寄り合い所帯の政権では力及ばず、そのまま内戦の悲劇へと突入していった。叛乱軍はフランコをカナリア諸島からモロッコへ移し、そこからスペインへ上陸する計画だった。その影響でもあろうか、最初に叛乱暴動が頻発したのは、モロッコに最も近いアンダルシアであった。つまりセビーリャ、コルドバ、そしてガルシア・ロルカのいたグラナダである。このグラナダで内乱勃発の混乱期にロルカは、叛乱軍によって銃殺されてしまった。

内戦を避けてメキシコへ居を移した若きルイス・ブニュエル——のちに世界的な映画監督となる人物である——、そして画家サルバドール・ダリなどと親交を深め、ロルカはすでに文学の世界でめきめきと頭角を現しはじめて将来を嘱望《しょくぼう》されていた。そのロルカの処刑は、スペインはもとより、大げさではなく世界中に囂々たる非難の嵐を巻き起こしたのである。それだけにまたその真実をめぐって夥しい数の研究者が、これまでに膨大な研究成果の山を築いてきた。まさに汗牛充棟《かんぎゅうじゅうとう》、もちろんこれからも連綿として研究が続けられるだろう。にもかかわらず具体的には、ロルカがいつどのように殺されたのか、肝心の点が依然として推測の域を出ぬまま謎に包まれている。それを承知のうえで、明らかな間違いや誤報、あるいは歪曲《わいきょく》された情報などを取り除いて、ほぼ確実と思える事実だけを抜き出すと、ロルカ殺害の経緯はおおよそ次のようになる。

ロルカ最期の日

内戦の勃発当初から身の危険を感じていたロルカは、詩人仲間で友人のルイス・ロサレスの家族のもとに難を逃れていた。このルイスにはファランヘ党員の兄がいた。結成されて間もないファランヘ党は、のちに唯一フランコ将軍の支持政党となるのだから、ロルカにしてみればどこよりも心強く安全な隠れ家と思えたに違いない。ロサレス家の人々から友人として暖かく迎えられて安堵したのも束の間、一九三六年八月十六日に、カトリック政党である「スペイン自治権連合」の元議員ラモン・ルイス・アロンソの指令で逮捕され、そのまま政庁本部へ連行されてしまった。この政党はスペインが共和国となる以前の与党である。この後、叛乱軍指揮官ホセ・バルデス・グスマンの指令で銃殺が執行されるまで、どれほどの期間ロルカが政庁本部に拘束されていたのかは明らかになっていない。ただし、少なくともひと晩はそこに拘留されていたと考えられる。

ロルカが逮捕された十六日払暁には、グラナダ市長で社会主義者のマヌエル・フェルナンデスがすでに銃殺されていた。明けて八月十七日の早朝、銃殺された市長の妻でロルカの妹コンチャ・ガルシアの女中アンヘリーナが、ロルカの面会に政庁を訪れ、警備兵を説得して獄舎にまで通っている。ロルカと直接言葉を交わし、食べ物と着替えを差し入れているのである。当時の状況からしてロルカの牢へ通してもらえたのは信じがたいことだが、後年になってアンヘリーナの証言が確認されており、それによると間違いのない事実だったようだ。証言によるとアンヘリーナは、翌日の早朝にもロルカの牢を訪ね、三日目に訪ねたときにはもういなかったとのことである。これから判断するに、ロルカは八月十八日から十九日にかけての夜間に、コルドバ市街から北東二十キロメートルばかりに位置するビスナール村へ移されたに相違ない。ビスナールですごしたのは、銃殺までの数時間足らずだった。したがってロルカは、八月十八日かあるいは十九日の払暁に処刑された可能性が強い。

傍証によると同時に処刑された人物に、バリャドリッド生まれのガリンド・ゴンサレスがいた。数年前に市電にはねられて左足の膝から下を失い、松葉杖にすがって歩いていたこの年配の男は、学校の教員であり根っからの共和主義者だった。生徒に人気はあったものの、土地の右派からは「赤」のレッテルを貼られ危険分子と見なされていたのである。この人物の逮捕は正式な書類によって間違いなく八月十八日である。他にもふたり、当日処刑された者があった。いくつかの証言からホアキン・アルコージャスとフランシスコ・ガラディと判明している。ふたりとも闘牛の銛《もり》打ち師、そしてアナーキストだった。ともあれこの松葉杖のガリンド先生がロルカと並んで銃殺されたのは間違いのない事実である。そしてガリンド先生の死亡については証明書が残っている。これによるとガリンドの遺体は、一九三六年八月十八日にビスナールのプリアーナス街道脇で発見されている。またガリンドの家族の証言からも逮捕後すぐに銃殺されたのが確認されている。したがってガリンド先生の死亡証明書と家族の証言が誤りでなければ、ロルカの処刑も同じく八月十八日ということになるだろう。

しかしこれも推測の域を出ない。膨大な研究にもかかわらず、残念ながらいまだもってロルカの銃殺された正確な時間と場所を割り出せないのが現状である。ビスナールのどこかに埋もれているロルカの遺体の在処《ありか》も掴めない。

ガルシア・ロルカは、最後の数時間をビスナール郊外の大きな農家ラ・コロニアですごした。現在では崩壊して消滅してしまっているが当時、叛乱軍はここを銃殺者の一時収容所として使っていた。グラナダやその周辺の村から毎晩のように大量の犠牲者がここへ運ばれ、早朝には死体となって転がったという。当夜、ロルカの見張りにあたっていた兵士ホセ・ホベール・トゥリパルディの証言によると、銃殺されると知ったロルカは自ら告解をしたいと申し出た。最初に告解を勧められたときには、同室の四人ともがそれを断ったので、すでに司祭はビスナールへ帰った後だった。若いながらも敬虔なカトリック信者であった兵士ホセは、「あなたが心から痛悔するなら神はそれを嘉《よみ》し給う」と説得して詩人の告解を聞いてやった。鶏の羽根に混じってタバコの吸い殻が散らばる地面へ膝をついたロルカは、若い兵士の後について祈りの文句を途切れがちに低く唱える。うつむいたうなじが裸電球の乏しい光のもとで小刻みに震えていた。

処刑は夜明け間近に執行された。ビスナールの北に位置するアルファカルの「涙の泉」と呼ばれる泉水の近くだったといわれる。市民戦争後の一九四〇年に作成されたガルシア・ロルカの正式の死亡証明書にはこう記されている。

「一九三六年八月、戦闘による負傷がもとで死亡、遺体は同月二十日にビスナールからアルファカルの街道にて発見された」

ガルシア・ロルカが戦闘に参加するはずはなく、もとより事実ではない。ロルカが銃殺されなければならなかった理由も定かではない。彼は政治には関与していなかった。もちろんどの政党の党員でもなかったが、しかしグラナダ市長を務める義弟は社会主義者だった。ロルカ自身も若い知識人の常で、とかく自由主義的な言動に走りがちだったのは事実である。いうまでもなく進歩的な知識人との交流も多くあった。それにまた『ジプシー歌集』などには、治安警察隊の機嫌を損《そこ》ねるような詩行が見られるのも確かである。諸々を考え合わせると、右派にとってはまず一番に片付けておきたい、日頃から目障りな若造であったのは間違いのないところだろう。

死んでなお後世に不朽の名声を残すほどの著名な詩人である。銃殺隊を前に目隠しなどはかなぐり捨て、自由万歳を叫んで毅然と死んでいった、といわれる。そのような英雄像を描く者もいるし、ロルカのファンならずともそう信じたいのが人の常である。だがロルカは怯《おび》えていた。ロルカ銃殺のときに軍に徴発されていたタクシー運転手が、ようやく高齢に達し、もはや真実を話しても命を狙われることはあるまいと覚悟を定め、臨終の床から真実を告白した新聞記事があった。当時の状況を知る最後の目撃者である。それによると膝をついたロルカが涙ながらに「撃たないでくれ！　やめろ！　助けてくれ！」と懇願したという。誰だって死ぬのは怖い。殺されるのはもっと怖い。命乞いをしたからといって少しも恥ではないが、ロルカ神話の一端が崩れる思いがする。

一九三九年に終結したスペイン市民戦争は、その残忍さにおいていかなる国家間の戦争にも勝るといわれる。隣人どうしはもとより、悪くすると思想の違いから、親が子に、子が親に銃口を向けねばならなかった。その悲惨さには想像を絶するものがある。スペイン人の死者六十万。そのうち十万が虐殺または処刑されている。そして内戦勃発の混乱期にグラナダでは、概算で五千人が処刑された。そのひとりにガルシア・ロルカがいたのである。誰が殺したのかと問われれば、誰でもない、スペイン市民戦争が殺したのだと答えざるをえないのだろう。

王政復古、国王ドン・フアン・カルロス

多大の犠牲者を出し、深刻な後遺症を残して、一九三九年に市民戦争が終結を迎えた。国家元首はフランシスコ・フランコである。この後すぐに勃発した第二次大戦時には、ヒトラーからの援助要請をきっぱりと拒否し、疲弊したスペインの立て直しを図ったのはフランコの英断であったと評価されている。その一方では言論の弾圧、政党の統制などを強めてファシスト政権だと指弾され、それでもよくスペインの復興に努めて一九七五年にフランコは没した。危篤状態に陥りながらも生命の底力を発揮し、昏睡状態が何日も続いた。口の悪い連中からは、地獄の悪魔どもが受け取りを拒否しているので、魂の行き場がなくて死ねないのだと揶揄されたりするうち、十一月二十日に死亡。独裁体制反対の政敵にいわせればやっと死んでくれたのである。この日、フランコの死亡を伝えるスペイン政府首相の押し殺した厳粛な声が、ラジオ、テレビから繰り返し流れた。

「スペイン国民のみなさん、フランコ総統が薨御《こうぎょ》されました。神と歴史を前にこの上なく厳しく広大な責務を受け止め、過酷な使命達成に向けて日々刻々、スペイン国家へ心身を捧げて消尽《しょうじん》してきた稀有《けう》な人物……」

その二日後の十一月二十二日、議事堂の「獅子の門」が幾月ぶりかに大きく開かれ、儀礼服に身を固めた若き国王ドン・フアン・カルロスが会議場へ通った。そしてテレビ、ラジオを通じて国民の前に王政復古の宣言が行われた。これはフランコ存命中からすでに予定されていた儀式である。現在のスペイン国王ドン・フアン・カルロスが、例によって少し舌足らずな、しかし緊張にやや震える若々しい声で厳粛にこう宣言文を読み上げた。

「いま目の当たりにした事態に寄せる哀しみに満ちた興奮と期待が充溢《じゅういつ》する現在、スペイン国民に対する責任と法律の遵守、ならびにいまや百年に及ぶ王室の伝統尊重をも意味する栄光ある責務に満腔の意識を抱いて、スペイン国王の座につくものであります……」

一八七四年に王政復古の歴史があってからちょうど百年目である。こうして名実ともに独裁体制に終止符が打たれた。民主主義を希求するドン・フアン・カルロスは、内閣首相にナバラを指名した。だがフランコ政権の匂いを濃厚に残すナバラ内閣は、二年後には行き詰まり、若いスワレスが跡を受けて首相に任命された。その翌年に実施された総選挙で民主中道連合のスワレスがそのまま選ばれ、国民の意志によって第二次

フアン・カルロス国王とソフィア王妃　読売新聞社提供

スワレス内閣が成立するのである。

こうして戦後最初の選挙でフランコの残骸を振り捨てて中道に寄ったスペイン政府だったが、一九八二年の選挙では、もう一歩左へ寄って社会主義労働党が政権を取ることになる。四十歳の若き党首フェリペ・ゴンサレスの華々しい内閣誕生だった。しかし十三年以上も政

権を握っていると垢も溜まれば腐敗も生じる。叩けば埃の出る社会主義に国民が愛想を尽かしたのか、選挙結果は右へ揺り戻して現在は、国民党が政治の舵取りをしている。

カレロ・ブランコ暗殺

政権は変われどもスペイン政府にとって頭痛の種は、バスク民族主義のテロリスト集団エタ（ETA、「祖国バスクと自由」）の存在である。もともとはフランコの強力な中央集権政策に反発し、バスクの自由と独立を標榜して結成された思想団体であった。フランコ政権下では、バスク語やカタルーニャ語は禁止され、カスティーリャ語の使用が強要された。またバスクやカタルーニャの伝統的な旗を掲げることは厳禁。中世から分離統合を繰り返してきたスペイン歴史の伝統ともいうべき地方分権をいっさい認めない強力な中央集権体制に対して反発を強めたバスクの過激派は、「俺たちはスペイン人ではない。人種も違えば言葉も違う。経済も政治も独自の路線を認めるべきだ」と主張する。確かにバスク人は、イベリア半島に最も古くから居住する民族で、カスティーリャの人々とは種族が違う。その言語もスペイン語とはまったく異なる。バスク語では「ネブカドネザル」と書いて「ソロモン」と読ませるとか、悪魔が七年間バスクにいてやっと単語を三つ覚えたといわれるほどに難しい。摩擦音や破裂音が多くて、スペイン語に慣れた耳には必ずしも響きがいいとはいえないが、世界でも有数の複雑な言語である。インド・ヨーロッパ語よりも古いといわれるが起源はいまだ明らかになっていない。加えてビルバオを中心とする地域は金属、化学工場の林立するスペインでも随一の工業地帯である。

エタがテロリストとしてスペイン全体から注目を集め、その存在を世界に知られるようになったのは、一九七三年十二月二十日にフランコ政府の首相カレロ・ブランコを暗殺してからである。老宰相ブランコの日常行動を綿密に観察した一味は、首相が毎朝欠かさずミサに行くのを突き止め、その機会を利用することに決めた。事件の当日も首相は、黒塗りの専用車に身を沈めてマドリッドの自宅を出た。運転手はいつもどおりの道順を辿ってサン・フランシスコ教会の早朝ミサへと運んだ。もちろん後ろには警護の車がぴったりと追従している。

何事もなくミサが終わると顔見知りと普段どおりの挨拶を交わして車に戻る。教会の敷地内を出た車は、昨日と同じく左へ進路をとる。最初の角を左へ折れてファン・ブラボ街へ入った。それからまた最初の角をいつもどおりに左へ折れてクラウディオ・コエリョ街を直進する。やがて先ほど出たばかりのサン・フランシスコ教会のちょうど裏手へさしかかる。そのまま次の角を左へ折れてディエゴ・デ・レオン街を抜け、教会をぐるりと一周するかたちとなって帰路へ入るのが決まりの道順だった。

ところが運転手がふと不審を抱いた。いつもは何気なく通過する教会の裏通りに、今朝はなんだか緊張を感じる。広い道の両脇を塞いで駐車している車両の数がいつになく多い。もう二十年もブランコの運転手を務めている男の直感だった。慎重に速度を落とした運転手は、おのずと車を中央へ寄せて最徐行にかかる。突然、青い乗用車が飛び出して行く手を塞いだ。急ブレーキを踏んで停車したところは道路のど真ん中だった。九時二十八分、一瞬閃光が走って車がふわりと宙に浮いた。即死した運転手は、そこまでを脳裡に焼きつけてあの世へ行ったであろう。続いて起こった爆発は、地震かと思える地鳴りを街区全体に引き起こし、近隣の窓ガラスを粉々に吹き飛ばして通行人を巻き添えになぎ倒した。

煙の薄れた道路の中央には、大きな穴がぽっかりと口を開いて白煙をくゆらせ、周囲には鼻を突く火薬の匂いが立ちこめていた。しかし首相の車がどこにもない。降り注ぐガラスの破片を踏みしめて駆けつけた護衛の証言である。それもそのはずでダイナマイト十キログラムの直撃を受けて吹き飛んだ車は、隣の五階建て屋根を越えて中庭の軒蛇腹《のきじゃばら》にぶつかり、くの字に曲がってベランダにひっかかっていたのである。

調べによるとテロリストは、教会裏のクラウディオ・コエリョ街十四番地の地下室を彫刻家のアトリエにする口実で借り受け、そこから道路の中央まで横穴を掘って爆薬を仕掛けたのである。道路の両側に車を並べ、首相の車が真上に来るように細工をしておいたのはいうまでもない。地下室で時の来るのを待ち受けていた実行犯は、道路面と水平の位置に開いた小窓から路上を窺い、車がちょうど爆薬の上にさしかかった瞬間を見極めて点火スイッチを押したのだから失敗がない。標的は見事に吹き飛んだ。警察がこの仕掛けに気づいたときにはすでに地下室はもぬけの殻だった。

最初は首相を誘拐する動きもあったが護衛が厳しくて断念した。路上で襲撃する計画も立てたが、車には防弾装置が施されているし、警備員との銃撃戦になる場合を考えれば自分たちに犠牲者が出ることも覚悟しなければならない。エタは我が身の危険は絶対に冒さないといわれている。計画は二転して爆破と決まったのである。結果的にはこれが最も効果的かつ確実だった。

実行犯はその日のうちにフランス国境の町イルンまで無事に辿り着き、バーを経営している支持者の二階空き部屋で眠れぬ一夜を明かした。そして払暁とともにフランスへ逃げ延びている。

やむことなき殺戮

その後もエタは着実に犠牲者の数を伸ばしてゆくのだが、初期の頃は爆破装置も素朴なものだった。駐車中の車に爆薬を仕掛け、洗濯ばさみの両端を接点に加工して電気コードを繋ぎ、先端を開いた状態でタイヤと道路の隙間に噛ませておく。何も知らずに車を発進させると洗濯ばさみがピッとはずれて接点が通じて点火する。このような簡単な洗濯ばさみ爆弾に始まって時計仕掛けの自動車爆弾、そして現在ではエレクトロニクスの進歩とともに電波による遠隔操作が普通となって、標的を確実に捉えるようになってきた。ほかにも、背後から不意に走り寄って頭を撃ち抜くやり方、「ダイヤモンドとダイナマイトは小さな包みでやって来る」といわれるように家庭に送りつける小包爆弾で罪のない妻子が目を潰し、指を飛ばされる。あるいは非番の日に家族と団欒《だんらん》中の私服の警官を至近距離から撃ち殺すなど、手を換え品を換えて政治家、軍人、警官、企業家、巻き添えを食った市民などを血祭りに上げ、最も多い年には九十六人、一九八七年に五十二人、一九九一年には四十五人を葬り去っている。

休戦協定を結んでいた一九九九年だけ幸い犠牲者はゼロだった。しかし十二月三日に協定期限が切れ、西暦二〇〇〇年に入るとさっそく一月二十一日に最初の犠牲者が出た。自動車爆弾で死亡した陸軍中佐ペドロ・アントニオ・ブランコである。次の犠牲者は二月二十二日、社会党議員フェルナンド・ブエサとその護衛ホルヘ・ディエス。ダイナマイト二十キログラムを仕掛けた車を駐車させ、ふたりが通りかかったところを遠隔操作で爆破して即死させた。五月七日の朝、日刊紙『エル・ムンド（世界）』の論説委員ホセ・ルイス・ロペスを背後から射殺。四人目の犠牲者である。近くのバーで朝食を済ませたのち、新聞を買って自宅へ戻る途中、後ろから近づいた犯人が至近距離から頭を吹き飛ばしている。月が変わって六月四日になると自宅へ戻る途中の国民党市会議員のヘスス・マリア・ペドロサ、五十七歳を一時二十分に白昼堂々と大通りの真ん中で、これも頭を撃ち抜いて逃走している。

犯行はバスク地方が多いのだが、遠く離れたマラガでも七月十五日に国民党市会議員ホセ・マリア・マルティンが、夜の九時四十五分に至近距離から銃弾を六発撃ち込まれて即死した。一緒にお祭りへ出かける途中の妻と子供の眼前で行われた無慈悲な惨劇であった。マラガ部隊の犯行である。それから間もなくの同月二十九日、元市会議員のファン・マリア・ハウレギがカフェの店内で射殺され、真夏の八月八日には、ギプスコアの大企業主ホセ・マリア・コルタが自動車爆弾で吹き飛ばされた。翌日の九日に陸軍准尉フランシスコ・カサノバ、四十六歳が自宅のガレージで車から降りるところを襲われ、頭部に銃弾を三発受けて倒れた。二十日、ウエスカのフランス国境近くにある治安警察隊駐屯部のパトロール車に仕掛けられた爆弾が破裂、イレネ・フェルナンデスとホセ・アンヘルの二名が即死している。イレネは女性として初めての犠牲者だった。

暑い夏が過ぎて九月に入るとエタのメンバーの大量逮捕などの朗報があり、十六日にはすでに以前から監視していたフランスのアジトを警察が急襲してエタの最高幹部と目される人物を逮捕する功績があった。しかしそれぐらいのことでくじけるテロリスト集団ではない。

十月になるとまず九日にグラナダでアンダルシア最高裁検事ルイス・ポルテロの帰宅時を待ち伏せ、至近距離から後頭部を撃ち抜いて暗殺。犯人三名は足取りを晦ませるため、乗り捨てた車を爆破して逃走。その同じ日のセビーリャでは、車に乗ろうとしたフィデル・アルバラト准尉がドアの鍵に不審な傷跡があるのに気づいて警察へ通報した。座席下に仕掛けられた爆薬が発見され、爆発物処理班の出動によって幸い事なきを得ている。続いて十六日にはセビーリャで空軍軍医アントニオ・ムニョス中佐を片付け、二十二日には、日曜日にもかかわらず刑務所官吏のマクシモ・カサドを殺している。そして三十日にマドリッドで自動車爆弾が破裂して最高裁判事ホセ・フランシスコと運転手ならびに護衛が亡くなった。偶然にかたわらを走っていた市バスが爆発のあおりを食らって炎上、市民六十六人が負傷。バスの運転手は全身に火傷を負って十日間の苦悶の果てに息を引き取った。数台の自動車が空き缶のように潰れ、飛び散ったガラスがまるで一面に銀砂を撒いたように輝いて、むしろ美しくさえある。めらめらと燃え上がる毒々しい炎の合間から幾筋もの黒煙が噴き上がる事件現場は、平和な都市の光景とはとても思えない地獄の様相だった。エタが引き起こした史上最悪の惨事となった。

バスクの独立を標榜するテロリストが、なぜバスクには何ら関わりのない遠くのセビーリャで犯行を重ねるのか？　たとえていうなら北海道の独立を主張する過激派が九州で町医者を殺すようなものである。新聞の論説は、セビーリャのような重要な位置を占める大都会で事件を起こし、スペイン全体にバスクの存在を印象づけるためではないか、と分析する。しかしテロリストにとっては、バスクから遠く離れた地理的不利が致命傷となった。つまり先ほどのアントニオ・ムニョス軍医を自宅の診察室で殺害した犯人を目撃した市民の通報が功を奏して、犯行の十五分後には警察と銃撃戦の末にこれを捕縛、幸いにしてアンダルシア部隊の壊滅を招いたのである。これがバスクの都市なら、ひとたび市街に逃げ込めば方々に協力者があってまず捕まることはなかったろう。

これで二〇〇〇年に入ってからの犠牲者は十八名に達した。一九六八年以来の犠牲者の合計はなんと七百六十六人に上るが、この数字は次々と書き換えられるだろう。自分たちの主義主張に反対する政治家、その手先と見なす治安警察や軍人、その他自分たちに不都合な邪魔者は次々と抹殺してとどまるところを知らない。その標的に国王ドン・ファン・カルロス陛下も入っている。ある夏、避暑地のパルマ・デ・マジョルカに滞在中の国王を長距離の望遠つきライフルで狙撃する計画が未遂に終わった。捜査によると犯行後の逃亡経路に安全性が確保できなかったので引き金が引けなかったらしい。小さな島であることが幸いしたのかもしれない。

バスクの有力な実業家には、革命税と称する勝手な財政援助を突きつけ、協力を拒む者は家族をも含めて死をもって脅迫する。なおも拒否すれば拉致誘拐はもとより、見せしめに家族ごと爆殺してはばからない。その対象はバスクの大小の企業家や工場主はもとより知識人からしがない商店主にまで広まりつつある。ある弁護士が、「一か月前に脅迫状が届いた。支払い期限はもう過ぎている。エタの要求する百万ペセタ（約九十万円）を払わなければ私と家族が危険にさらされる」と語り、心配で夜も眠れないと告白している。そして苦衷《くちゅう》の胸の内をこう訴える。「だがもし百万払えば……あの畜生どもは私の金で何挺のピストルを買うだろうか？」

歴史上最も残忍なテロリスト集団であるとの評価が下され、日々の新聞には「どこまで殺せば気がすむのか。血塗られた手で政権を取って民主政治ができるのか」と大きな活字が毎日のように躍る。スペイン国民の悲痛な叫びが聞こえてくるようだ。いったいどこまで不毛な殺人行為を続けるのか。まるで殺人機械と化して、殺すために殺すテロリストの逮捕壊滅に向けて、もちろん警察は全力を挙げている。政府もテロには絶対に屈しないとする断固たる姿勢を崩してはいない。さらにはヨーロッパ諸国、なかでも隣国フランスの積極的な協力が功を奏して逮捕者の実績も上がっている。またエタの逃亡先であるラテンアメリカ諸国の協力も期待されている。

教会は「カインを親とする悪魔の所業である」と説教壇から非難を繰り返し、スペイン市民も夫や父親を殺された遺族を中心に絶えず怒りの声を上げている。実際、アンダルシアのセビーリャでは十五万、グラナダやバスクのギプスコア地方の首都サン・セバスティアンでは十万の市民が街頭に繰り出して「エタはいらない！」とデモ行進を繰り広げた。二千や三千人の抗議デモはバスクでもマドリッドでも、スペインの各地でいくらでも見られるが、十万市民の怒りの行進はさすがに壮観である。あの風光明媚なサン・セバスティアンの海岸から町の広場に抜ける大通りを、市民が隙間なく埋め尽くしてなお裏道に溢れていた。サン・セバスティアンは人口二十万程度の町だから、住民のふたりにひとりはデモに参加して家に残っていたのは子供と病人、そしてテロの支持者だけだったのだろう。しかしバスクには、エタを支持する政党もあればテロリストを英雄視して集会で公然と称讃演説をぶちあげる議員もいる。それが法的に野放しとなっているのは問題であろう。テロリストを英雄と讃え、無垢《むく》な若者に銃を持たせて送り出す人間がいるかぎり、根絶は難しいだろうし、サン・セバスティアンのデモに参加した人間を、裏街で袋叩きにした若者の一団があったことを思えば前途に明るい灯が見えるのはまだ先のようだ。

二〇〇〇年十一月二十二日、小雨に煙るマドリッド、人の吐く息が白く見える日、あの国会議事堂でカルロス国王の在位二十五年の記念式典が挙行された。「獅子の門」には王室の紋章を染め抜いた緋色《ひいろ》の天蓋がかけられ、二十五年前と同じ回廊を通って議場に到着した国王の着座を待って開始された式典は、まず一分間の黙禱から始まった。その前日、テロの凶弾にまたしても政治家が倒れたばかりだった。そして議員一同を前にして国王の演説は、まず犠牲者への哀悼《あいとう》の意を表す言葉に始まり、二十五年にわたるスペイン民主主義確立の長い道のりを淡々と振り返り、スペイン国民の悲願の努力を水泡に帰するテロリズムの憎んでも余りある陰惨卑劣な暴力行為に断固たる非難の言葉をひときわ強く読み上げたとき、議場から沸き上がった拍手はしばしの間鳴りやまなかった。

エタは二〇〇〇年の最後を爆弾で飾るつもりだったらしく、十二月三十一日の大晦日、セビーリャに自動車爆弾が仕掛けられた。幸い爆発物処理班が事前に解体して事なきを得たが、フランスで盗まれた乗用車のトランクにダイナマイトが百キログラムもぎっしりと詰まっていた。のちの正式な発表によると百六十キログラムあった。これだけのダイナマイトが爆発すればどれだけの被害が出るのか素人には想像もつかない。百メートルほど行ったところにマドリッドから来る新幹線アベの終着駅がある。日本人観光客も盛んに利用する駅である。爆発すればここも無傷ではすまなかった。

不法入国者

テロリストが邪魔者をせっせと消している一方で、スペイン政府を悩ませる人道的な問題が生じていた。いまに始まったことではないが不法入国者の群である。ご存じのとおりアフリカ大陸から見ればスペインは、ジブラルタル海峡を挟んで目と鼻の先である。スペインへ上陸するにはモロッコのセウタあたりからジブラルタルをめざすのが最も近道となる。ターリックの率いるイスラム軍が八世紀に辿った進路である。そしてスペインは西南端とはいえ立派にヨーロッパに属する国である。したがってアフリカからヨーロッパへ行くのに一番の近道はまずスペインへ上陸することである。

「このまま国にいても仕事はなく飢え死にするしかない。仕事が見つかればスペインで働きたい。それが叶わなければヨーロッパのいずれかの国で働きたい」

六か月の乳飲み子を抱えた若い母親がそう語っている。同じように考える人々がナイジェリアやマグレブ、サハラなどから船に乗って続々とスペイン沿岸をめざしてくるのである。それだけなら問題は少ないのだが、この人たちはビザもパスポートも所持していない。したがって密入国者の扱いとならざるをえないのである。水際で入国を拒否されるのはもちろん、逮捕されてそのまま強制送還されてしまう。なお悪いことに決して安くはない料金を徴収してマフィアが船を仕立てているのである。

麻薬の密輸も含めて小規模の密入国は、アンダルシア沿岸で毎日のようにひっきりなしに発見されているが、二〇〇〇年十月三日の早朝には群を抜いて大量の四百四十五人が逮捕された。この日、治安警察隊がジブラルタル沿岸のアルヘシラスからタリファにかけての海域で拿捕した不審な小船は、十三艘を数えた。それぞれの船の密入国者を合計すると四百四十五人、そのうち女が四十四人、子供もふたりいた。この多数の不法入国者の動きから判断して、沖合まで「母船」と称する大きな貨物船で運ばれ、そこからゴムボートに分散して上陸を敢行したのだろうと考えられている。

タリファの市民体育館へ一時収容された人たちの語るところによると、「二、三週間の間、大きな船に詰め込まれ、今日が何日なのか、いまが何時なのか、どこへ着いたのかも知らなかった」という。しかし、母船がどこの港から出航しスペイン沿岸までの約束でどれだけの金額を支払ったのかという質問には、口を堅く閉ざして誰ひとりしゃべろうとはしない。

密入国者には、即刻に強制送還の法的手続きがとられているが、これだけの人数に膨れ上がると政府も対応に追われ、収容場所の能力にも限りがある。人手不足から警察機能までが麻痺状態に陥る混乱ぶりである。スペイン政府の人道的な対応に加えて赤十字の援助もあり、不充分ながらも毛布、衣類、靴などの必需品が周辺地域の住民から供出されたりもしているので、幸い健康状態はよく医者の必要もないとのことである。しかしそれがいつまで続くか保証の限りではない。

再びジブラルタル

もとより不法入国を承知で、強制送還を覚悟のうえで続々と職を求めてスペインへ渡ってくる。無事に上陸できる可能性は万にひとつもない。もし仮に上陸できたとして、スペイン国内へ潜り込んでそのまま無許可で季節労働のような仕事についてもいずれは発覚する。安い賃金で苛酷な労働に従事しながら、しかも絶えず逮捕に怯えて暮らさなければならない。それでもなお乳飲み子を抱え、なけなしの金をマフィアに差し出して渡ってくるアフリカの人々の心情はいかばかりであろうか。

千三百年以前の昔にアフリカ大陸のセウタからイスラムの将ターリックが重装備の兵七千を率いて海に乗り出し、さえぎる敵もなく楽々とジブラルタルに上陸を果たした。現在では武器はおろか旅券すら持たない人々が、北アフリカから貨物船に詰め込まれ、昔と同じくジブラルタルをめざしているのは皮肉な現象である。しかも今度はやすやすと官憲の手に落ちてあえなく追い返されているのである。二〇〇〇年、アンダルシア沿岸に辿り着いた不法入国者の数は一万一千を超えている。

そしてついに予想される悲劇が起きた。アフリカに近いとはいえ、厳冬のジブラルタル海峡の水は冷たい。母船から離れて方角も定かでない闇の海に漕ぎ出したゴムボートが、突風と高波にあおられて転覆する事故が起きた。冷気が肌を刺す早朝、寒々とした砂浜に点々と若い死体が打ち上げられていた。寒さに耐えようとするのか、歯をぎゅっと食いしばって息絶えている。波打ち際に脱げ落ちた靴の紐がゆっくりと波に揺れているのも哀れを誘う。また別の日には、逮捕された二十八歳の密入国者が、警官の隙を見て無理やり逃亡を企てた。これを制止しようとした警官と揉み合いとなり銃弾を腹部に受けて死亡した。警察側はあくまでも偶然による発砲事故だと主張している。

移民者労働局が調査した数値によると、現在スペインに住むヨーロッパ以外からの移民は、六十万に達する。なかで最も多いのがモロッコからの移民で十六万を数えるといわれる。そのほとんどがカタルーニャ、とくにバルセロナとその周辺ならびにマドリッドで農業や建設業に携わっている。しかも不法入国者は、バレンシアだけでも三万を超えると計算されている。これからも密入国・強制送還のいたちごっこが続けられるだろうが、警察関係者のひとりは「監視がさらに厳しくなってこの手段が使えなくなれば、マフィアはまた別の方法を考えるだろう。しかしそれはもっと危険な手段となるに違いない」と懸念を隠さない。スペインにとっていつ果てるともない頭痛の種である。

フラメンコと闘牛と太陽の、情熱の国スペイン。明日のことなど思い煩うことなく、今日を楽しんでフラメンコを踊り、闘牛で牛を殺して熱狂し、太陽を燦々と浴びて情熱をほとばしらせ、そして昼寝をする民族。このような能天気な観光ポスター的標語はもういい加減に破り捨てなければならない。スペイン人はそれほど気楽な人たちではない。もっと真摯で寡黙、そして働き者である。

スペイン人のお昼寝

フラメンコ、闘牛、パエリャ、これらに続いて知られているのは、かの有名なシエスタであろうか。いわゆる午睡、お昼寝である。「スペイン人はお昼寝をするんですって?」とよく尋ねられる。そこには怠け者に対する非難の匂いを嗅ぐことすらある。確かに十六世紀頃からすでにシエスタと称される時間はある。だからといって四千万のスペイン人がすべてお昼寝の夢をむさぼるわけではない。バーもレストランも開いている。市バスも地下鉄も走っているし、飛行機も飛んでいる。ただし普通の商店は二時から五時まで完全に閉まるし、銀行の営業は午前だけ。

二千人を対象にした新聞のアンケート調査によると、スペイン人の大半の睡眠時間は八時間未満。平日の夜は十一時から十二時に眠りにつき、朝は八時に起きる。八十一パーセントの人々は食後のお昼寝をしないと回答している。スペイン人は夜遅くまで遊んでその分を補って昼寝をするとの誤った先入観を払拭《ふっしょく》する数字である。ところが夏場になると食後の昼寝率は倍増する。三十一パーセントが横になって消化を助ける。おもに夏の酷暑の午後である。それもカスティーリャだと四十パーセントの人々が食後の昼寝をすると答えている。この現象はスペインに生活してみるとすぐに理解できる。真夏になるとマドリッドでも摂氏四十七度を超す猛暑が続くので、体力の消耗が激しい。炎熱に疲労した体がおのずと休息を要するのである。

　窓を開ければ体温より高い熱風が吹き込む。締め切った部屋でじっと横になると自然と瞼が重くなる。心地よい眠りに身をまかせるのは至福のひとときである。旅行者が時間を惜しみ、若さにまかせて炎天下を歩いたりしているとてきめんに体調を崩すから禁物である。眠る必要のない冬場は、シエスタの時間がテレビを見たり家族団欒の格好の時になるのはいうまでもない。また比較的凌ぎやすい気候の北部では、夏でもめったに昼寝をしないのも肯ける。

あとがき

原稿を書き終えてから一年以上が過ぎた。すでに終わった過去の歴史に変化のあるはずもないが、現代のスペインではその間に刻々と変化が起きている。エタが爆弾テロの回数と犠牲者の数を着実に伸ばし、玩具の自動車爆弾までが登場した。ふと見つけた玩具のリモコンカーで子供が無心に遊んでいると、突然それが爆発した。手足と顔面に損傷を受けたが、幸いひと月後に回復して退院できた。しかし一緒にいた祖父は爆死している。二〇〇一年になったマドリッドでは相変わらず自動車爆弾が破裂し、住居のベランダを吹き飛ばしてガラスの雨を降らせている。十一月六日にはビルバオで、妻を助手席に乗せて仕事場へ送り届けようとした裁判官が、頭に銃弾を二発撃ち込まれて殺された。ガレージの自動シャッターが上がって外へ出たところをテロリストが待ち構えていたのである。二〇〇二年の二月には、車の下に仕掛けられた爆弾が破裂、狙われた青年の一命は幸い取りとめたものの左足切断の重傷を負った。その一方ではスペインの好景気に魅せられてか、深夜のジブラルタル沿岸にゴムボートを漕ぎ寄せ、闇夜を頼りに上陸を図ってあえなく逮捕される人々の数もうなぎ登りに増えていった。なお不幸なことには、許容量をはるかに超える密航者を満載したボートが闇夜の海峡で転覆し、溺死者が浜辺に打ち上げられる事故が跡を絶たない。

二〇〇一年九月十一日にアメリカで旅客機が世界貿易センタービルに突っ込むテロ事件が起こったのち、世界の情勢としてテロリズムに対する取り組み方が厳しくなったのは周知のとおりである。ヨーロッパもその例に洩れず、かつてはエタにとって聖域であったフランスで次々とテロの実行犯が逮捕されている。一トンを超す大量の爆薬を保管していたアジトがフランス官憲の手で急襲される快挙もあった。一トンのダイナマイトがあればどれだけの犠牲者が出るのか想像もつかない。エタが卑劣な爆破テロを行うたびにスペイン国内では、市民の反発と抗議運動が以前にも増して高まりを見せ、エタは自らを袋小路へ追い詰めてゆきつつあるように思える。

『物語 スペインの歴史』の執筆の話が編集者からあったとき、これは私の任でないと思った。しかし話を聞くうちにその方針が、飽くことなく繰り返される王朝の交代劇や宮廷に渦巻く陰謀、あるいは文化の織りなす綾錦の歴史を記述するのではなく、興味深い大きな事件の幾つかを取り上げて物語ればいいのだとわかった。それならばというわけでこの書物が出来上がった次第である。内容の選択に偏りがあるのはそのせいだし、文章がいくぶん情緒に流れたのも物語性を意識したからである。また『ドン・キホーテ』の作者セルバンテスが頻繁に顔を出すのは、筆者が文学畑を耕している人間だからである。ご容赦願いたい。
まだまだ書き足りない事件や面白い挿話の類いが幾つもファイルに残っている。紙幅の都合で削った部分も多々あるが、このような楽しい書物を書く機会を与えてくださった中央公論新社の佐々木久夫氏と最後までご苦労をおかけした編集者の並木光晴氏に厚く感謝いたします。

岩根圀和

二〇〇二年三月三日

スペイン略年表

1870 **6月**第一インターナショナルのスペイン支部結成．**11月**アマデオ1世即位（～1873）．

1873 **2月**アマデオ1世退位．第一共和政成立（～1874）

1874 **1月**パビア将軍のクーデタ．セラーノ独裁政権発足．第一共和政崩壊．**12月**カンポス将軍のクーデタ．アルフォンソ12世即位（～1885．王政復古）

1883 ガウディ，サグラダ・ファミリア建設の工事監督者となる

1885 **11月**アルフォンソ12世没．王妃マリア・クリスティーナ，摂政に就任（～1902）

1886 **5月**アルフォンソ13世即位

1898 **4月**米西戦争起こる（7月，スペイン敗北）．**12月**パリ講和条約で，キューバの独立を承認し，フィリピン・グアム・プエルトリコをアメリカに割譲

1914 **7月**スペイン，第一次世界大戦における中立を宣言

1923 **9月**プリモ将軍のクーデタ．アルフォンソ13世，プリモの独裁を承認

1928 **7月**ロルカ，『ジプシー歌集』を発表

1930 **1月**プリモ辞任

1931 この年，ダリの「記憶の固執」，制作される．**4月**アルフォンソ13世亡命．第二共和政成立（～1939）．**12月**「1931年憲法」制定．

1936 **2月**アサーニャ首班の人民戦線内閣成立．**7月**スペイン領モロッコでフランコ将軍の叛乱．スペイン市民戦争始まる．**10月**フランコ，国家元首を称する

1937 **6月**ピカソの「ゲルニカ」完成．**10月**叛乱軍，北部全域を制圧

1939 **1月**叛乱軍，バルセロナを制圧．**3月**叛乱軍，マドリッドを制圧．**4月**フランコ，内戦の終結を宣言．**9月**スペイン，第二次世界大戦における中立を宣言

1946 **12月**国連総会でスペイン排斥決議．各国に駐スペイン大使の召還を勧告

1955 **12月**国連に加盟

1956 **4月**フランス領モロッコが独立し，スペイン領モロッコを併合

1959 **7月**「祖国バスクと自由（ETA）」結成

1973 **12月**ETA，ブランコ首相を暗殺

1975 **11月**フランコ没．フアン・カルロス1世即位

1977 **10月**カタルーニャ暫定自治政府発足

1978 **1月**バスク暫定自治政府発足．**12月**「1978年憲法」，国民投票で承認

1982 **5月**NATO に加盟

1986 **1月**EC に加盟

1992 **4月**セビーリャ万博開催．**7月**バルセロナ・オリンピック開催

1621　**3月**フェリペ4世即位（～1665）．寵臣オリバーレス伯公爵，実権を掌握
1623　**10月**ベラスケス，フェリペ4世付きの宮廷画家に任命される
1640　**12月**ポルトガル独立
1648　**10月**ウェストファリア条約でオランダの独立を承認
1665　**9月**カルロス2世即位（～1700）
1700　**11月**カルロス2世没（ハプスブルク朝断絶）．アンジュー公フィリップ，フェリペ5世として即位（～1724．ブルボン朝成立）
1701　**2月**スペイン継承戦争起こる（～1714）
1724　**1月**ルイス1世即位（同年没）．**9月**フェリペ5世復位（～1746）
1746　**7月**フェルナンド6世即位（～1759）
1759　**8月**カルロス3世即位（～1788）
1788　**12月**カルロス4世即位（～1808）
1789　**4月**ゴヤ，カルロス4世付きの宮廷画家に任命される．**9月**フランス革命に対し，異端審問や検閲を強化
1792　**11月**カルロス4世の寵臣ゴドイ，実権を掌握
1793　**3月**フランス革命政府，スペインに宣戦布告
1805　**10月**トラファルガー海戦でスペイン・フランス連合艦隊，イギリス海軍に敗れる
1808　**1月**フランス軍，スペインに進駐．**3月**フェルナンド7世即位（同年5月退位）．**5月**マドリッドで反フランスの民衆蜂起．スペイン独立戦争始まる（～1814）．**6月**ナポレオンの兄ジョゼフ，ホセ1世として即位
1810　**9月**カディスで国民会議を開催（カディス会議）
1812　**3月**カディス会議でスペイン初の憲法「1812年憲法」制定
1813　**6月**フランス軍，イギリス・スペイン・ポルトガル連合軍に敗れ，スペインから撤退．**12月**ナポレオン，フェルナンド7世に王位を返還
1814　**5月**フェルナンド7世，1812年憲法の破棄を宣言
1820　**1月**自由主義政府発足（～1823）．**3月**フェルナンド7世，1812年憲法の復活を承認
1823　**4月**フランス軍，スペインに侵攻．**10月**自由主義政府崩壊．フェルナンド7世の絶対王政復活
1824　キューバ・プエルトリコを除くほぼすべてのラテンアメリカの独立が確定
1833　**9月**フェルナンド7世没．イサベル2世即位．フェルナンド7世王妃マリア・クリスティーナ，摂政に就任（～1840）
1841　**5月**エスパルテロ将軍，摂政に就任（～1843）
1843　**7月**エスパルテロ亡命．イサベル2世の親政
1868　**9月**プリム将軍らのクーデタ．臨時政府発足（～1870）．イサベル2世亡命

国）成立
1236 **6月**カスティーリャ王国，コルドバを再征服
1238 **9月**カスティーリャ王国，バレンシアを再征服
1248 **12月**カスティーリャ王国，セビーリャを再征服
1391 セビーリャで大規模な反ユダヤ暴動が起こり，イベリア半島全域に拡大
1469 カスティーリャ王女イサベルとアラゴン王子フェルナンド結婚
1474 カスティーリャ王イサベル1世即位（～1504）
1479 アラゴン王フェルナンド2世即位（～1516．スペイン王国成立）
1480 セビーリャに異端審問所開設
1492 **1月**グラナダ陥落（レコンキスタ完了）．**3月**ユダヤ教徒にカトリックへの改宗令公布．**10月**コロンブス，西インド諸島へ到達
1494 **6月**トルデシーリャス条約でスペイン・ポルトガルの海外領土境界線が確定
1502 カスティーリャのムデハルにカトリックへの改宗令公布
1504 **11月**イサベル1世没，フアナ1世即位（～1555）
1506 **4月**フアナの夫フィリップ，共同統治王フェリペ1世として即位（同年9月没）
1516 **1月**フェルナンド2世没，カルロス1世即位（～1556．ハプスブルク朝成立）
1519 **6月**カルロス1世，神聖ローマ皇帝に選出（翌年カール5世として戴冠）
1520 コムネロスの叛乱（～1522）
1521 コルテス，メキシコを征服
1532 ピサロ，ペルー征服を開始
1534 イグナシオ・デ・ロヨラ，イエズス会創設
1545 ペルーのポトシ銀山発見
1556 フェリペ2世即位（～1598）
1561 マドリッドがスペインの首都となる
1565 フィリピン征服を開始
1568 **5月**スペイン領オランダで独立戦争始まる（～1648）．**12月**モリスコの叛乱
1571 **10月**レパント海戦でトルコ大敗
1579 **1月**オランダの北部7州，スペインから事実上の独立を達成
1580 **9月**ポルトガルを併合（～1640）
1588 **8月**スペイン「無敵艦隊」，イギリス海軍に敗れる
1598 **9月**フェリペ3世即位（～1621）．寵臣レルマ公爵，実権を掌握
1601 バリャドリッドに遷都（～1606）
1605 セルバンテス，『ドン・キホーテ』前篇を発表
1609 **4月**オランダと12年間の休戦協定締結．**9月**モリスコの国外追放開始

スペイン略年表

前2万	この頃，アルタミラの洞窟壁画が描かれる
前1000	この頃，ケルト人，イベリア半島へ移住
前800	この頃，フェニキア人，植民都市ガディール（現カディス）を建設
前600	この頃，ギリシャ人，植民都市ガンポリオン（現アンプリアス）を建設
前227	カルタゴ，植民都市カルタゴ・ノヴァ（現カルタヘナ）を建設
前205	ローマ，イベリア半島に属州ヒスパニアを設置
前19	ローマ，イベリア半島全域を制圧
409	西ゴート族，イベリア半島に侵入
507	西ゴート王国，ヴイエの戦いでフランク王国に敗れ，支配地域をイベリア半島に限定
568	トレドが西ゴート王国の首都となる
589	**5月**西ゴート王国のカトリック改宗宣言
711	**4月**イスラム軍，イベリア半島に侵攻．西ゴート王国滅亡
718	アストゥリアス王国成立
722	この頃，アストゥリアス王国，コバドンガの戦いでイスラム軍を破る（レコンキスタの始まり）
756	スペイン・ウマイヤ朝成立
820	この頃，ナバラ王国成立
914	アストゥリアス王国，レオンに遷都（レオン王国成立）
929	**1月**スペイン・ウマイヤ朝のアブドゥル・ラーマン3世，カリフを僭称
1031	**6月**スペイン・ウマイヤ朝滅亡
1035	カスティーリャ王国，レオン王国より独立．アラゴン王国，ナバラ王国より独立
1037	カスティーリャ王国，レオン王国を併合
1085	**5月**カスティーリャ王国，トレドを再征服
1086	カスティーリャ王国，ムラービト朝に敗れる
1094	エル・シド，バレンシアを領有
1118	**12月**アラゴン王国，サラゴサを再征服
1137	アラゴン連合王国成立（バルセロナ伯領とアラゴン王国の合同）
1157	レオン王国，カスティーリャ王国より独立
1184	ムワッヒド朝の反攻（レコンキスタの後退）
1212	**7月**キリスト教諸国の連合軍，ムワッヒド朝を破る
1230	カスティーリャ王国，レオン王国を併合．ナスル朝（グラナダ王

岩根圀和（いわね・くにかず）

1945年（昭和20年），兵庫県に生まれる．神戸市立外国語大学大学院修士課程修了．神奈川大学名誉教授．
著書『贋作ドン・キホーテ』（中公新書）
　　『物語 スペインの歴史 人物篇』（中公新書）
　　『スペイン無敵艦隊の悲劇』（彩流社）
訳書『贋作ドン・キホーテ』
　　（アベリャネーダ著，ちくま文庫）
　　『異端者』（ミゲル・デリーベス著，彩流社）
　　『マリオとの五時間』
　　（ミゲル・デリーベス著，彩流社）
　　『糸杉の影は長い』
　　（ミゲル・デリーベス著，彩流社）
　　『落ちた王子さま』
　　（ミゲル・デリーベス著，彩流社）
　　『新訳 ドン・キホーテ』前編・後編
　　（セルバンテス著，彩流社）
　　『ラ・セレスティーナ』（フェルナンド・デ・ロハス著，アルファベータブックス）
　　『アマディス・デ・ガウラ』上・下
　　（ガルシ・ロドリゲス・デ・モンタルボ著，彩流社）
　　ほか

物語《ものがたり》 スペインの歴史《れきし》
中公新書 *1635*

2002年4月25日初版
2019年10月10日15版

著　者　岩根圀和
発行者　松田陽三

本文印刷　三晃印刷
カバー印刷　大熊整美堂
製　　本　小泉製本

発行所　中央公論新社
〒100-8152
東京都千代田区大手町 1-7-1
電話　販売 03-5299-1730
　　　編集 03-5299-1830
URL http://www.chuko.co.jp/

Published by CHUOKORON-SHINSHA, INC.
Printed in Japan　ISBN978-4-12-101635-5 C1222

中公新書刊行のことば

一九六二年一一月

いまからちょうど五世紀まえ、グーテンベルクが近代印刷術を発明したとき、書物の大量生産は潜在的可能性を獲得し、いまからちょうど一世紀まえ、世界のおもな文明国で義務教育制度が採用されたとき、書物の大量需要の潜在性が形成された。この二つの潜在性がはげしく現実化したのが現代である。

いまや、書物によって視野を拡大し、変りゆく世界に豊かに対応しようとする強い要求を私たちは抑えることができない。この要求にこたえる義務を、今日の書物は背負っている。だが、その義務は、たんに専門的知識の通俗化をはかることによって果たされるものでもなく、通俗的好奇心にうったえて、いたずらに発行部数の巨大さを誇ることによって果たされるものでもない。現代を真摯に生きようとする読者に、真に知るに価いする知識だけを選びだして提供すること、これが中公新書の最大の目標である。

私たちは、知識として錯覚しているものによってしばしば動かされ、裏切られる。私たちは、作為によってあたえられた知識のうえに生きることがあまりに多く、ゆるぎない事実を通して思索することがあまりにすくない。中公新書が、その一貫した特色として自らに課すものは、この事実のみの持つ無条件の説得力を発揮させることである。現代にあらたな意味を投げかけるべく待機している過去の歴史的事実もまた、中公新書によって数多く発掘されるであろう。

中公新書は、現代を自らの眼で見つめようとする、逞しい知的な読者の活力となることを欲している。

中公新書

世界史

e1